genron

15

2023 October

ゲンロン

編集長 東浩紀

15 genron

2023
October

ロン

enron

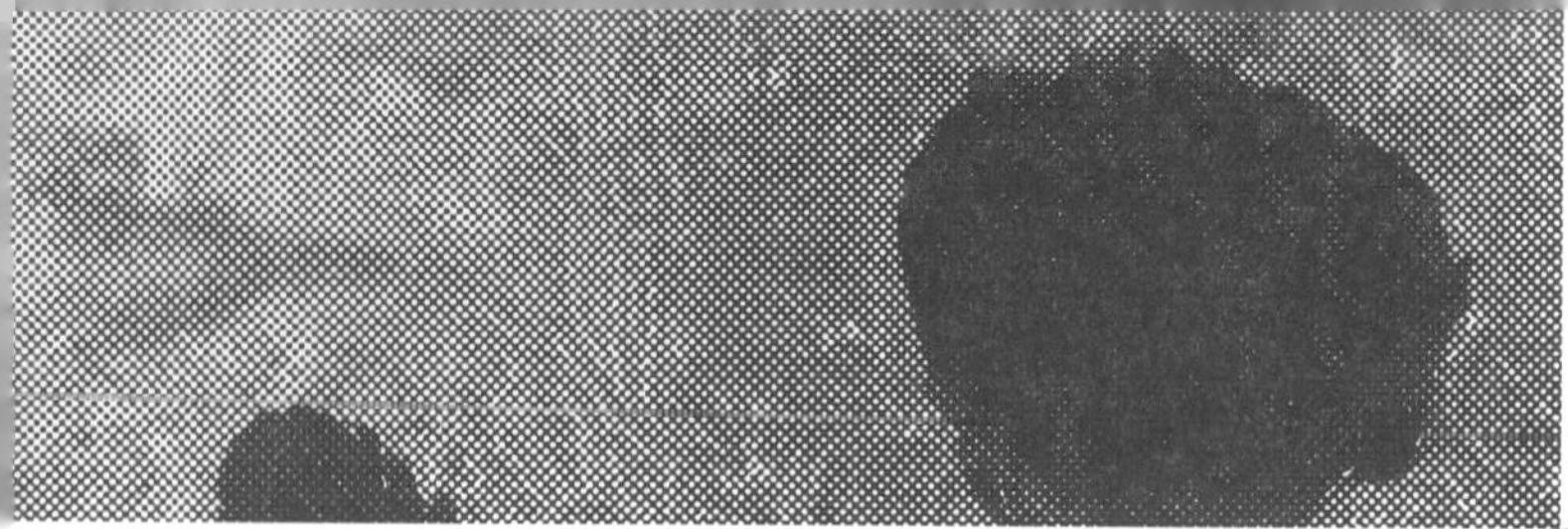

ゲンロン

15 genron
2023 October

ロ

ン

表紙：田中功起　デザイン：川名潤

《Abstract with Cat (infrastructural work) #1》

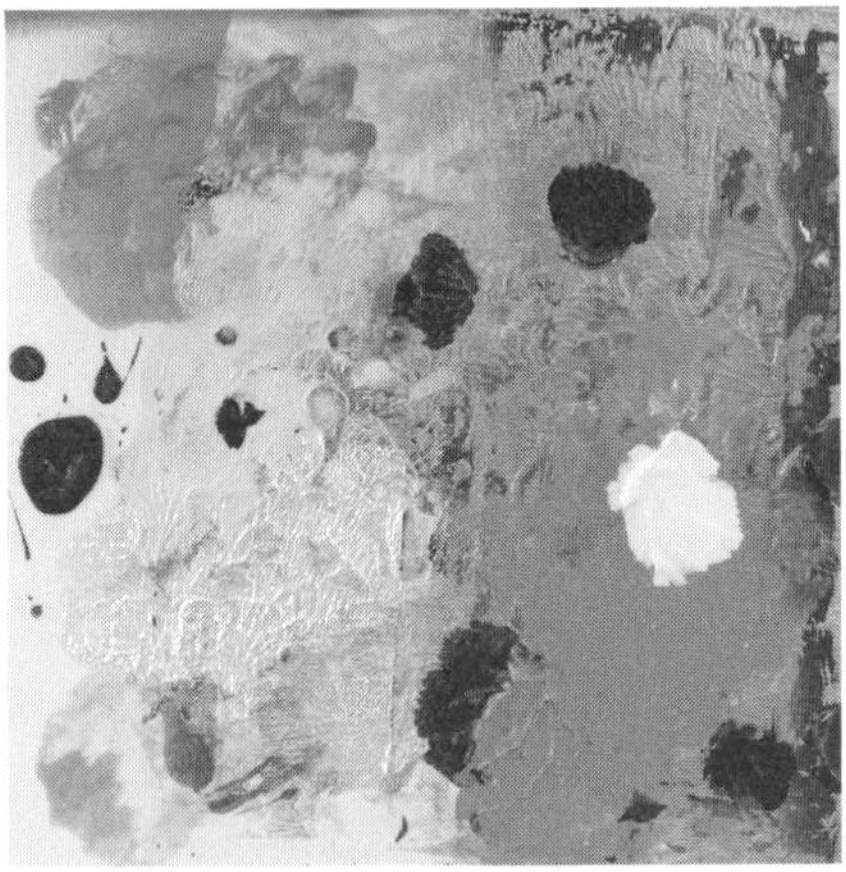

《Abstract without Cat (infrastructural work) #3》

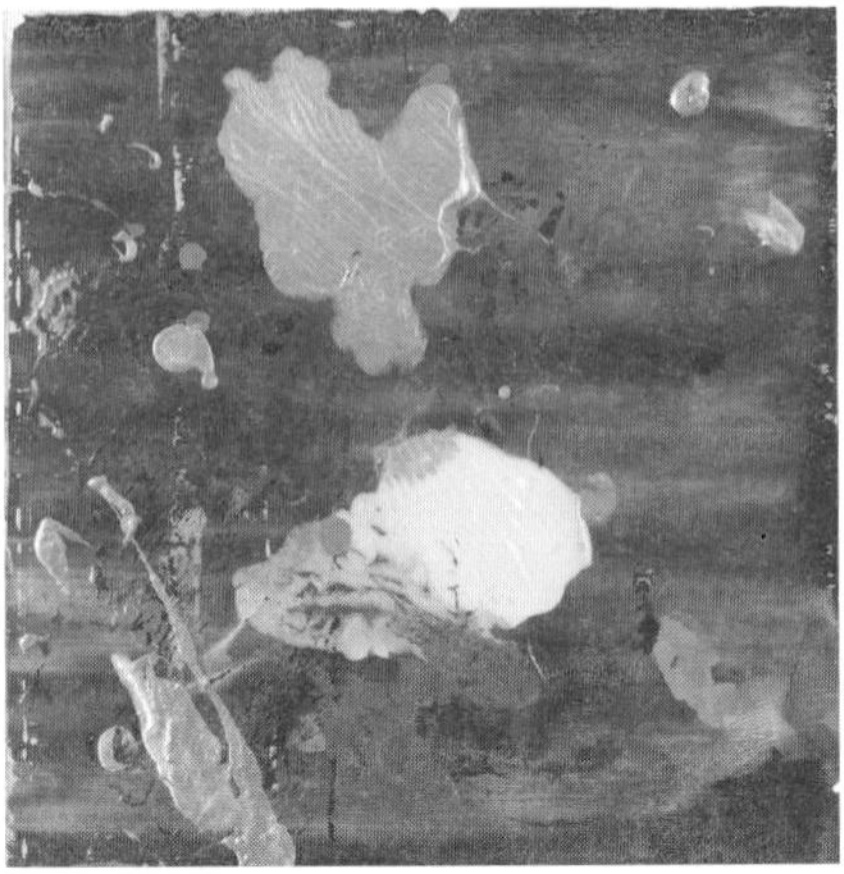

《Abstract without Cat (infrastructural work) #1》

《Abstract with Cat (infrastructural work) #3》

表紙・裏表紙はともに田中功起の作品。アクリル画。すべて2023年。作品名はキャプションで記したとおりで、訳せば「猫のいる抽象」と「猫のいない抽象」となる。「抽象」は田中の作品を貫くテーマで、あいちトリエンナーレ2019に出品した大規模インスタレーションも《抽象・家族》と題されていた。

田中の多くの作品は文字どおり抽象的で、政治的含意も強く、現代美術に慣れていないと解釈が難しい。しかしそうでないものもある。ここに紹介したのはそんな「とっつきやすい」作品群。絵画への愛（抽象）と猫への愛（家族）が作家のなかで一体化していることがよくわかる。表紙にあしらった背伸びする猫は、コロナ禍明けのリハビリを象徴するかのようでもある。

田中は本誌で連載を展開中。そちらもまた、美や政治をめぐる抽象的な思考と家族的なケアの悩みを直結させた独特の子育てエッセイになっている。なお描かれた猫の名前は「大福」。彼はwebゲンロンの迷コーナー「ネコ・デウス」にかつて登場している。

（編集長・東浩紀）

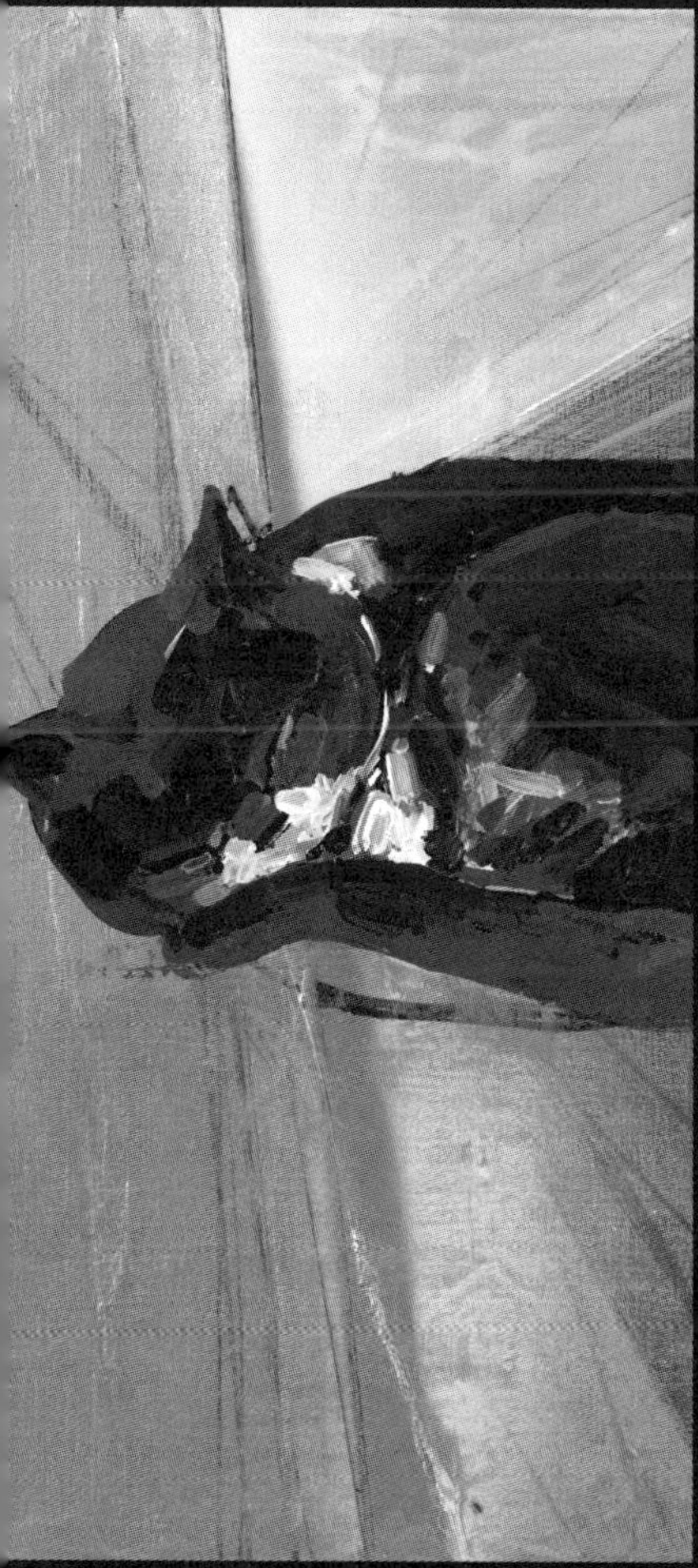

genron

15

2023
October

石田英敬
石戸諭
イ・テックァン
大島新
大森望
川上未映子
川原伸晃
猿場つかさ
田中功起
辻田真佐憲
能勢陽子
原一男
福冨渉
ユク・ホイ
まつい
三宅陽一郎
宮﨑裕助
山内志朗
山森みか
東浩紀
上田洋子

哲学とはなにか、あるいは客的－裏方的二重体について

東浩紀
Hiroki Azuma

論考

この原稿は東南アジアのあるリゾートで書いている。

読者は、ゲンロンという会社が『思想地図β』という批評誌から始まったことを覚えているだろうか。いまから一二年前、東日本大震災の直前に創刊された。

創刊号の巻頭でぼくはあるアイデアを記している。それは、ひとことでいえば、グローバルな消費社会が生み出す「商品」の同一性、たとえば同じ音楽を聴いているとか同じブランドの服を着ているとかの端的な事実こそが、政治的分断を越え、新たな連帯の基礎になるのではないかという直観である。ひとはものを考えすぎるとバラバラになる。とくに政治は人間集団を必然的に友と敵に分ける。なにも考えず、消費財に囲まれてプールにぷかぷかと浮かんでいるときのほうが、論文を書いたり選挙に行ったりするときよりもよほど寛容で、そして他者に対して「開かれている」のではないか。ぼくはその直観を、創刊の数年前に訪れたシンガポールのリゾートで得た。そこでは、みなが、国籍も宗教も関係なく、当時世界的に流行し始めていた合成樹脂製のサンダル、クロックスを履いていたからである。

この直観はのちの『弱いつながり』や『観光客の哲学』につながっている。しかし、総じていえば、ぼくは二〇一〇年代のあいだそのアイデアをあまり育てることができなかった。いろいろ事情はあるが、最大の理由は創刊の直後に震災と原発事故が起こってしまったことにある。

プールでぷかぷかと浮いていると寛容になる。それはそうかもしれないが、プールは自然に存在しているわけではない。プールを維持するには多数のスタッフが必要だし金もかかる。リゾートのユートピアは、そのような「裏方」「バックヤード」を見えなくすることで成立している。そこに目を向ければ、必ずどろどろとした政治がある。原発事故が突きつけたのは、まさにそんなバックヤードの醜さではないか。そのような世論の変化によって、ぼくの主張はたいへん分が悪いものになってしまった。

その状況はいまも変わっていない。コロナ禍とウクライナ戦争もまた、原発事故とべつのかたちではあれ、同じように裏方（医療や軍事）の重要性を再認識させるものだった。消費社会がつくる連帯なるものは、しょせんはリアルなヒトやカネの動きから目を逸らした幻想にすぎず、パンデミックや戦争が起きてしまえばひとたまりもない。この批判への反論はなかなかむずかしい。実際ぼくがいまリゾートに滞在できるのも、コロナ禍が終わったからだ。


しかし、それゆえに逆に、ぼくはこの原稿で、もういちど一二年前の直観について考えてみたいと思う。そのうえで現代における哲学の役割を再定義したい。

消費社会の幻想について考えること。それはぼくの考えでは、けっして現実逃避でもなければ、政治的思考の下位にある余技でもない。むしろ「人間とはなにか」を考えるうえでとても重要なことだ。

アリストテレスは、人間は政治的動物だと述べた。人間は確かに政治をする動物である。しかし政治しかしていないわけではない。政治に参加していないときもある。むしろそちらのほうが長いかもしれない。消費社会について考えるとは、その「政治をしていない部分」について考えることだ。アリストテレスの定義にしたがうならば、人間の動物的な部分と呼んでもよい。

人間は人間である。だから政治をする。しかし同時に動物でもある。だから政治から離れるときもある。人間社会はその両輪で成立している。

したがって社会の全体を人間の論理に基づいて制御し、すべてを政治的な判断に還元しようと試みると、かえって社会が壊れることがある。共産主義がその一例である。消費社会が与える「動物的」で脱政治的でお気楽な幻想は、共産主義のような政治の暴走を抑制するうえで必要不可欠なものであり、その点ではきわめて政治的なものでもあるのだ。ぼくが一二年前に言いたかったのは、リゾートがすごいとかショッピングモールやテーマパークは楽しいとかいうことではなく、本当はそういうことだった。

世界はテーマパークのようにできている。だからテーマパークの構造を考えることは哲学的だし、むしろこれからの哲学者はテーマパークのスタッフのような役割を担うことになる。ぼくは本稿でそのようなことを主張する。

1

人間と動物の対立について考えてみよう。哲学は伝統的に人間と動物のあいだにははっきりと線を引いてきた。少なくとも西洋ではそうだ。

そして人間性を動物性よりも上位に置いてきた。人間は動物と異なり、理性や言語のような固有の精神的な能力（人間性）をもつからこそ、文明や社会を生み出したのだと考えられてきた。アリストテレスにおいては、この固有の能力こそが「政治」、すなわちポリスをつくる能力だった。その固有の能力を失えば、人間もまた動物と同じ愚かで無秩序な存在に堕落する。たとえば欲望に狂うと、人間は理性を失い獣になる。

人間は精神があるので善で賢い存在で、動物は精神がないので悪で愚かな存在である。これはいっけんもっともらしい対立ではある。けれども少し考えればわかるように、本当はたいして根拠がない。

人間はそもそも動物である。だから人間と動物に明確な線は引けるわけがない。人間のなかには人間性と動物性がともに宿っており、両者は分かちがたく絡み合っている。たとえばあなたがだれかを愛したとして、そこで精神的な愛と肉体的な愛を区別することになんの意味があるだろう。

加えて、かりにそのような線が引けたとしても、そこで人間が動物より道徳的に優位だという主張にはほとんど根拠がない。動物は目のまえの敵を殺すだけだが、人間は何百万人も平気で殺す。それはまさに人間の精神が可能にする残酷さである。だからヨーロッパにもルソーのように、人間は文明をもったからこそ不幸になった、動物と同じく自然のまま生きていたほうが幸せだったと主張する哲学者が現れた。ルソーは一八世紀の人物だが、人間の残酷さはその後の歴史でさらに明確になっている。

いずれにせよ、人間性を動物性から区別し、人間には道徳的に特別な能力が備わっているとする伝統的な考えは、とても脆弱である。人間は自然の一部であり、たまたま脳が進化した動物にすぎない。人間と動物は連続しているし、動物と植物も連続しているし、おそらくは生命と非生命も連続している。その連鎖の一部だけを人間の領域として区別することはできない。

人間は動物にすぎない。それゆえいままでは、ピーター・シンガーのように、人権の適用範囲を動物にまで拡大すべきだと主張する哲学者も現れている。霊長類やイルカなど、大脳が発達した哺乳類に部分的な人権を付与すべきだという。これはいっけん非常識なようにみえるが、じつに論理的な主張である。人間と動物は連続している。動物も人間と同じように記憶をもつし、痛みを感じるし、仲間や家族を大切にする。だとすれば権利も分配されるべきだという主張が現れるのは、当然のことだ。

加えて最近では人工知能（機械）による挑戦がある。哲学者の多くは、言葉を話す能力こそ人間固有のもので、人間とそれ以外は言葉の有無で区別されると考えてきた。けれどもいまや機械も言葉を話す。それも、人間と区別がつかない、まるで自分で考えているかのような答えを返す。人間の固有性は、一方で動物との連続性により切り崩され、他方では機械の出現で脅かされている。

人間は自然の一部にすぎない。だから人間だけがもつ固有の能力は存在しない。人間の能力は動物も部分的にもっているし、機械でも再現できる。これはいまや、理系文系関係なく、人間について考えるすべての学問が共有すべき出発点だと思われる。

だとすれば、近い将来、ぼくたちは人間について考えるのをやめることになるのだろうか。いま「先進的」な知識人やアーティストの意見はそちらのほうに傾いているようだ。一九九〇年代あたりから、主人公が人間ではなく、かといって異星人でもなく、チンパンジーやイルカや人工知能に設定されている小説が現れるようになった。二〇〇五年にはレイ・カーツワイルの『シンギュラリティは近い』が刊行され、ポストヒューマンやトランスヒューマンといった言葉が流行語となった。かつてフーコーは『言葉と物』で、人間という概念は波打ち際の砂のうえに描かれた顔のように消えていくだろうと記したが、その予言はいま文字どおり現実になりつつあるようにみえる。

人間は消えつつある。人間ができることはすべて動物や機械もできる。ぼくたちはみながそう考えるようになり始めた時代を生きている。

にもかかわらず、ぼくは「人間」は消えないと考える。これは矛盾して聞こえるかもしれないが、ぼくはそう考える。

繰り返すが、ぼくは人間という種に固有の能力があるとは考えていない。人間の文化や社会、道徳や芸術に特別の優位性があるとも考えていない。人間ができることはすべて動物や機械もできるし、いま人間にしかできないことも近い将来すべて機械で再現できるようになるだろう。ぼくはその未来の到来を疑っていない。

しかし、そのうえで、ぼくはあらためて「人間」は消えないと訴える。理由は単純である。「人間」という言葉は、それが名指す実体とはべつに、ぼくたちが人間であるかぎり生み出し続けてしまう、ある種の幻想を意味しているからだ。その幻想は事実とは独立して機能する。

現実には人間に固有性などない。にもかかわらず、ぼくたちは、「人間」に固有ななにかがあるという幻想を手放すことができない。

たとえ将来、チンパンジーやイルカや人工知能に人権を認めるときが来たとしても、そのときぼくたちは「チンパンジーやイルカや人工知能たちもじつは人間だった」と思うだけで、人間の固有性が消え去ったとは考えないだろう。なぜならば、そのように考えなければ、そもそも人権を付与すること自体ができないからである。人権とは人間の権利のことなのだから、人間が消えてしまったら人権も消え去る。つまりは、そこで生じるのは人間の消滅ではない。むしろ人間という幻想の拡張のはずなのだ。人間の概念はそのようにして生き残る。

幻想は、その本来の定義が失効したとしても、「じつは」の論理によって自在に姿を変えて生き残る。人間はそんな無数の幻想に囲まれて生きており、「人間」もそのひとつである。幻想になぜそのような厄介な性格があるのか、そのメカニズムについては最近刊行した『訂正可能性の哲学』で分析している。幻想という言葉は主題になっていないが、本稿と通じることは読めばわかる。

科学的対象としての人間の固有性は消える。しかし幻想としての「人間」の固有性は消えない。これがぼくの考えである。

したがってぼくは、たとえば人間知性の脳生理学的なメカニズムが解明されることで人文学が変わるといった見立てを、じつのところあまり信じていない。社会科学は変わるかもしれないが、人文学はおそらく影響を受けない。哲学者は、たとえ一〇〇〇年後の世界でも、あいもかわらず過去の文献をひっくり返し、真や善や美のような定義不可能な概念についてああだこうだと無駄なおしゃべりを続けているのではないかと思う。

　これはつぎのようにいいかえることもできる。理系と文系の距離はきわめて大きい。自然科学は事物を研究しているが、人文学は幻想を相手にしている。そして事物の解明と幻想の操作はほとんど関係がない。

　それは、かりにだれかが失恋し落ち込んでいたとして、そのひとを慰めるため、愛は無意味だとか、あなたが愛した相手はつまらない人物だったとか告げても意味がないのと同じことである。自然科学は愛のメカニズムを解明するかもしれない。しかしそれは人々を愛の悩みから解放しない。そして多くのひとが求めているのは、解明ではなくむしろ解放なのだ。

2

　以上の議論が、冒頭の消費社会の話とどう関係してくるのだろうか。

　鍵となるのは「幻想」である。人文学は幻想を扱う。消費社会は人々に幻想を与える。両者はともに幻想に関わっている。

　幻想は幻想でしかないのだから、ふつうは幻想を生み出す現実の解明のほうが重視される。自然科学が自然の真理を解明するとはそういうことだし、リゾートの裏に回り、だれがプールを管理しているのかを調べるのも、いってみれば同じ「現実の解明」である。ひとは、表より裏を見るほうが有益で、幻想よりも現実を見るほうが本質的だと考える。だから、人文学より自然科学のほうが、また文化批評より政治学や経済学のほうが知的な営みだと考えられる。ぼくも基本的にはその見かたに同意する。

　けれどもぼくは同時にべつのことも考える。ぼくはさきほど、人間は人間だから政治をする、しかし動物だから政治から離れるときもある、社会はその両輪で成立していると記した。

　政治は現実を扱う。友と敵を分け、だれがプールを管理するべきかを決める。

　リゾートの客はそんなことは考えない。ただプールに浮かんでいる。現実は見ない。だからこそ冒頭で記したように他者に「寛容」にもなる。

　とはいえそれは伝統的な哲学が考えるような人間的な寛容ではない。かつてアレクサンドル・コジェーヴは、人間的な生は環境と対立する、環境に調和して生きるのは動物だけだと記した。その意味ではリゾートの客は完全な動物である。

だれがプールを掃除しているかなど、いっさい考えない。リゾートの寛容は動物的無関心の表れにすぎない。そこではいうならば、人間は動物へと堕落している。

しかしそれでは、ぼくたちはリゾートを閉鎖し、そんな堕落の場を社会から消し去るべきだろうか。潔癖な左派はそう主張する。けれどもぼくはそうも考えない。リゾートは排除すべきでない。そもそも排除できない。

なぜならば、彼らリゾートの客は、ほかの場所ではプールを掃除しているかもしれないからである。彼らは政治家かもしれないし、経営者かもしれないし、科学者かもしれないし、労働者かもしれない。その職能においては裏方として社会を支えている。

かつてはプールに浮かぶ人間とプールを掃除する人間はべつの階級に属していた。古代ギリシアの民主政は奴隷に支えられていた。シンガポールのリゾートも一〇〇年も遡れば白人ばかりが客で、現地人はボーイかメイドだっただろう。しかしいまは二一世紀だ。現代社会はそのような構造になっていない。リゾートを享受する客のほとんどは、ほかのどこかで他者に奉仕し、対価として金銭を獲得した人々だ。つまりフルタイムで動物なわけではない。

ここに現代社会の重要な特徴がある。ひとはときに人間になり、ときに動物になる。同じ人間があるときは裏方となり、あるときは客となる。それは裏返せば、現代社会では搾取する者と搾取される者を実体的に区別できないということを意味している。ある局面で搾取されているひとも、ほかの局面では搾取する側に回っているかもしれない。階級が分かれているわけではない。いま左派が力を失っているのは、そのような変化に対応できていないからだ。

現実と幻想の関係は入り組んでいる。幻想だけを排除することはできない。話がまた変わるようだが、ぼくはそのことを、ウクライナ戦争が始まってこの一年半で強く考えるようになった。

平和は幻想だ、戦争こそ現実だ、現実を見ろと多くのひとがいう。その主張は哲学的に正しい。

そもそも哲学者は戦争についてばかり語ってきた。ホッブズは社会の本質は万人の万人への闘争だと主張し、クラウゼヴィッツは戦争は政治の延長だと指摘し、カール・シュミットは友と敵を分け、敵を殲滅する政治こそが人間の本質だと論じた。対して平和についての思考は驚くほど少ない。いまだカントの『永遠平和のために』が参照される。だから、平和を求める気持ちそのものも、現実逃避の「平和ボケ」でしかないように思われてしまう。

しかしぼくたちはなぜ戦争をするのだろうか。それは平和のためではないだろうか。そして平和とはそもそも、人々が戦争の可能性を思い煩わずにすむこと、つまり平和ボケの状態こそを意味するのではないだろうか。

　戦争はこの点で自己矛盾を抱えている。戦争が存在するのは、戦争が消えるためなのだ。


　これはいっけん言葉遊びのようだが、さきほどのリゾートの例にあてはめると具体的に理解できる。

　リゾートの裏方はプールを清掃する。なぜ彼らはプールを清掃するのか。それは客が来るからである。なぜ客は来るのか。なにも考えない時間を過ごすためである。

　だから、清掃自体が裏方の目的なわけではない。そして作業が客に意識されるのもよくない。裏方を意識すると客はなにかを考えてしまうからだ。それではリゾートの魅力は失われる。プールの清掃は絶対に必要だが、それはあくまでも客が来るからであり、そしてそのためには清掃は見えてはならないのである。

　似たことが戦争と平和の関係についてもいえる。軍は必要だが、それはあくまでも平和が来るからであり、平和時に過剰に意識されてはならない。

　むろん、平和時でも軍の存在は意識されるべきというのは正論ではある。防衛関係者や専門家はそう主張する。

　けれども実際は、安全保障の詳細はどうせ広く共有できないし、またそもそも国民の大多数がつねに戦争の可能性を意識し続ける状態は平和ではない。平和はこの点で厄介な概念である。それは幻想でしかないのだが、しかしその幻想を否定するとなんのための戦争なのかがわからなくなり、戦争の必要性そのものが消滅してしまう。それは、リゾートの客も裏方の苦労を知るべきだというのが正論だからといって、そんなキャンペーンを張ったらだれも客が来なくなり、なんのための裏方かわからなくなるのと同じことである。

　ある種の現実は、現実の論理だけを貫徹すると自壊することがある。だから幻想を必要とする。その幻想は、確かに幻想だけれども、しかし現実を生み出すという意味では現実的な存在でもある。平和について哲学者があまり語っていないのは、おそらくはその背後にこのような入り組んだ論理があるからだ。

3

現代社会においては、ひとはときに裏方として人間的に現実に直面し、ときに客として動物的に幻想と戯れる。前者でいるときは世界に配慮して他者に奉仕し、後者でいるときはなにも考えず奉仕に身を委ねる。

　このふたつの側面は、ひとりの人間のなかでも、またひとつの社会のなかでも不可分に結びついている。ひとりの人間がずっと裏方であったり、ずっと客であったりすることはない。ひとつの社会の構成員がみな裏方であったり、みな客であったりすることもない。みなが裏方と客のあいだを往復しながら生きている。

以下、そのような現代人のありかたを「消費者的-生産者的二重体』と名付けることにしよう。「客的-裏方的二重体」でもよい。

ここで「消費者的」というのは、リゾートのプールでぷかぷかと浮いている動物的な生を意味する。他方で「生産者的」というのは、客のその動物的な安楽さ（平和ボケ）を維持するため、プールの清掃からリゾート全体の資金調達まで、さまざまな配慮を欠かさない裏方の人間的な生のことだ。「管理者的」と呼んでもよいのだが、消費者的と対比するため生産者的という表現にしている。サービスを生産し、提供する側を広く指すと考えてほしい。

消費者は世界を配慮しない。生産者は世界を配慮する。かつてハイデガーは『存在と時間』で、人間（現存在）は世界への配慮で定義されると記した。それにしたがえば生産者は人間だが、消費者は人間ではない。「消費者的-生産者的二重体」は、動物と人間の二重体ということでもある。

裏方と客、生産者と消費者、奉仕する側と奉仕される側、人間と動物をたえず往復しながら営まれる生。これはおそらく、アラブの王族や巨大な資産を引き継いだ財閥一族のような極端な例を除き、二一世紀の住民のほとんどにあてはまる性格ではないかと思う。この原稿を執筆しているいま、世界一の大富豪はイーロン・マスクらしいが、彼が日々裏方として奮闘しているのはみなさんもご存じのとおりだ。

ところで、現代思想に多少詳しいひとならばお気づきのとおり、この造語はフーコーの有名な「経験的-超越論的二重体」のもじりでもある。フーコーによれば、近代の人間は経験的-超越論的二重体として特徴づけられる。ぼくはさきほど、人間は波打ち際の砂の顔のように消えるという彼の言葉を引用したが、そこで消えるとされていたのはじつはこの経験的-超越論的二重体としての人間だ。

人間に固有性はない。けれどもひとは、「人間」という概念をたえず訂正し拡張することで、その言葉に幻想の固有性を付与し続ける。フーコーは、その固有性が、近代ヨーロッパにおいて「経験的」な世界認識と「超越論的」な世界認識の往復運動として定義されたと考えた。そしてその定義こそが、いま無効になりつつあると指摘したのである。

かつて人間は、経験的世界と超越論的世界を往復して生きるものだと考えられていた。けれどもその往復ができなくなってきた。それがフーコーが記したことだが、ではそこで経験的や超越論的といった言葉はいったいなにを意味していたのだろうか。

ここで話はふたたび自然科学と人文学の関係に戻ってくる。

説明を単純にするために、以下しばらく人文学を哲学で代表させることにしよう。また自然科学と社会科学も経験科学としてまとめることにしよう。哲学と経験科学の関係は、それ自体長いあいだ哲学のテーマになり続けてきた。

この問題についてはさまざまな議論があるが、出発点とすべきはカントの『諸学部の争い』だろう。同書は前出の『永遠平和のために』とほぼ同時期に書かれている。つまり二〇〇年以上前の書物である。そこでカントは、ひとことでいえば、哲学は「超越論的」なので、ほかの「経験的」な学問の上位にあるという主張を展開した。

カントの時代にはまだ理学部や工学部はない。それゆえ彼は自然科学について語っていない。彼が語ったのは法学部と医学部と神学部についてだった。

けれども、哲学は超越論的だから経験科学の上位に立つというその主張は、自然科学にも当然適用される。経験科学とは、経験によって検証されないと正しいかどうかわからない学問、つまり現実に関する学問を意味する。学問といえばそういうものだろうと思うかもしれないが、カントによれば哲学はそういう学問ではない。哲学は個々の現実に関わらない。たとえば、地球がどれくらいの大きさなのかとか、世界には何人の人間が住んでいるのかとか、金と銀ではどれくらい比重が違うのかとか、そのような事実の検討は哲学の仕事ではない。哲学はむしろ、人間がそのような個々の事実を事実として受け入れることを可能にする、より抽象的な構造に関わる。その構造が「超越論的」だといわれる。だから哲学は経験科学より上位にあるということになるのだ。

フーコーの経験的‐超越論的二重体をめぐる議論は、このカントの哲学を範例としている。近代に入り、ヨーロッパ人は神の秩序を信じられなくなった。そのため、世界の多様性を発見して満足するだけでなく、なぜ世界がこのようになっているのか、その理由を探究する必要に迫られた。ひらたくいえば、目のまえに見えている世界に対して、つねにメタレベルでツッコミを入れ疑いの視線を向ける、そのようなメンタリティが尊ばれるようになった。フーコーは、カントの超越論的哲学の構想は、まさにそのような精神の結晶化だと考えたのである。

経験的‐超越論的二重体の時代においては、世界を素直にありのままに見ているひとよりも、世界の裏を探るひとのほうが好まれる。

その時代は学問としては終わっている。二〇世紀前半までは、哲学がほかのすべての学を基礎づけると信じていたひとも多かった。たとえばフッサールのような哲学者は、文字どおり「超越論的現象学」という標語を掲げて哲学を立て直そうとした。

いまそんな哲学観を共有するひとはまずいない。認識の構造はなにかといった、カントやフッサールなら超越論的な方法(という名の謎めいた内面への省察)によってのみ答えられるはずだと考えた問いも、いまでは脳科学や神経科学によって経験的に解かれつつある。最初に記したように、現実には人間に固有の知的な能力は存在しない。だから超越論性も存在しない。超越論的な能力にみえるように進化した、経験的な能力があるだけだ。

他方でその哲学観が生み出した偏見は残っている。繰り返すが、経験的-超越論的二重体の時代には科学者よりも哲学者のほうが好まれた。世界をありのままに見ているひとの言葉よりも、裏を探るひとの言葉のほうが尊ばれた。

これは大雑把にいえば、理系よりも文系のほうが偉く、クリエイターよりも批評家のほうが偉く、現場の人間よりも大学教授のほうが偉いということである。現代でもそのような考えを抱いているひとは数多くいる。ネットでは逆にしばしばその偏見への反発から、文系批判や批評家批判や大学人批判が繰り広げられている。ぼくたちはこの点では移行期に生きている。

4

人文学が自然科学より偉いという主張には根拠がない。しかし、かといって人文学は必要ないという意見もまた極端である。

いまむしろ必要なのは人文学と自然科学の関係を新しく捉えなおすことだ。いまでは経験的-超越論的二重体としての人間は消え、消費者的-生産者的二重体あるいは客的-裏方的二重体としての人間が現れている。だとすれば学問の体系も、経験的-超越論的二重体の生を前提とした理解から、客的-裏方的二重体の生を前提とした理解へと「アップデート」されねばならない。

そこでぼくが提案したいのが、自然科学と人文学の役割の違いを、ここまで話題にしてきたリゾートの比喩のうえで考えてみることである。本稿がリゾートの話と人文学の話を往復しているのは、じつはこの提案をするためだった。

自然科学は現実の機構を解明し、もろもろの事象を操作可能なものとする。だから役に立つ。

他方で人文学は、そのような現実とは関係なく、それでも人間が抱いてしまう幻想を扱う。だから役に立たないといえば立たないが、そこで幻想が失われるとそもそもの社会の基礎が壊れるので、その意味では役に立つ。ぼくはそう考えている。

だとすれば、そこで自然科学と人文学をともにリゾートの裏方に見立て、そのうえで裏方としての担当業務が違うのだと、そう捉えてみたらどうだろうか。

そもそもカントはなぜ超越論的な学なるものを構想したのか。それは、彼が、真や善や美のような超越論的な理念について、その正体さえ明らかにすれば、人間は理念をもっと巧みに操作し、無駄なトラブルを回避できるはずだと信じたからである。そのような理想を「啓蒙」という。

けれどもいま明らかになっているのは、それらの理念は超越論的なものでもなんでもなく、実際には人類が進化の過程で獲得した幻想にすぎず、しかもその幻想を幻想だと指摘したところで多くのひとが幻想に振り回される状況はいっこうに変わらないという、じつに残念な状況である。ひとは嘘を平気で信じる。嘘だといくら指摘されても信じる。その厄介さはむかしから知られてはいた。けれどもこの数年、フェイクニュースや陰謀論が台頭するなかで、人間のそのような限界はますます深刻に認識され始めている。

したがって現代世界は、現実を解明する学だけでなく、それら幻想の厄介さに向き合うまた別種の学も必要とする。ぼくの考えでは、それこそがこれからの哲学（そしてそれに代表される人文学）の役割である。それはまた、カントによる啓蒙の企図を継承するものでもある。

哲学に実体はなかった。真にも善にも美にも実体はなかった。それゆえ詐欺師はいくらでも理念を悪用することができる。真も善も美もいくらでも再定義することができる。いま世界で起きているのは、ひとことでいえばそういう事態である。

自然科学と社会科学は、詐欺師の言葉が嘘であることは証明できる。また、なぜそのような嘘が広がるのかも説明できる。しかしそれだけである。啓蒙は機能しない。人々は変わらず嘘を信じ続ける。

だからこれからの哲学者は、それら理念の悪用に対抗し、人々のコミュニケーションに、さらには生活に介入し、真や善や美の定義を別方向に変えていくような逆操作（ぼくはそれを訂正と呼んでいる）をしなければならない。こちらについてもまた、前出の『訂正可能性の哲学』で関連する議論を展開している。関心のある読者は読まれたい。

つまりは、ぼくがいいたいのは、これからの哲学者あるいはより広く人文学者は、学問を研究するだけではだめで、同時に啓蒙（幻想の訂正）の実践者でなくてはならないということである。これは多くの学者の反発を買うかもしれない。でもぼくにはそのようにしか考えられない。なぜならば、いまや現実の解明は自然科学者と社会科学者が行なってくれるからである。哲学者は、現実の解明と異なった役割を担わねばならないのだ。

そしてこの経験科学と人文学の役割分担は、まさにリゾートの見立てによってきれいに理解できる。

ぼくたちはリゾートを運営している。そこで客がサービスに不満を訴えたとしよう。たとえば、プールの水が冷たいとかスタッフがいくら呼んでも来ないとか、クレームをつけてきたとする。

そのとき自然科学者や社会科学者が行うのは、客のクレームが正しいかどうか、水温を計測したり監視カメラを確認したりして客観的に検証する作業である。確かにそれは絶対に必要な作業ではある。それで問題が解決することもある。けれども残念ながら、たいていの場合はそうはいかない。たとえ運営にいっさい非がなかったとしても、いきなり水温やカメラ画像を示したら、客の態度はますます硬化するだけである。

そこで人文学者の出番となる。人文学は客観的証拠（エビデンス）を突きつけたりしない。少なくともそれに頼らない。かわりに、冷たいとはどういうことか、スタッフが来ないとはどういうことか、まずは客の期待＝幻想に耳を傾けたうえで、その幻想のほうを「訂正」しようと試みる。訂正がうまくいけば、クレームも消滅する。

経験的－超越論的二重体の時代の世界には客がいなかった。消費者的－生産者的二重体の時代には客がいる。

ここで客とは、知識階層に属さない発言権のある一般市民のことであり、ひらたくいえば「大衆」のことだ。誤解のないよう付け加えておくが、現代においては、どんな学識溢れる知識人も、自分の専門領域以外においては頭の悪い大衆＝消費者のひとりになってしまう。それはいまのSNSを眺めているとよくわかる。したがってこれは知識階層と大衆を実体的に分ける議論ではない。役割分担の話だ。

いずれにせよ、カントの時代にはそんな大衆＝消費者集団は存在しなかった。より正確には、ほとんどのひとにとって動物的な消費者になれる時間がなかった。

いまはむしろ大衆しかいない。みなが消費者になる。ふたつの時代はこの点で大きく違う。経験的－超越論的二重体の世界には客がいなかったので、人文学は運営の現場＝経験科学にツッコミを入れるくらいしか仕事がなかった。消費者的－生産者的二重体の世界は客に満ち溢れているので、人文学にはたくさん仕事がある。

自然科学と社会科学は世界という「施設」の現実を扱い、人文学は顧客の幻想を扱う。このように役割を整理すると、逆に哲学者に自然科学や社会科学の基礎的な教養が必須な理由もよくわかる。

哲学者は、この世界＝リゾートのことを、なんでもあるていどは知っていなければならない。しかしそれはけっして哲学が諸学の上位に君臨するからではない。顧客対応が仕事だからだ。プールが冷たいとクレームを入れてくる客を説得するためには、いちおうは実際の水温や関連法規ぐらいは知っていなければならない。哲学とはクレーム対応の技術のことなのだ。

5

本稿も終わりに近づいてきた。冒頭に記したとおり、この原稿は実際にリゾートに滞在しながら書いている。内容のほとんどはこの数年ゲンロンを経営しつつ考えてきたことでもある。けれども、文章にまとめるためには、もういちどちゃんとリゾートに滞在しなければならないと考えた。

ちゃんとリゾートに滞在、と記した。多くの読者はこの表現に違和感を覚えるだろう。リゾートに「ちゃんと」滞在するなんて変だと。

その違和感こそがこの原稿の出発点である。そう、ぼくたちはみな、リゾートは「ちゃんと」滞在するようなところではないと考えている。リゾートに行くとは、ものを考えなくてよい場所に行くことであり、だからリゾートに客として滞在しつつものを考えるなんてありえないと感じている。リゾートについて考えたいのなら、まずは客であることをやめ、裏方として働くべきだと思っている。裏方についての思考だけが本物の思考だと感じている。

本稿はその思い込みを揺るがすために書かれた。世界をつくっているのは裏方だけではない。客もまた世界をつくっている。

客が存在しなければ裏方も存在しない。裏方がものを考えるのは、客がものを考えなくてもよいようにするためだ。そしてその客はべつの局面では裏方になり、裏方はこんどは客になる。ぼくたちはそのように「ものを考える」局面と「ものを考えない」局面がモザイク状に組み合わされた時代を生きている。いいかえれば現実と幻想が不可分に絡み合った時代を生きている。それが消費者的－生産者的、あるいは客的－裏方的二重体の時代だ。

だから、この時代の総体を捉えるためには、現実を見ろ、裏方を見ろ、おまえの安楽な消費生活が踏みつけにしているものを見ろ、というだけではだめなのだ。現代社会はそんなに単純にはできていない。ぼくたちはむしろ、客であること、動物であること、「ものを考えないこと」の意味を考えねばならない。ぼくはそのために南国のリゾートにやってきた。

ぼくはかつて『テーマパーク化する地球』という評論集を出版したことがある。そのタイトルを踏まえるならば、この原稿でぼくが言おうとしているのは、現代世界の知や権力はまるでテーマパークの運営のように構造化され始めているということである。世界中でテーマパークが増えているという意味ではない。世界そのものがテーマパークになり始めているのだ。

テーマパークは幻想の空間である。そこに悪はない。犯罪も死もない。みながみなの幸せを祝福している。

左派はそんなのは嘘だと叫ぶ。右派の陰謀論者も、イデオロギーの違いはあれ同じことを叫んでいる。世界は欺瞞に満ちていると叫んでいる。経験的‐超越論的二重体の時代においてはそのような告発が力をもった。世界の裏の現実について語る言葉が、裏を語っているというだけで尊ばれた時代だったからだ。

けれども消費者的‐生産者的二重体の時代においてはそうはいかない。そもそもテーマパークが幻想であることはみな知っている。裏方の苦労もみな知っている。そのうえでみな幻想を楽しみにして生きている。そんな状況において、この世界は嘘だという左派や陰謀論者の言葉はとても単純で幼稚に響く。

なるほどテーマパークは嘘だろう。世界は幻想だろう。しかし、そもそも人間に、世界を幻想で覆う以外にいったいなにができるというのか。それこそがいま多くのひとが感じていることであり、そして消費者的‐生産者的二重体の時代のもっとも本質的な問いだ。

前述のように、ハイデガーは人間を世界への配慮で定義した。いまのぼくには、それはいかにも二〇世紀前半の哲学者が考えた定義のように思われる。

世界に配慮するのはよい。むろん配慮すべきだ。ただしそこで配慮される世界は、いまや、ハイデガーの時代よりも複雑かつ多様になり、おまけにはるかに高い解像度で把握されている。

ぼくが口にしている果物は熱帯雨林を切り裂いた農園で栽培されたものかもしれない。ぼくが着ている服は人権問題を抱える国で縫製されたものかもしれない。ぼくが声をかけたホテルのスタッフは少数民族で、リゾートで働く背景には深刻な貧困と差別があるのかもしれない。ぼくはどこまで「配慮」するべきだろうか。そもそもそんなことをいったら、飛行機に乗ること、冷房を使うこと、肉を食べること、つまりは文明的な生活を送ること、すべてが加害になるのではないだろうか。生きること自体が加害になるのではないだろうか。実際にそのように主張する活動家もいる。けれども、それでは人間の世界そのものが壊れてしまう。なんのために配慮が必要だと訴えていたのかわからなくなる。戦争と平和の関係と同じである。

世界があまりにも高解像度で見えてしまうと、配慮そのものが不可能になる。配慮の行為を続けるためには、見える世界を限定する必要がある。つまり「ものを考えない」場所をつくる必要がある。これは倫理や道徳以前に、人間の生物学的な条件で規定される限界である。

この意味において、人々の生が経験と超越の往復から客と裏方の往復へと移行し、世界がテーマパーク化して「ものを考えない」場所が増えたことは、まったくの必然だといえる。現代人がものを考えるのは、ほかのだれかが考えないですむようにするためだ。現代人がものごとを工夫するのは、ほかのだれかが工夫しないですむようにするためだ。現実はあまりに複雑だから、ぼくたちはそのように配慮を融通しあって生きるしかない。

ぼくたちは現実を直視するためにこそ、幻想を必要としているのだ。仕事をするために休暇が必要なように。

世界はテーマパークのようにできている。ぼくたちはみなそのなかに住んでいる。そしてあるときは裏方に、あるときは客になりながら生きている。

哲学者はそのなかで「顧客担当」として、いわば裏方と客をつなぐ独自の役割を果たすことが期待されている。自然科学や社会科学が明らかにする現実と大衆が抱く幻想をつき合わせ、なんとなくごまかしながらテーマパークが破綻しないようにする。それが現代の哲学者に与えられた厄介なミッションだ。

消費者的-生産者的、あるいは客的-裏方的二重体。ポストモダニズム以降、現代思想は（その名に反し）すっかり現代社会を捉える言葉を失っているが、この新たな二重性への注目は再出発の起点になると思われる。

ぼくは二〇年以上前の「サイバースペースはなぜそう呼ばれるか」から『動物化するポストモダン』を経て最近の『観光客の哲学』増補版にいたるまで、ポストモダンの超越性はウィンドウの切り替えとして現れるという仮説をずっと唱え続けている。それは実体としてはこの裏方と客の切り替えを意味していたのではないかと、いまのぼくは思う。ぼくたちは、世界を、裏方のウィンドウと客のウィンドウ、すなわちソースコードのウィンドウとアプリケーションのウィンドウを切り替えながら眺めている。ここからは現在のメディアや映像について興味深い議論が導かれるように思うが、それについて語るのはまたべつの機会に譲る。

かつてSF作家のアーサー・C・クラークは『十分に発達した技術は魔法と区別がつかない』と記した。半世紀前の言葉だが、消費者的-生産者的二重体の時代の精神をじつによく捉えている。技術者が技術を開発するのは、その技術を魔法にするため、つまりは見えなくするためだ。

ぼくたちは、あらゆる現実を見えなくして、幻想と魔法で世界全体を包みこもうとしている。テーマパーク化とはそういうことだ。そうでないと、ぼくたちはもう社会生活を送れないのである。

*

今回はリゾートにひとりで滞在している。プールもひとりで入っている。それはシンガポールで最初にリゾート論の直観を得たときと異なっている。当時は妻と幼い娘と滞在していた。

　ぼくがリゾートやテーマパークやショッピングモールに関心を抱いたのは、娘ができてからである。子どもをもつと世界への配慮は限定される。ひらたくいえば時間と労力が取られる。「ものを考えない」空間が必要になる。リゾートやテーマパークやショッピングモールは確かに過剰に快適である。非現実的で幻想的である。しかしその幻想を嫌う人々というのは、なるほど政治的には正しく、矛盾や貧困や不正義には敏感なのかもしれないが、逆にそのぶん配慮の余力には恵まれている——つまりは暇なのだなと、ぼくはそのとき冷淡に感じたのだった。

　左派はつねに世界への配慮を要求する。怒りや参加を要求する。しかしそんな余裕のあるひとたちばかりではない。

　そもそも現代に生きる人々は、当の左派自身も含め、だれも世界全体を配慮する力をもっていない。世界はあまりに複雑かつ広大で、ぼくたち人間の能力はあまりにも限定されている。その複雑さがだれの目にも明らかである以上、現代人は世界を限定して自分の現場をつくるしかないし（左派も本当はそうしている）、そこ以外では「ものを考えない」でいるしかない。そしてそれは悪ではない。

　このように要約するとわかると思うが、本稿で提示しているのは要は子育ての経験を抽象化して得た哲学である。というよりも、現実に子どもがいるかいないかにかかわらず、現代人はみな子育て期の親のようなありかたで生きているというのが、ぼくが言いたいことなのだ。裏方と客を切り替えること。「ものを考えない」ために考えること。

　娘はこの夏に成人した。ぼくの子育て期は名実ともに終わった。だからプールもひとりで入っているのだが、しかしその時期に得た洞察を失ってはいけないと思ってこの原稿を書いた。

春に思っていたこと

川上未映子 Mieko Kawakami

ゲンロン誌からエッセイの依頼をちょうだいして、テーマはとくに決まっておらず、なんでも自由に書いてくれとのことだったので新鮮な気持ちになった。この数年、女性誌などでお題のあることについて書くことはあったけれど、なんについて書いてもよいというのが嬉しかった。これは考えてみればおかしなことで、ネットだってあるのだからいつでも好きなときに好きなことを寄稿でなくても書けばよいのに、そういえば何年も書いていなかった。この仕事をするきっかけになったものはいくつかあるし、どれもゆるやかに関わっているけれど、いちばん大きいのはブログだったと思う。誰も辿りつけないようなところで、二〇代の半ばから終わりにかけて、毎日せっせと書いていた。若くてままならないものばかりがあって苦しさもあったけれど、いま思えば楽しかったたし、一生懸命だったたし、振り返ったときにまずこんな感覚について思いだせるのはありがたいことだと思う。書いていたのは詩とも日記とも記録ともつかない文章だった。そして日記といえば、「ある日」で連綿と書き綴っていく『日日雑記』、武田百合子を思いだす。過去にも武田の形式を借りて書いたことがあったけれど、今回もそうしたい。

ある日。ドストエフスキーのことをたまに考える。今日がその日。うろ覚えだけれど、昔に読んだフロイトの『ドストエフスキーと父親殺し／不気味なもの』にあった「僕はすべてを失うまで落ち着かないんだ」というドスの言葉も一緒に思いだす（ドストエフスキーを省略するとき〈ドスト〉でくる人が多いけどわたしはドス）。それからバフチンによるドスの読み解き理論のラズノグラーシエ（以下、ラズ）。これはドス作品特有のポリフォニーを成りたたせている、登場人物間におけるエネルギーの落差のこと。たとえば、謙遜でも遠慮でもなく、本当に思っていることとして「おれ、頭悪いねん」と発言してみるとしよう。で、それを聞いた相手から「せやな、おまえ頭悪いよな」と言われたら、認めていないわけではないのに（自分で言ったくせに）「うっ」となる感覚はないだろうか。おなじ言葉と内容でも自分が言うのと他人が言うのではなにかが決定的にずれてしまう、異和を生んでしまう、これが「異和＝ラズ＝うっ」なのである。ドスの登場人物たちは多くこのラズにみなぎっており、もちろん作者であるドス自身にも予測不能なものなので、ラズがまたべつのラズを呼び、うねり、登場人物たちの人生も物語じたいも、思いもよらないダイナミズムを生んでいくことになる。

わたしは一三年くらいまえの夏、このラズを日常生活にちょっと応用してみたことがある。たとえば、わたしの目の位置は平均的な顔つきからすると離れており、そのことで子どもの頃からひどくからかわれもし、思春期の頃には大変なコンプレックスになっていた。その事実によって「わたしは目が離れている」と発話する。で、相手からも「うん、離れてる」とおなじことを言ってもらうのだ。しかしラズは発動しない。これは、かつてあった離れ目コンプレックスを乗り越えられているということとして理解できる。つぎに、わたしはいま精神的に落ち込んでいるので実感としてもう以前のように作品を書けないのではないかと思うことがある。これは真に思うことであるので「わたしにはもう小説は書かれへん」と発話してみる。そしてそれを話した相手に「せやな、あんたにはもう小説は書かれへんな」とおなじことを言われたとする。すると「異和＝ラズ＝うっ」が、ほんのかすかではあるけれど発動するのを感じる。自分で発話したその事実を認めてはいるけれど、現状を結論にして終わりたくないという気持ちのあらわれなのだろう。そしてこの反応が、むっとするとか怒りに属するものではなく、やはりあくまで「異和」のエネルギーであるというのが大事なのではないか。そう、たとえば今日の当事者性の——誰にそれを言う資格があるのか問題においても。それはさておき、ラズはこのように自分が本当には、まだなににこだわってるのか、諦められないのかを、ちょっとわからせてくれることがある。とはいえ、なににこだわっていようが諦められないでいようが、人生はそういう個人の思いや事情などおかまいなしに流れていくだけであり、わたしの年齢くらいになると自分はもはや謎でも興味の対象でもなんでもなく、ただ今を重ねている認識と身体そのものになってくるので、ラズにまつわるあれこれは若い人むけなのかもしれない。

　ある日。昨年の秋ごろから左目だけからなにもしないでも涙が流れてくるようになり、このあいだ簡単な日帰り手術を受けた。鼻涙管閉塞症。われわれの涙は眉の下あたりで作られ（知らなかった）、そこから分泌された涙が眼球を潤して、目尻＆目頭にある小さな涙点を通って鼻にむかって排水されるのだけれど、この涙点と鼻のあいだの鼻涙管が詰まってしまい涙が逆流していたというわけだ。ピアスの穴を固定するようにヌンチャク状のチューブの端っこを、上下の涙点から鼻腔に垂らすように繋げて入れて、数ヶ月後に抜去する（いまチューブ入ってる）。手術じたいは眠っているまに終わったけれど、術前検査は刺激的だった。本当に詰まっているのかを調べるために鼻涙管に針を入れてざくざくと刺すのだけれど、目薬の麻酔は効果がそんなになく、どこかが突き破れるのではないかと、思わず「これまでですか」ときいてしまった。なんでもアジア人はもともと鼻涙管が、つまり涙の排水溝が細く狭いつくりになっていて、欧米人はものすごく大きくて広いのらしい。欧米の人たちが悲しんで泣くときに目をおさえないで大きな音をたてて鼻をかむのにはそうした理由があったのだ。そういえば英語の表現には「目頭をおさえる」というのはあまりないように思う。

　ある日。世界にはいくつも位相があるけれど、自分の身体というのはいちばん身近かつぜったいに移動することができない場所のひとつ。わたしは若い頃から養老孟司先生の本を読むのが好きなのだけれど、この二〇年くらいのバランスを見てみると、自分の身体を比較的忘れているとき、つまり社会に気が向いている時期は離れ、文字通り身体的に追いつめられたときに読めているような気がする。多くの読者同様、自然と人工がべつのものであると思えるマジョリティの感覚に、無自覚に安心できるからだろうと思う。いずれにしても最近に刊行されているものは、ほとんど手を合わせたくなるような、真にありがたい効果が個人的にはある。とはいえ、養老先生は本によってムードが激変するので、しみじみする読後を求めて手にとると本質的なことだけがいっさいのケア視点抜きに展開されている場合もあってダメージを受ける。読書やな。

　ある日。カントの『視霊者の夢』をすがるような気持ちで読みはじめ、読み終わった。当時、大流行していたスヴェーデンボリの「視霊現象」をカントが哲学の側からめっちゃ斬る、みたいな内容なのだけど、死後の世界はないぞ、霊魂なんてないぞとカントが詰めれば詰めるほど、死後の世界があってほしいし霊魂もあってほしい、まじでお願い、みたいなカントの思いと願いだけが強く残り響くことになっていて「庭に行って働こうではないか」で思わず胸をおさえてしまった。

　ある日。息子が犬と暮らしたいという。昭和育ちの癖で、それをどれくらい欲しているのかその気持ちの強さを推し量ろうとするところがわたしにはあるけれど、考えてみたら、こと生き物にたいしてはそんなことは意味がないのかもしれない。つまり人間関係にも言えるけれど、前もっての欲望の強さと責任感はそんなに相関しないのではないかと思うのだ。それに昔は犬と偶然に出会って暮らしていたこともあったのだし。わたしは猫と暮らしたことがなく、これまでずっと犬だった。雑種の子が多く、ほかにはミニチュアダックスフントはとても可愛くて、いま大阪にいる五歳の子以外はみんな虹の橋を渡ったけれど、抱っこしたときのおなかのやわらかさ、きらきらとぬれた黒目、足のうらのちょっと濃いめのポップコーンみたいなにおい、寝るところに敷いたタオルのほつれ、ぜんぶ思いだせる。それで、じっさいに犬と暮らすとなると、お世話も大変で、病気もするだろうし、今よりさらに問題を抱えることになるけれど、でもこれは大人の懸念なのである。子どもと生きるということは、どれだけ大人が大人の思惑や事情を「なし」にできるかが大事で、たとえばこの場合、子どもが犬と暮らして感じる様々なことや一生思いだすことのできる感情や思い出より、優先しないといけないことってあるのだろうか。これについて考えることは、わたしにとって本質的なことでもあって、じつは、本当は、個人の生活の未来というものを確かなものとして想定し、考えても、あんまりしょうがないのではないかという気がする。もちろん確実に負であるだろうものを意図的に残すつもりはないけれど、みな、まとまりようのないものを、ただ生きて死んでいくのだ。生活の蓄積にまつわるあれこれ、宇宙からみれば瞬きのごとき時間であれ、しかしわれわれがともに生きたという思い出にまつわるものなら、今このときの選択の、なにを恐れることがあるだろう。春は、そんなことを思っていた。

座談会

ドキュメンタリーはエンターテインメントでなければならない

原一男 ＋ 大島新 ＋ 石戸諭

Kazuo Hara + Arata Oshima + Satoru Ishido

ドキュメンタリーとフィクションの境目

石戸諭　本日は映画監督の原一男さん、大島新さんと「ドキュメンタリーはどこへゆく」というテーマでお話しできればと思います。原さんは、劇映画の現場を経て、一九七二年に映画監督デビュー。アナーキストの奥崎謙三さんを追った『ゆきゆきて、神軍』（一九八七年）など数々のドキュメンタリー作品を監督し、五〇年以上にわたり第一線で活動を続けています。二〇二一年には水俣病をテーマにした大作『水俣曼荼羅』[★1]［図1］を発表しました。大島さんは、テレビで「情熱大陸」など数多くのドキュメンタリー番組に携わったあと、政治家の小川淳也さんを追った『なぜ君は総理大臣になれないのか』（二〇二〇年）や『香川1区』（二〇二一年）などの話題作を監督。また、著書『ドキュメンタリーの舞台裏』では、原さんの作品を分析されています。どうぞよろしくお願いします。

まずは『水俣曼荼羅』についてお話をうかがいましょう。この作品はDVDだと三枚組で六時間以上あるという超大作です。しかもディレクターズカット版ではさらに一時間半あるという。

原一男　いつもは映画は二時間じゃなきゃいけないって、自分に言い聞かせながら作っているんです。でも五〇年やっているんだから、一本くらい長くたっていいだろうと。長い長いとみなさんに怒られますが、世界には長い映画がいっぱいある。王兵《ワン・ビン》の映画なんて一〇時間以上です。

石戸　じつは、ぼくは「意外と短いな」という感想を抱きました。顔のショットが多いのがポイントなのかと思ったので

図1　『水俣曼荼羅』

Kazuo Hara +
Arata Oshima +
Satoru Ishido

すが、いかがでしょうか。

原　わたしは顔が好きなんでしょうね。やっぱりひとの感情、気持ちって顔に表れますもん。ドキュメンタリーのいちばんの肝は人間の感情を描くことであるという先輩の教えを、後生大事にずっと守っています。

石戸　大島さんは『水俣曼荼羅』をどうご覧になりましたか。

大島新　わたしは原監督に、「映画は三回見ないとわからない」と教わりました。だから六時間一二分ある『水俣曼荼羅』も、半泣きになりながら三回見ました。同じ水俣を撮った巨匠として土本典昭監督がいますが、土本さんが運動家としての要素が強いのに対し、原さんは水俣病という問題をなんとかしなければならないという思いを持ちつつも、映画監督であることを優先している、つまり作品としておもしろいものにすることを大事にされているように感じます。この作品は水俣病の問題を扱っているのに、たとえば最後のほうの坂本しのぶさんという患者さんの恋のエピソードなど、なんだこの演出は、と思わされるようなシーンが入る。彼女の歴代の好きなひとが代わる代わる登場するんです［図2］。ほかにも、かつて漁師とその家族が食べていた太刀魚料理を再現するとか［図3］、ちょっとマッドサイエンティストふうの解剖学の教授・浴野《えきの》成生《しげお》さんがホルマリン漬けの脳をユニクロの袋に入れて、電車に乗って持ち歩いているとか。土本監督なら絶対に入れないシーンでしょう。

図2　『水俣曼荼羅』より、かつての好きなひとと会って照れ笑いする坂本しのぶさん

図3　同、漁師村の太刀魚料理を再現してみんなで食べる

原　さすがです。そういう指摘は三回見ないと出てこない。

大島　原さんが演出で場のセッティングをされているシーンが、じつはいくつもありますよね。たとえば牛駒秀夫さんという患者さんが初夜を過ごしたという旅館で夫婦のインタ

★1　『水俣曼荼羅』（二〇二〇年）は、いまなお続く水俣病患者の認定とその補償に関する裁判を取り上げた、原一男監督によるドキュメンタリー映画。患者と支援者、水俣病の発病メカニズムを研究する大学教授など、関係者の人生模様から水俣病をめぐる現実を多角的に描いた作品である。

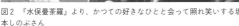

ビューがありますが、あれは設定がされているでしょう。

原　生駒さんは患者さんのなかでいちばん付き合いが長いんですけど、話をするうちに、新婚旅行の地がわたしたちの水俣の定宿と同じ湯の鶴温泉だと知ったんです。で、一気に親近感が湧いてしまって、一泊分プレゼントするから行こうよ、と。それでインタビューをしました。

大島　しかも背景を飾っている。

原　鶴っていいなと思って、廊下の端っこに置いてあったいまや使われていない障子を引っ張り出してきて、鶴が浮き彫りになるようなライティングをしました［図4］。

石戸　見事な演出ですね。

原　それくらいはやります。

石戸　大島さんだったらやりますか。

大島　やらないです。

石戸　このあたりの一線はどのように引くものなのでしょうか。ぼくは映像作品を作ったことはありませんが、活字の世界ではノンフィクションという隣接分野にいる。だから、基本的には演出をしないという倫理観のほうが正しいのではと思ってしまいます。

図4　『水俣曼荼羅』より、湯の鶴温泉で食事を楽しむ生駒秀夫さん夫妻

原　三〇年前はそうでした。しかし、いまや演出しても平気です。いまの若いひとたちはもっと進んでいる。わたしは演出を肯定的に捉えているので名前を挙げますが、たとえば佐々木誠さんの『マイノリティとセックスに関する、極私的恋愛映画』（二〇一五年）や、『ヨコハマメリー』（二〇〇五年）で知られる中村高寛さんの『禅と骨』（二〇一六年）では、ドキュメンタリー映画のなかになんの断りもなく役者を使っています。わたしは再現シーンを入れるにも、上品にさりげなく、なぜそのシーンを入れたかがわかるようにしていました。断りを入れないと悪いかな、という気持ちがあったんです。でも、佐々木さんや中村さんの世代になると、ドキュメンタリーにフィクションを入れることに対してもはや抵抗がない。

　実際、過去のひとや過去の出来事を描こうとするとき、死んでしまったひとは実体としてもう撮影できない。だから、それを映像的におもしろくなるようにするには役者を使うしかない。テレビでもやっているじゃないですか。映画として興味を持って見られるべきであるにもかかわらず、ドキュメンタリーは演出をしてはいけないというのは、ドキュメンタリーを劇映画と区別して、隅に追いやる差別だと思います。

石戸　演出をやってはいけないというルールはもちろんないですが、どこまでを許容するか、という一線はあるのでないかと思います。大島さんはその一線をどう捉えていますか？

大島　わたしはもともとテレビのドキュメンタリーで育ったということもあり、圧倒的にオーガニックが良いと思っています。もちろん、あるものをそのまま撮るなかでストーリーを作りはしますが、断りなくフィクションを入れるような演出はやりません。それは、善悪とか許される／許されないという問題ではなく、わたし自身の好みがそこにあるからです。ただ、わたしと被写体との関係性において、わたしのカメラがあることによって状況が動いたりするのはすごく楽しい。自分だから撮れているという実感も湧くので、そこはためらわず、積極的にやっています。

原　それは同時代的な認識で、わたしも同じです。いっぽう、被写体の邪魔をしないようにそばにいて、丹念に長い時間をかけてじっと見守っていくというのが、ドキュメンタリーを撮るひとのあるべき態度だというイメージがいまでもありますよね。でも、なんでわざわざそんな不自由なことをしなくてはいけないのか。作るのはわたしなのだから、被写体の魅力をどうすれば可視化できるのかと考えたうえで、必要であれば演出をしていいと思います。どうおもしろく撮れるかを考えたほうがスリリングじゃないですか。

図5　『れいわ一揆』。ポスターに14名の撮影者がクレジットされている

図6　『香川１区』

カメラの台数と神の目線

大島　以前、原さんとカメラの台数をめぐって論争をしたことがあるんです。原さんの『れいわ一揆』［図5］（二〇一九年）とわたしの『香川1区』［図6］には、ともに選挙の投開票のシーンがあります。わたしが使用したカメラは一台です。対して原さんは六台も使用している。同時進行で起きている別の方向のことは一台のカメラでは撮れないから、たくさんのカメラを回してカットバックで切れ味よく編集していこう、というのが原さんなんですね。

　わたしは、取材者がひとりの場合、信頼するカメラマンの眼を信じて一台のカメラで見せたほうがオーガニックだと考えています。人間の眼はあちこちに視線が移り変わるわけだから、それに任せてみるんです。『香川1区』の小川淳也さんの当選シーン［図7］は四分四〇秒のワンカットで、いちども編集点がありません。けれどももし原さんチームが同じ場所にいたら、数秒ごとにどんどん切り替わって、たぶん何十カットにもなるでしょう。

原　投開票の場にはいろんな立場のひとがいますよね。『れいわ一揆』の場合は、れいわ新選組の山本太郎という党の代表、その呼びかけに応じた立候補者、投票したひと、裏方さん、マスコミのひとなどです［図8］。そのそれぞれの感情がぶつかり合ってこそ、会場が持つ雰囲気をリアルに表現できる。いろいろなひとを捉えるには、カメラの台数が多くなきゃいけない。わたしはそのリズム感を見せたほうが、より現場のリアルが表現できると考えます。

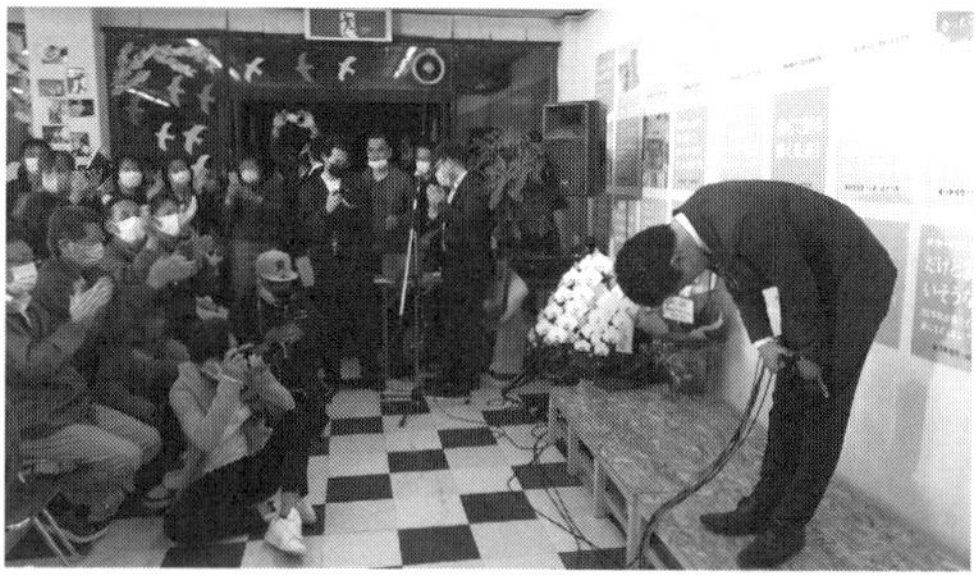
図7　『香川１区』より、2021年の衆議院選挙で当選した小川淳也さん

図8　『れいわ一揆』より、2019年の参議院選挙にて。投開票日の記者会見の場面

石戸　ぼくは新聞記者出身ですが、多くの投開票の現場はひとりで行けと言われます。そのときになにが起きているか、ぜんぶ自分の責任で感じなければいけない。そこにはある種のリアリティがある。それが、カメラが複数になって視点が分散すると、撮り手の感情も分散してしまうのではないでしょうか。

原　田原総一朗さんがまだドキュメンタリーを撮っているころに、編集の現場で、「一台のカメラにおれはこだわっているんだ」と言っているのを聞いたことがあります。その考え方はわからないわけではありません。でも、わたしはあるときから、そもそもカメラ＝撮り手の目線と考えるのは傲慢ではないか、と考えるようになった。

石戸　それはなにがきっかけなのでしょう。

原　劇映画の現場でのことです。今村昌平監督の『復讐するは我にあり』（一九七九年）という作品で、わたしは撮影助手をしていました。今村さんは現場でカットを割るんですが、このカットはこのひとの目線だから、この位置にカメラを置いて撮ろう、とそれぞれのカットがだれの目線なのかを口に出しながら撮影を進めるんです。そのひとつでね、主人公の父を演じる三國連太郎さんの亡くなったはずの奥さんが、なぜか廊下を歩いている画が入る。そのとき、忘れもしないんですけど、今村さんはこのカットはだれかの目線じゃなくて、神の目線だよなって言った。なるほどカメラマンや監督の目線ではなく神の目線と考えたほうが自由じゃないか、とふと思ったんです。どこから撮っても、どこでカットが入ってもいい。そこがいまのやり方の出発点かな。

石戸 人間の視点に囚われるとかえって不自由になってしまう、と。おもしろいですね。

原 ほかにも、熊井啓監督の助監督をしているとき、『海と毒薬』（一九八六年）という作品のカットを割るなかで、「ワンシーンのここぞというところで真俯瞰が入ると効くんだよ」と言われたことがあります。真俯瞰はまさに「神の目線」で、それが入ることでシーンが一気に立体的に見えるようになります。

大島 やはり原さんは映画のひとですね。そこがわたしとはちがうな。わたしが現場に行くのは取材に行くのであって、まずは被写体ありきです。でも原さんは映画ありきで、撮影のためにやっている。

原 わたしはカメラで撮影することが好きで、カメラマンをやっているんです。

石戸 撮影と考えれば、被写体となるひとはある意味では役者さんと同じだから、現場でどう動かしてもいいんじゃないか、ということにもなりそうですね。そういう考えはちょっとありますか。

原 ちょっとどころか全面的にそうじゃないかな。

大島 全面的にそうですよ（笑）。『ゆきゆきて、神軍』などは、すごくそれが出ています。

『ゆきゆきて、神軍』は劇映画

石戸 一九八七年公開の『ゆきゆきて、神軍』では、原さんは奥崎謙三さんという、ニューギニア戦線で従軍していた元陸軍軍人を撮っています［★2］［図9］。原さん自身、本作での奥崎さんとの関係性を「完全な共犯関係」と言っていますが、この作品についてお話をうかがえますか。

★2　奥崎謙三は、日本の元陸軍軍人。激戦地であったニューギニア戦線を生き残った。後に、金銭トラブルを発端とした刺殺事件による服役、昭和天皇へのパチンコ玉の撃ち込み、ポルノ写真に天皇一家の顔写真をコラージュしたビラのバラ撒きなど、慰霊と天皇の戦争責任を追及するアナーキストとして活動した。

原　まず、あの作品に関するわたしの最大のミスについてお話ししましょう。作品が完成してすぐ、ベルリン国際映画祭とロッテルダム国際映画祭で上映されたとき、批評家や若い映画監督から「この映画は劇映画でしょうか？　ドキュメンタリーでしょうか？」と質問を受けたんです。そのころはわたしも馬鹿正直に「これはドキュメンタリーです」と答えていました。しかし、三〇年以上経ったいま、「劇映画です」と言えばよかったと悔やんでいます。そうしたら、ドキュメンタリーの歴史はかなり変わったでしょう。

大島　あの映画を劇映画と呼ぶのか、ドキュメンタリーと呼ぶのかはなかなか難しいところですね。奥崎さんもカメラのまえで完全に「奥崎謙三」を演じていますから。

石戸　たしかに本人が本人を演じる瞬間というのは、取材をしていてもありますよね。ふだんは穏やかなのに、交渉の場になると急に運動家や闘士を演じ出すとか。演技をしていない奥崎さんはどのようなかんじだったのでしょうか。

原　最初に奥崎さんに会いに行って映画を撮りましょうと話をしたときから、わたしは戦争のことを映画に入れたいと思っていました。奥崎さんはアナーキストで、天皇の戦争責任追及を謳って天皇にパチンコ玉を撃って、刑務所に入っている。そういう奥崎さんの心情を描くためには、どうしても戦場でのエピソードが必要だろうと考えたからです。しかし、なんと奥崎さんは「戦後三十数年が経ったタイミングで、いまさら戦争を描いてもだれも見てくれませんよ」とわたしに言ったんです。

図9　『ゆきゆきて、神軍』。ポスターでは奥崎さんの個性が強調されている

石戸　信じがたい取材対象ですね……。

原　奥崎さんには逆に、自分が撮ってもらいたいものの構想があって、つぎからつぎへとアイデアを出してきた。文部大臣に車をぶつけたいとか、革マルと中核のリーダーに説教したいとか……。荒唐無稽でいくら聞いてもおもしろいとは思えません。しかも、それは嫌だと言うと延々と説教されるんですよ。だからとりあえず彼の話に付き合って、諦めるのを待つ。わたしは胃潰瘍になりました。

結局、わたしは独自に奥崎さんと同じ部隊にいた元兵士たちを訪ねて、いろいろな話を聞きました。そのなかに、人肉事件や敵前逃亡という話があった。それを聞いて、あ、これは映画になるだろう、と。そのときわたしのイメージにあったのは、深作欣二監督の『軍旗はためく下に』（一九七二年）です。

大島　ニューギニアで従軍した士官の寡婦が、夫がそこで「戦死ではなく」死んだとされているのに納得できず、何年も経って、夫とともに戦った人々に会いに行って戦争の真実を知るという話ですから、たしかに似た構造ですね。

原　同じ題材だなとは思いましたが、それ以上にサスペンスに満ちたおもしろい映画ができると確信したんです。奥崎さんには、「わたしが元兵士に会って情報として摑んだ内容はあなたには言いませんよ。奥崎さんが直接彼らを訪ねていって、その場で初めて事実を知るほうが、遥かにおもしろい映画になりますからね。勘弁してくださいね」と丁重に頭を下げて、そのうえで、「わたしといっしょに行ってください」とお願いしました。最初、奥崎さんはまるで乗り気じゃなかった。ほんとうですよ。そこまで言うのならば付き合ってあげるかってなもんで、じつは動き出したんですよ。

石戸　でもカメラが回った瞬間にスイッチが入るんですか。

原　カメラが回る瞬間ではなく、映画のなかで最初に奥崎さんが話を聞きに行った元軍曹に殴りかかるシーン［★3］、あそこでスイッチが入った。こいつら隠してる、と。

そのころの奥崎さんは天皇制そのものがターゲットでしたから、戦場で起きた人肉事件の責任者を追及することは、天皇制に対する攻撃として価値があると思ったのではないですかね。それで俄然本気になり出した。そういう経緯があるんです。この映画では作り手が奥崎さんに振り回されていると しか見ないひとは多いのですけれど、監督のわたしからすれば、全然乗り気じゃなかった奥崎さんが、わたしの思惑の上に乗っかってくれたから大歓迎です。

大島　『ゆきゆきて、神軍』では、主演俳優と監督がシナリオの主導権争いをしていたんですね（笑）。

原　『キネマ旬報』のその年のベスト・テンで、奥崎さんはなんと主演男優賞の二位になった。作品も二位で、読者投票の監督賞は一位でしたよ。

石戸　いい時代ですね（笑）。映画のなかで奥崎さんが神戸拘置所に訪ねていって、ガードマンに突っかかっていく場面がありますが、あのシーンでは、かなり「奥崎」を演じているように見えます。

原　わたしから頼んだわけではありません。あの場面では、奥崎さんが神戸拘置所のなかを見学させてくださいと言ったけれど断られて出てきた。わたしは道路の反対側でカメラを回していたんですが、彼はいきなりガードマンに対して「おまえらなんや、ロボットみたいな面《つら》しとるやないか」と毒づきはじめます。なんで毒づいているのか、わたしにはまった

★3　奥崎が元軍曹の妹尾幸男の家を訪ねて、ニューギニアで彼の所属していた部隊で起こった処刑事件について問いただす場面での出来事。室内に座っている妹尾の話を縁側の外に立って聞いていた奥崎が、突然土足で家に上がり妹尾に殴りかかる。

くわからない。とにかくずっとワンカットでカメラを回して、気が済んだようなので、最後に質問しようともういちどカメラを構えた。そのとき、奥崎さんが「原さん、わたしのいまの演技はどうでしたか?」って聞いたんです。青天の霹靂《へきれき》でした。奥崎さんは自覚的に演技をしていた。これはもうドキュメンタリー史をひっくり返すような大きな出来事です。

大島 奥崎さんがあまりにも強烈なので、その印象に引っ張られるように見てしまうのですが、しかしテクニカルなことを言うと、じつは原さんも劇映画のように撮ろうとされていますよね。象徴的なのが、奥崎さんが自分の車を走らせてあちこちへと向かうシーンです。奥崎さんの車には「田中角栄を殺すために記す」という彼の本のタイトルが大きく書いてある。ほかにも政治的なメッセージがたくさん書かれた非常に目立つものなのですが、原さんのカメラは田舎の道を走るその車をロングショットでめちゃくちゃ遠いところから撮って、それからズームしてその車を映す。これはドキュメンタリーでは非常に不自然なカットです。

石戸 撮影する側は行く先がわかったうえで先回りしている必要がありますからね。

大島 たいていのドキュメンタリーでは、同じようなシーンは、被写体と同じ車に乗って車内で撮るか、後ろの車に乗って追走しながら撮影します。かろうじてあるとすれば、一台前に入って撮るくらい。携帯電話もなかった時代に、原さんはとても不自然で面倒くさいことをやっている。でも、ロードムービーとして考えたときに、たとえ不自然だろうが、負担が大きかろうが、その画を絶対撮る、ということなんでしょうね。

原 撮影をはじめて間もないころは、奥崎さんを撮りに行くたびに公安のパトカーが後ろをついてくるんですね。わたしはそれまで政治的にマークされるような経験はまったくなかったので、けっこうびくびくしていました。映画の冒頭、奥崎さんが埼玉県深谷の日赤病院に元軍曹を訪ねていきますが、そのときにもやっぱり警察の車がついてきた。奥崎さんの車が正面から手前に走ってきて、病院のまえに車を停める、というシーンをワンカットで撮ろうと思ったときにふと思いついたんです。助監督を呼んで、「あのパトカーのところへ行って、奥崎さんの車のすぐ後ろで赤いランプを点灯しながら走ってきてくれないかお願いしてこい」って。助監督が「はい!」なんて言って、戻ってきたら「OKです!」と。

石戸 OKなのかな(笑)。作りまくってるじゃないですか。ドキュメンタリーじゃない。

原 あれは完全に劇映画なんですよ。

石戸 ただ、『ゆきゆきて、神軍』は、ドキュメンタリーとしてギリギリのところで許されている。実際に現実が動いているからです。警察の車はほんとうに奥崎さんを追いかけているわけですし。奥崎さんにいきなり訪ねて来られた元兵隊や士官の老人たちの主張やその妻の表情はリアルです。

原　日々の暮らしのなかで、ひとはいろいろと苦しんだり、喜んだりして生きていますから、そういうリアリティは映画でいくら設定を作っても残ります。

大島　あえて言えば、劇映画・フィクションの場合は、職業俳優が他者を演じるわけですが、ドキュメンタリーは多少演じていたとしてもそれは自分です。そこのちがいはあるかな。

原　あと、セリフにこだわることはまずないです。撮られているひとには、セリフじゃなくて、生き方それ自体、理屈はどうでもいいからむしろ言葉よりもアクションでやって見せてほしいと思っています。わたしは整理した言葉はほとんどいらない。むしろ、整理される以前の混沌とした心のなかを見せてくれよと。そこはいちばんの基本です。

ドキュメンタリーも自己表現である

石戸　話題を変えて、原さんの政治的な主張についてお尋ねします。たとえば『ゆきゆきて、神軍』では、奥崎さんを通して旧日本軍の不正を暴きたいとか、あるいは天皇制という構造に対してなにかしら射抜くものが欲しいとか、そういった意図は多かれ少なかれありますよね。また、『水俣曼荼羅』では、権利回復を求めるひとたちの側に立ってカメラを回し、それによって国の不誠実な姿勢を正したいという思いはあったでしょう。原さんのどの作品にも社会に対する強いメッセージがある。この、作品における政治的な主張というものを、ご自身ではどのように捉えられているのでしょうか。

原　庶民というものは支配者層と言われるひとたちにいいようにされているから、国や権力を持っているひとに対してすべからく抗い、戦うべきであるという主張は、わたしのすべての作品に一貫しています。それはわたし自身が、国のエネルギー政策の転換で石炭が使われなくなったことにより、炭鉱住宅で暮らしていたところから極貧の世界に突き落とされたり、家族が離散したりといった悲しい思いをいっぱいしているからでしょう。そうさせたのはだれだ、という恨みが染み付いている。そうした思いはどの作品でも出ているし、とくに『水俣曼荼羅』ではそういう自分を再発見できたと思います。

石戸　他方、これまでのお話のなかでも、おもしろい画が撮りたいとか、作品としておもしろくするにはこういうシーンを作りたいとか、そういう映画監督としての欲望がときに政治性を上回ってしまうようにも見えます。

原　それはそうですよ。議員に立候補して極貧の過去がどうのこうのって絶叫したところで、聞いているひとには「それはおまえの責任だ」くらいに思われるのは目に見えている。映画でも、自分のメッセージを訴えようとするならば、エンターテインメントとしていかにおもしろく仕上げるかを考えないと、だれも注目してくれない。
石戸　おそらく原さんにとってドキュメンタリー映画は、ある意味では自己表現なんでしょうね。
原　そうですよ。自己表現です。
大島　まらがいなくそうだと思います。作り手の思いが被写体を通して確実に出ている。
石戸　そういえば『水俣曼荼羅』では、ドキュメンタリーシリーズ「日本の素顔」の「奇病のかげに」（一九五九年）という回で、スタッフが患者を演じているシーンがあることが語られていましたね。あれには驚きました。昔のNHKはここまでやるのか、と。
大島　NHKはいまでもストーリーは巧妙に作っています。事実と言われているものを積み重ねながら、作り手側のストーリーラインに当てはまるものを並べていく。こうした手法はけっこう多いと思います。
テレビのある種の性《さが》として、ザッピングで見られることへの恐怖があるんです。だからストーリーラインを極端にわかりやすくする。映画はいちど見はじめたら基本的には最後まで見るでしょうが、テレビはいつ消されてもおかしくないですから。それに対して、『水俣曼荼羅』はどこに連れて行かれるかさっぱりわからない。なんでこのひとの恋話を聞いているんだっけとか、いまわたしはなにを見せられているんだ、といった感覚を味わわされる。でも六時間一二分見終えると、ぜんぶが物語として繋がっている。ここにはそれぞれのメディアの特性があります。
石戸　恋話をひたすら聞いたあとに、裁判の進展を見て、裁判のあとにはまた怒りが語られる。かと思えば、かつては「怨」という字を旗にして怒りを訴えていた晩年の石牟礼道子さんが登場して、「赦す」と語る。すごい展開でした。
原　でも、それが現実ですもんね。いろんな層があって、ひとつめくって別の層が見えたつもりでいて、さらに掘るとまたちがう層が見える。リアルな現実というのは、らっきょうの皮むきみたいなもんですよ。その皮をむいていくのがおもしろいのであって、皮のむき方もいろいろある。
石戸　原さんは社会運動としてドキュメンタリーを撮っているのかなと思っていたのですが、作品を見れば見るほど、お話をうかがえばうかがうほど、そうは見えなくなります。
原　わたしは劇映画から学んでいまの自分がいると思っていますが、じつは今回の『水俣曼荼羅』はある監督の作品を乗り越えようという意識で作りました。『ゆきゆきて、神軍』のときに越えようとした目標は、さっきも挙げた深作欣二監督の『軍旗はためく下に』です。今回は、おそらく多くのひとが「え、まさか」とおっしゃると思いますが、小津安二郎監督の映画のように撮ろうと思っていたんです。庶民というものを淡々と描こうと。
大島　なるほど。原さんが『ゆきゆきて、神軍』で乗り越えようとした深作監督は、アクション的な活劇の監督です。しかし、三〇年以上あとの『水俣曼荼羅』では、原さん自身も年齢を重ねられ、作品も群像劇になったことで、小津安二郎監督を越えようとした。よくわかるような気がする。

　ちなみに、原さんが映画を作りはじめたころは、ドキュメンタリーの世界には水俣を描いた土本典昭監督と［図10］、三里塚闘争を描いた小川紳介監督がいました。このふたりはとても大きな存在だったと思うのですが、彼らとちがうことをやろうという意識はありましたか？

原　ちがうことをやろうとしたというより、乗り越えるためにどうすればいいかについて考えました。とくに土本さんの場合は自分で映画論をたくさん書いていらっしゃる。そのなかで、ドキュメンタリーが撮ってはいけないタブーとして「性」、「暴力」、「ひとの死」がある、この三つは描けない、と言っていた。だったらその三つを撮ってみせようと思いました。

石戸　ぜんぶ撮っていますよね。

原　ぜんぶやっています。そもそも近年では、ひとが死ぬ瞬間もテレビのドキュメンタリーでいくつも撮られているし、性についてもAVのドキュメンタリーがどんどん出ている。土本さんの言う三つのタブーは古いわけです。それを乗り越えることは簡単で、劇映画のいろいろな監督から学ぶことのほうが多い。

石戸　やはり今村組の影響が大きいですか？

原　今村昌平監督からは、「映画は人間を描くものである」ということを学びました。浦山桐郎監督は「映画は人民のものである」とも言っています。わたしは「人民」という言葉があまり好きではないので、「庶民」と言います。そのふたりの教えを足してリライトし、「映画は庶民の感情を描くものである」という言葉にして、自分に活かしています。

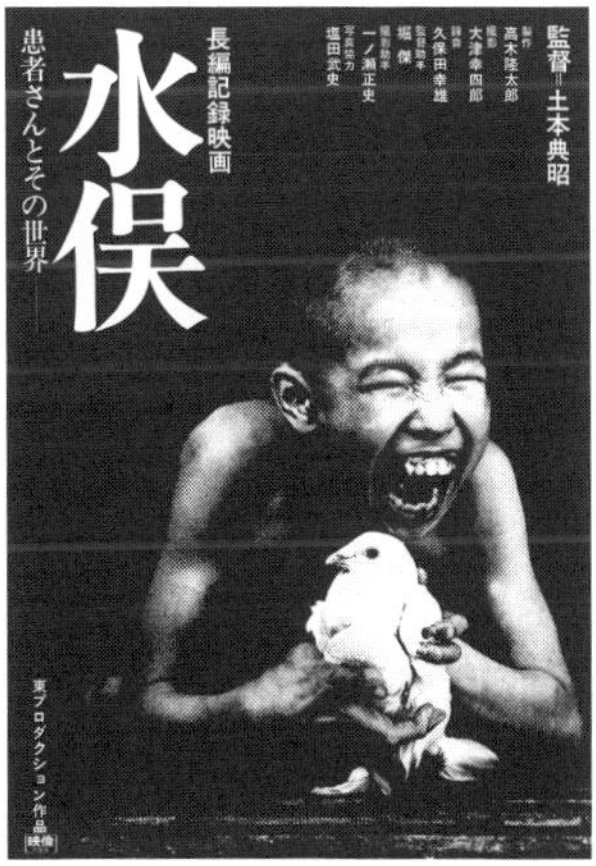

図10　土本典昭監督『水俣―患者さんとその世界―』
©1971東プロダクション、写真＝©塩田武史

「スーパーヒーロー」ものから群像劇へ

石戸　かつての原さんは、奥崎謙三さんのように、ぶっ飛んだ個性を持った人物を主人公にしていたけれども、最新作の『水俣曼荼羅』は群像劇になって、より民衆の全体を捉えようとしている。このように「スーパーヒーロー」ものから群像劇へと舵を切ったのは、主人公になりうるような強烈な個性を持ったひとがいなくなってしまったからでしょうか。

原　わたしはヒーローこそがその時代において重要なんだと思っていた

ので、かつての作品を「スーパーヒーローシリーズ」と自分で勝手に名付けていました。ただ、時代がどんどん悪くなって、いまはヒーローという生き方自体が存在しえなくなった。奥崎さん以降、もっとすごいひとはいないかとずいぶん探しました。井上光晴さんは会いに行ってたしかにおもしろいなと思って『全身小説家』（一九九四年）を撮りましたが、スーパーヒーローかというとすこし外れている。わたしのなかで奥崎さんを超えるほどのスーパーヒーローは日本社会にはいなかった。

石戸　そのいっぽうで、大島さんはいまの時代においても、すこし変わった個性を持った政治家の小川淳也さんを主人公にして映画を撮っています。大島さんは、原さんが言うような時代の流れについて、異なる考えをお持ちなのでしょうか。

大島　日本に限っては、という留保が必要かもしれませんが、個が弱まっているというのは事実だと思います。現状でも、ひとりの人間を追った人物ドキュメンタリーは、じつはそれほど作られてはいませんし、作られてもあまり話題になりません。それは必ずしも被写体だけのせいではなくて、作り手の問題もあるとは思いますが。

図11　『なぜ君は総理大臣になれないのか』より、地元香川県の後援会で演説する小川淳也さん

原　大島さんは、小川さんをヒーローという意識で見られたことはありますか？

大島　いや、ヒーローと思ったことはまったくないです。

石戸　小川さんも主人公格の人物ではありますよね？

大島　それはまちがいないです。『なぜ君は総理大臣になれないのか』はひとりの人物を主人公として捉えたドキュメンタリーではある。ただ、原さんのヒーローは独特じゃないですか。ある種、社会をはみ出した、突出したひとですよね。小川さんとはすこしちがう。

石戸　さきほど、奥崎さんは「奥崎謙三」を演じるという意識を持っていた、という原さんのお話がありましたが、小川さんにはそういう意識はあるのでしょうか。

大島　演劇的な性格はあるでしょうね。それはわたしのカメラの有無にかかわらず、やはり政治家に立候補するようなひとは、どこか演劇的であるということです。たとえば、彼は人前で演説するときは「ヒューズを飛ばさなきゃいけない」と表現している。彼には自分がこう見られたいという小川淳也像があり、そうなろうと振る舞っているようにも見えます。ただ、長くやっていると、そうした振る舞いは自然なものになってくる。だから、カメラが回っていてもいなくても、不自然なかんじはしないです［図11］。

原　主人公というのはたいへんなんですよね。撮られる側にもエネルギーが必要なんです。わたしの映画で、主人公として選んだひとを貶そうと思って作ったものはひとつもありません。ただ、撮られる側に、ここは隠したい、見せたくない、突っ込まれたくない、と言われたら手も足も出ないんです。ドキュメンタリーは基本的に人間を描くわけだから、マイナスの部分も含めて描いて、そのマイナスの部分こそ、そのひとの魅力だよね、となればいい。ただ、それは被写体に主人公となる覚悟がないと成り立たないものです。

大島　そのとおりですね。『なぜ君は総理大臣になれないのか』という作品は、わたしの小川さんに対する愛があることで成立しているのですが、やはり見たひとの印象に強く残るのは彼のマイナスの部分です。希望の党騒動で翻弄されたり、無所属で出馬するかどうかをすごく迷っていたり。あれは彼の矛盾でもあるし、弱さでもある。ただ、そういうところが撮れているから、プラスとマイナスで人物ドキュメントとしての見応えに繋がったんです。

原　一本の映画で主役を張るのはたいへんですよ。幅広い意味で映画的な魅力を持っているひとじゃないと、ひとりの主人公で映画を引っ張っていくのはかなり難しい。ドキュメンタリーのカメラは残酷です。その残酷さをおもしろがってやってくれるタフさがないと主人公はできませんね。

大島　その点、石戸さんの『ルポ 百田尚樹現象』は、アンチヒーローという、かたちを変えたヒーローものなんじゃないですか。それまで百田尚樹という存在に対しては、好きか、あるいは貶すかのどちらかという態度しかなかった。そこに、敵を知らずしてどうするんだっていう石戸さんの視点が出てきた。

石戸　そうかもしれません。ドキュメンタリーから学んだ視点もけっこうありました。活字の作品は映像がなくても作れてしまう。でも、やっぱりひとは会わないとわからない。質問を投げたときにこんなふうに表情が変わったとか、この質問にはこういう表情で答えるといったところを記録してなんぼだと思いました。

権力者を撮ること

石戸　ところで原さんには、このひとを撮ってみたかったけど撮れなかったということはありますか。

原　じつは右翼と新宗教は撮ろうとしたことがあったけど、うまくいきませんでした。野球の打率じゃないけど、わたしは五割なんですよ。だから失敗した企画もあります。

石戸　どなたか特定の人物を追うものですか？

原　いや、どちらもひとりを中心にというのも無理だろうと思って、いろいろなひとに会いに行って、カメラを回しながら探っていたんです。右翼にしてもかっこよく撮っていたんですよ。広島県で日教組大会があったときに、街宣車がずらーっと並んでいるところとかね。

石戸 右翼をかっこよく撮る！

原 個別の団体に対してもっと掘り下げて撮っていこうとする段階で、ある団体に行ったら、「おまえ、電話したらどうだった？」「相手がさ、ガチャガチャ言ってうまくいかなかったんだよ」といった会話が交わされていたんです。それでピンと来て、脅迫電話をかけているところを撮影させていただけませんかってお願いしてみました。そうしたら断られてしまって。信念を持ってやっているんじゃなかったのかと。映画にするってことは魅力的に描くこととイコールなので、これが断られるんじゃあ魅力的に描けるわけがない、映画にならんと。で、やめました。

石戸 撮らせてくれたなら、かっこよく撮れた？

原 はい。悪い話じゃないはずなんですけどね。赤尾敏さんだけは、わたしをかわいがってくれたんですけどね。

石戸 原さんの撮る赤尾敏さん、見たかったなあ。ちなみに新宗教はなにがだめだったんですか？

原 ある新興宗教で、教主様がみんなを集めて片足立ちの行《ぎょう》をやるというので撮影に行きました。移動車を使ってかっこいい絵を撮ろうと思ったんですが、カメラが教主様の正面を横切っちゃいけないって、幹部のひとが言うんですよ。神様なんだからさ、そんなことはね、広い心で受け入れてくれないと。

石戸 (笑)

原 なんて了見の狭い神様なんだと思って、もうそれでがっかりしちゃって。

石戸 もうちょっと粘ってもよかったんじゃないですか。

原 わたしはそういうところは早いんです。直感で、決めたらもうパッとやめる。えらい損ですよね。それまで金をかけてカメラを回しながら探っていても、いとも簡単にだめになっちゃう。でもわたしたちは映画命なんで、いいんです。

石戸 そこだけカットするのではだめですか？

原 それはもうだめですよ。作りたい気持ちにひびが入ったら、修復できません。

石戸 となると、もはや撮りたいひとはいないと。

原 いまから思うと、田中角栄という政治家は密着して撮っておけばおもしろい映画になったかもしれないなというかんじはあります。でも、落差があるのが政治家でしょう。大島さんが撮った小川淳也さんというのは、政治家にしては生活者むき出しみたいなひとだからよかったんですよね。

大島 小川さんが権力から遠いので撮れていることはたくさんあります。その自由さはあった。

原 権力を持っているひとは魅力的だと思う気持ちがどこか

にあります。いつかやってみたいなと思ってはいるんだけど、政治家を撮るのはとにかく難しい。小川さんみたいなひとは滅多にいません。みんな隠しちゃうもん。

石戸　権力に虐げられるようなひとたちを撮っている原さんが、権力を持っているひとに魅力を感じるというのは、すごくアンビバレントですね。

原　わたしは田原総一朗さんのドキュメンタリー論を読んでこの世界に入ったんですが、いまのテレビ東京が東京12チャンネルだった時代に、田原さんは「ドキュメンタリー青春」という、特別少年院を取材する番組で、若者の尖ったすべてを取り上げていた。時代が移って若者を取り上げる意味が失われ、つぎに田原さんが興味を持ったのが権力を持つひとでした。政治や経済の世界で成功したひとたちを取材対象として、何冊も本を出した。

傍から見ていて、田原さんはものすごくおもしろかっただろうと思います。権力を持って権力を行使しながら成功していったひとたちを描くのですから。それで、権力者と田原さんがいかに付き合っているかを映画にしたらどうかと考えた。田原さんが、安倍晋三が毎日のように早朝に電話をかけてよこす、と言っていたことがあって。それで「田原さん、安倍晋三が電話をかけてきて、田原さんが出るところを撮らせてもらってもいいですか」って聞いてみた。そうしたらだめだっていうんです。自分が権力を持っているひとたちに絶対の信頼を得ている理由は、相手との約束を守るからだと。

石戸　田原さんが言わんとしていることはよくわかります。

原　でも、権力者に信頼されていることが自分の取材源で、そうやって権力と付き合うのがジャーナリストとしての生き方だとすると、それはちょっとちがうようなかんじがするじゃないですか。裏話もぜんぶひっくるめてわたしのカメラにオープンにしてくれりゃ、わたしのほうもエンターテインメントに仕上げてみせようと思うけど、そういう裏のやり取りは撮らせてくれないんじゃ、どうしようもないんです。

監督モードとカメラマンモード

石戸　原さんと大島さんの現場への向き合い方を教えてください。複数の企画が同時に動くこともあると思いますが、どのくらい立ち会うのでしょうか。

原　わたしはカメラマンですから、わたしが行かないと現場は動きません。基本的には自分が行ってカメラを回さなければいけないと考えています。取材をしている日常の時間のなかで、あるていど突出した瞬間があれば、ここは回したほうがいいな、と判断してカメラを回す。カメラが回っているあいだは、非日常の時間が生まれている。そのことに価値がある。相手の話を注意深く聞き、どこを突っ込めばいいのかと必死に考え、ここぞというところでズイッと入って相手を攻

ゲンロン

左から、石戸、原、人島

めていく。すると当然相手も反論してくるので、そこで駆け引きが生じる。実際の撮影という行為はそういうものです。

大島　わたしも原則、現場には立ち会います。もちろん、同じ時間帯にいろいろな陣営を撮影しなくてはならないなどの理由があるときには別の班に撮ってもらうこともありますが。ただ、原さんとちがうのは、自分でカメラを回しません。

原　自分で回したいと思いません？

大島　下手なんですよ（笑）。

原　ドキュメンタリーの場合は下手さが売りっていうこともあるじゃない。

大島　自分の下手な絵を見るのはつらいです。運動神経や反射神経がにぶい。ドキュメンタリーの場合はそれがすごく大事なのに。いっぽう、わたしができることは被写体と会話することなので、そこに特化して集中します。信頼できるカメラマンが横にいて、わたしの意図を汲んで撮影をしてくれるという状態でないと、うまくいかない。だから、その場の設定とか、被写体との距離感、関係性の構築に全力投球するというスタイルです。

石戸　ぼくは記者あがりだから、カメラマンがいるというシチュエーションのほうが慣れないんですよ。もし、ぼくがやるとしたら原さんのスタイルで、一対一で向き合って自分で撮るだろうなあと想像します。

大島　カメラマンとふたりで行きたいのには、別の理由もあります。被写体と一対一でいると、人間関係が煮詰まるときがあるじゃないですか。言うまでもなく、被写体との関係性は、監督が九割は担わなくてはいけません。ただ、ときどきお互いに息抜きしたかったり、させたかったりするときがあり、そういうときにカメラマンがいるとすごくいい。わたしとの関係性とはちがう、カメラマンと被写体との関係性というものがある。そういうことがいままでの取材でもけっこうありました。ただ最近では、監督で撮影も兼務するひとが増えていますよね。そういうひとは、監督モードと撮影モードを切り替えてやっているという話も聞きます。原さんはご自身でカメラを回していますが、どちらのモードが多いのでしょうか。

原　往復ですよね。いまはカメラマンモード、ここは監督モード、と。もちろんカメラマンだからつねに映像は見ていますが。ただ、終わったあとにあのひとなにを言っていたっけ、と思い出せないことはたまにあります。そういうときはカメラマンモードだったから、画のほうに気を取られて話が頭に入っていないんですよね。

石戸　監督として、あとからこうしておけばよかったと後悔することはありますか？

原　後悔してもしかたない。被写体に対してどこまで突っ込んで話を聞くかというのは、最初から目標を決めているわけではなくて、ひとつひとつ探りながら進めています。もし、相手がほんとうに嫌がっているということをチラッとでも感じた場合は引きます。そういう被写体との火花の出るような駆け引きというものが、まさにドキュメンタリーの醍醐味だと思っています。

新しい手法

石戸　ところで原さんは、想田和弘監督の「観察映画」と呼ばれる一連のドキュメンタリーに対しては、どのような感想を持たれているのでしょうか。「観察映画」は、原さんの手法の対極にあるように思います。

原　わたしは想田くんの「観察映画」については否定的な立場です。彼は本を書いていますが、そのなかで、準備や勉強をせずにできるだけ素の状態で現場に出て、パッと会ったおもしろいひとを撮る、それこそがドキュメンタリーの真髄である、というようなことを言っています。そんな馬鹿な話はない。

　たしかに彼の映画を見ていると「おもしろいひとに会ったんだなあ」と思います。問題はそこからで、そのひとのおもしろい部分というものがどのような人生を経て身についたものなのか、ドキュメンタリー作家ならその歴史を探ろうとするでしょう。それをせずに終わりというのは、テレビのバラエティーの手法です。どこかの町に行って、その町のひとに出会って、よかった、という。もちろんバラエティーがぜんぶ悪いとは言いませんが、映画はそうであってはいけないというのがわたしの考え方です。大島さんはどうですか？

大島　一本目の『選挙』（二〇〇七年）はある種の画期的な映画でしたよね。その後の展開をすべて追っているわけではありませんが、「観察映画」というキャッチコピーにやや囚われすぎではないか、とは思っています。監督によって得手不得手はあるでしょうが、わたしは「方法論は企画によって変えれば良い」と考えているので。

　ちなみに原さんは、森達也監督の作品については、どのように感じているのでしょうか。われわれの世代は、森監督と原さんに対して、ドキュメンタリー界における特別なふたりであるという感覚を持っています。

原　一本目は一生懸命撮っているという熱気が伝わってきて、これはがんばっているなと思っていました。ただ、カメラワークに不満を感じ、それは本人に直接言っておきたいと。それがなぜか回り回って他のひとから本人に伝わってしまい、それ以降は決定的に溝があることになっています。その後の作品もずっと見てはいるんです。でも、最近の彼の作品に対しては、「本気でやってないな」という感覚がある。とくに『FAKE』（二〇一六年）で「ラストシーンで真実を見よ」、みたいな作り方がされていたのは気になりました。

石戸　作曲家の佐村河内守氏が、自分では作曲せずにゴーストライターを使っていた事件を扱ったものですね。

原　佐村河内氏の曲がどうだったのかは、ドキュメンタリーのなかで作り手が評価をしてあげなきゃいけない。それをやらないで、見たひとに判断を委ねるのが新しい映画の作り方だと見せかけるのは、まさに「フェイク」です。森さんはたしかに一本ずつ確実にうまくなってはいます。いろいろな技術を覚えてきている。ただ、その技術を駆使して作っているにすぎないかんじがしてしょうがない。

石戸　なるほど、魂の部分が足りないということでしょうか。

原　ドキュメンタリーでは、うまくなることが必ずしも良いことではありません。もし、つぎの作品で新しいテーマに挑むのであれば、うまくなった部分を捨てて、新しいテーマにふさわしい手法を作り出すのが作り手のミッションです。そういう意味でいうと、彼は自分が獲得した手法だけで作っていて、なにかいままでやったことのないことを映画でやるような気迫がなくなっているのではないか。

大島　方法論があまりにも前面に出ると、被写体や現実をその方法論のなかに閉じ込めているように見えてしまう――ドキュメンタリーはそういうものが出てしまいますよね。あたかも自分が言われているような怖さを感じます。最新作で『水俣曼荼羅』を撮られた原さんにそれを言われると、われわれも襟を正さざるをえない。

原　怖いですよね。ただ、必死に試行錯誤を重ねながら、新しい表現手法を模索して現場で苦しめば、その苦しんでいる様子がカメラワークにちゃんと映るんですよ。それが観客に伝わって、共感できて、感動が成立すればいい。そこなんですよね。

図12『国葬の日』

石戸　書く側の人間としても、けっこうある話だと思います。技法が伴っていなくても熱量でカバーできてしまうことや、取材対象に対してなにも工夫ができていないのに人間関係がうまく成立して盛り上がってしまうことはよくあります。逆にインタビュー論に則ったインタビューほどつまらないものはない。

原　そのとおりです。だからこそ、観客は作り手に対して、毎回新しい手法を見せてくれよ、と望みます。

石戸　そうした観客の期待につねに応えつづけるのはたいへんなことだと思います。そのうえで、おふたりの次回作の展望をうかがえますでしょうか？

大島　それこそ方法論を変えてみたつもりなのですが、今年公開する映画がじつは決まっています。『国葬の日』という映画です［図12］。二〇二二年九月二七日に安倍晋三元首相の国葬が行われましたが、その日一日だけでドキュメンタリーを撮ろう、と。全国に取材チームを一〇班出して撮影しました。九月中旬に公開を予定しています。わたしはこれまで監督した映画は四本で、そのうち三本が人物ドキュメンタリーでした。なかでも小川淳也さんを一七年追った『なぜ君は総理大臣になれないのか』は特別な作品です。今後、同作と同じ熱量と気持ちをかけてひとりの人物を撮ることはなかなかないかな、と。いまは現象とか社会とかそういうものを撮ってみたいです。

原　わたしはもうじき七八歳なので、あと何年生きられるかなと思います。そのあいだにどれだけのことができるか計算すると、一本終わってつぎの企画、とやっている暇がない。いまは三本の企画を一気に走らせています。そうしないともう間に合わない。『水俣曼荼羅』はパート2を作ろうと考えています。お金がないので撮影がストップしていますが、支援を取り付ける狙いどころは頭のなかにある。すでにキャッチフレーズも考えてあります。それは、「六時間一二分の『水俣曼荼羅』は巨大な予告編にすぎなかった」。

石戸　六時間一二分が予告編！　さらに本編があるんだ！　おふたりの次回作が公開された暁には、ぜひまたお話を聞かせてください。今日はありがとうございました。

本座談会は、2023年4月28日にゲンロンカフェで行われた公開座談会「ドキュメンタリーはどこへゆく——『ゆきゆきて、神軍』から『水俣曼荼羅』まで」を編集・改稿したものです。

2023年4月28日
東京、ゲンロンカフェ
構成＝數藤友亮＋編集部
注・撮影＝編集部

図版提供＝疾走プロダクション（扉、図1-5、8、9）
ネツゲン（扉、図6、7、11、12）
風狂映画舎（扉）
東プロダクション（図10）

異世界転生とマルチバースと未来のコンテンツ

三宅陽一郎 Youichiro Miyake

1 はじめに

エンターテインメントに人々が何を求めるかには、時勢や一個人の状態が反映される。なぜなら、どうしても使い続けなければならない日用品と違って、エンターテインメントは嗜好品であって、我慢する必要がないからである。観たくなければ観なくても良い。途中で切り上げてもいいし、それについて気にする必要もない。そうであるから、ある一つの時代のエンターテインメントが特定の方向に舵が切られるということには、それに相応する強い背景があるはずである。本稿のねらいは日本における「異世界転生もの」と米国における「マルチバース」のブームの背景にある状況と作品の関係を探求するところにある。

たとえば『竹取物語』（平安時代、作者不詳）は月世界という異世界の御子が現生に転生する物語であった。物語の最後、「月の顔見るは、忌むこと」と言われつつ、月の光を浴びて次第に自分の過去を思い出し、かぐや姫は異世界へ帰っていく。しかし現代の「異世界転生もの」は、過去の記憶を持つわけでもなく、現生を捨てつつ、その記憶を持ちながらも異世界へ生まれ変わろうとする。

一方で、「マルチバース」は現生へ留まりつつ、細分化されたちぐはぐな世界たちの矛盾を一つの作品に内包しようとする。異世界転生は現生からの消滅と引き換えに異世界へ転生するが、一つの物語で転生は一度であり異世界も一つである。しかしマルチバースでは一つの物語の中に複数の宇宙が存在し、それらを行き来することで物語が展開する［図1］。

異世界転生ものとマルチバースにはどのような性質があり、何を反映しているのか。同時代に出現した二つの頂を見上げつつ、時代の根底にあるもの、多くの人々の心の諸相を考えてみたい。

2 「異世界転生もの」と「異世界冒険もの」の定義

この数年、日本では「異世界転生もの」と呼ばれるジャンルが台頭している。異世界転生ものは小説を原作とし、コ

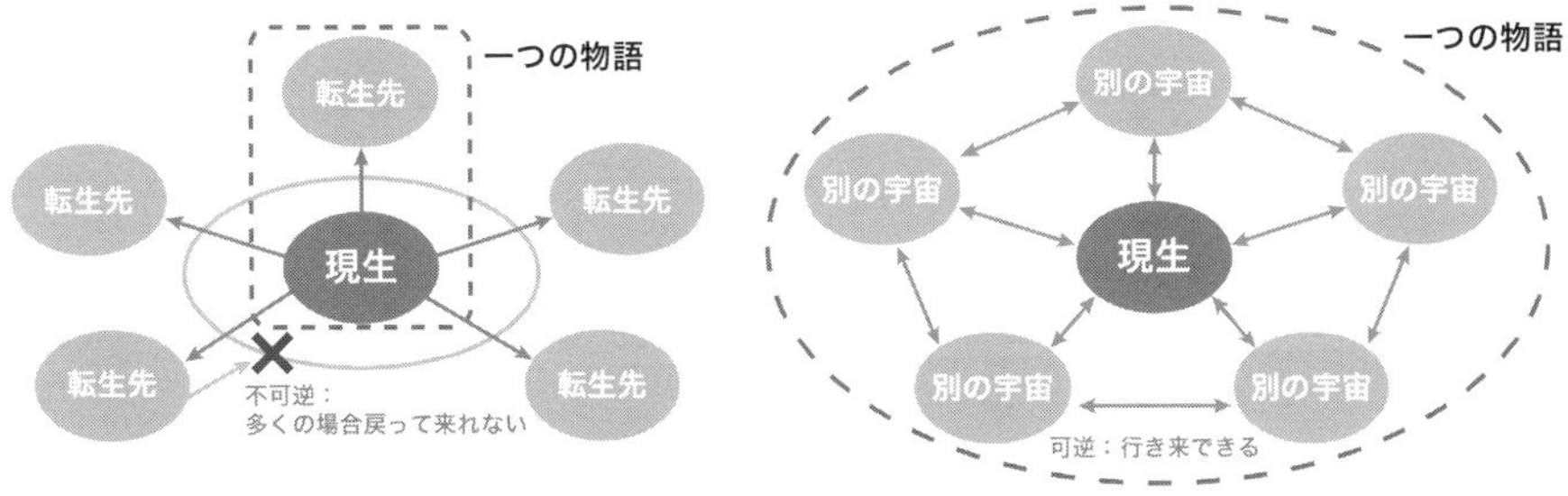

図1　異世界転生図（左）とマルチバース図（右）

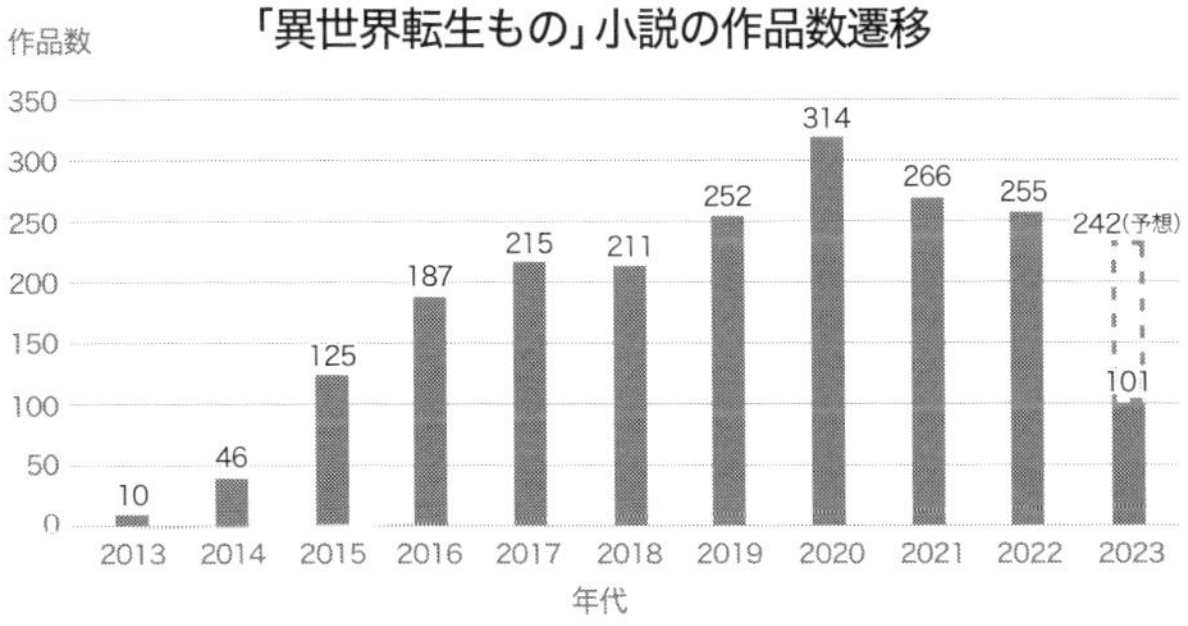

図2　「異世界転生もの」の小説、作品数の遷移（2023年は5月までの統計）
本図は、サイト「キミラノ」において＃転生 タグの付いた作品を年別にカウントしたものである。出典＝ https://kimirano.jp/tag/56

ミック、アニメとマルチメディア展開されるのが王道であるが、異世界転生ものの原作小説はこれまでに累計二〇〇〇作以上が出版されている。異世界転生ものは二〇一〇－一二年頃から始まり、二〇一五年までに急増した。二〇一七年から一九年には年間二〇〇作品を大きく上回るまでになる。二〇二〇年の三一四作品をピークとして徐々に減少しつつあるが、それでも二〇〇作品を超えている［図2］。二〇二三年（本年）は二〇〇作品前後であると予想される（二〇二三年五月までで一〇一作）。

異世界転生ものを特徴付けるのは、以下の四つである。

1. 主人公が現実世界の生を終えて異世界に転生する
2. 異世界は中世ヨーロッパ風のファンタジー世界である
3. 現生における存在は消滅する
4. 記憶と意識は継続する

ここから様々なバリエーションが生まれる。ただ異世界に行くということだけであれば、一九八〇年代からアニメでは『聖戦士ダンバイン』（一九八三）、『天空戦記シュラト』（一九八九）、『魔神英雄伝ワタル』（一九八八－八九）、小説では『黄金拍車』（一九八八）、コミックでは『源氏』（一九八八）などがあり、九〇年代には『魔法騎士レイアース』（一九九三）や『ふしぎ遊戯』（一九九二）がコミックからアニメ化（一九九四、九五）され、『十二国記』（一九九二）が小説からアニメ化（二〇〇二）され、またアニメでは『天空のエスカフローネ』（一九九六）

があった。また二〇〇〇年代には『ゼロの使い魔』（二〇〇四）のように主人公がそのまま異世界へ召喚されるものもある。これらの作品群に共通するのは転生ではなく、現生の姿のままで異世界に行く、そして帰って来る、ということである。この時代の想定される読者・視聴者は一〇－二〇代であり、異世界への冒険はヒロイズムの一種であった。この頃は現実逃避かヒロイズムかで言えば、ヒロイズムの比重の方が高かった。だから、異世界で主人公はヒーローでありヒロインだった。

それは典型的な「行きて帰りし物語」の変奏曲の一つである。ここではこの物語の型を「異世界冒険もの」と呼ぶことにする。たとえば『神曲』（一三〇四頃）、『ファウスト』（一八〇八、一八三二）、『不思議の国のアリス』（一八六五）、『ナルニア国物語』（一九五〇）、『トムは真夜中の庭で』（一九五八）もこれに属する［表1］。

「異世界冒険もの」と「異世界転生もの」の間に存在する作品群がある。それは異世界と現実がつながった世界観のもとに作られる作品群である。『ゲート 自衛隊 彼の地にて、斯く戦えり』（二〇〇六）には、現生と異世界をつなぐゲートが存在しており、両方を行き来することができる。『DOG DAYS』（二〇一一）は異世界へ行くが現生へ帰って来る物語である。『アウトブレイク・カンパニー』（二〇一一）は現生とつながった異世界に行って「オタク文化を紹介する仕事」をするという内容である。だが時代は、この現実の方をそぎ落としていくのである。異世界転生ものに隣接する分野として、オンラインゲームを舞台にする小説があり、『ソードアート・オンライン』（二〇〇九）や『痛いのは嫌なので防御力に極振りしたいと思います。』（二〇一七）など多数存在する。これらは現生における生活が普通に継続しているが、ゲーム世界に没入できるVRMMO（仮想現実大規模多人数同時参加型オンラインゲーム）世界での冒険を描く物語である。

しかし現代の異世界転生ものでは、最初に現生における存在が消滅し、然る後に異世界で転生を果たす。別の存在として誕生する場合もあれば、現生の姿のままで転生する場合もある。多くの場合、記憶と意識は現生から異世界へと持続している。

	異世界冒険もの	異世界転生もの
代表的年代	1980～90年代	2010～20年代
現生	それなりの人生	行き詰まった人生
現生の存在	継続（そのまま異世界へ）	消滅
能力	現生での能力が異世界で発揮	転生に伴う新しい能力・地位＋現生での能力・知識
異世界	徐々に受け入れられる	とにかく大歓迎で受け入れられる
現生への帰還	なんとか模索	まったく興味なし
世界観	それぞれ	ファンタジー・ロールプレイングゲーム設定

表1　「異世界冒険もの」と「異世界転生もの」の比較

異世界転生ものを特徴付けるこの現生における存在の消滅は、二つの意味を持っている。一つ目は「現生の否定」である。つまり、行き詰まりや生きにくさを感じている現生を否定する、或いは放棄することが表現されている。それはすなわち、「現生に対してリセットボタンを押す」ことである。これはシリアスに描かれる場合もあれば、『この素晴らしい世界に祝福を!』(二〇一三)や『異世界はスマートフォンとともに。』(二〇一五)のようにコミカルに描かれる場合もある。二つ目は「新しい世界の希求」である。異世界は「やり直し」の世界であり、主人公は人生を一度リセットして新しい世界へログインするのだ。

3 転生に伴う能力の獲得

「異世界冒険もの」には、自分が生きている世界から逸脱して異世界へ行き、様々なことを経験して帰って来る(別な場所に着地する場合もある)、そして自分の生に新しい意味を見出す、という典型がある(もちろん例外はある)。「異世界転生もの」では、現生から消滅するため帰って来ない場合がほとんどである(『異世界おじさん』(二〇一八)は異世界から帰ってきたところから始まり回想によって語られることが逆に新鮮であった)。この「行ったきりの物語」が物語として成立するのが異世界転生ものの新しいところであり、探求すべきところである。たとえば『Re:ゼロから始める異世界生活』(二〇一四)では主人公が異世界に召喚されるが、その代償に「死に戻り」という自分が死んだ場合のみ時間を巻き戻すことができる能力を付与される。この能力によって主人公は度重なるヒロインの危機を回避し救うことになる。しかし、それによって現生において何かが変化する、ということはない。ただ主人公の成長譚であるだけだ。

この「転生に伴う新しい能力・地位の獲得」或いは、「現生から持ち込んだ能力・知識・機器(スマートフォンなど)」によって、転生先で主人公が成功を収める、というのは転生ものの多くに見られる設定である[表2]。たとえば『無職転生』(二〇一四)の主人公は現生ではあまりぱっとしないが、転生先では圧倒的な魔法の才能を以て活躍する。『ナイツ&マジック』(二〇一三)ではサラリーマンとしての実務経験と能力によって異世界で出世する。『転生したらスライムだった件』(二〇一四)では土木建築の知識を応用して異世界で街づくりをし、さらには国造りのリーダーシップをとる。またその戦闘能力で自分の街の危機を救う。或いは、異世界転生での「初期における労苦と研鑽」によっ

『転生したらスライムだった件』
(©伏瀬 ©みっつばー ©マイクロマガジン社)

て圧倒的な力を持ち、その力によって主人公が成功を収める、というパターンもある。たとえば『盾の勇者の成り上がり』（二〇一三）、『ありふれた職業で世界最強』（二〇一五）、『この勇者が俺TUEEEくせに慎重すぎる』（二〇一七）などである。しかし、やはりそれは現生において何かが変化する、ということではない。ただ、先述のように、主人公の成長譚ではある。

この異世界転生もので見られる「行ったきりの世界」「行ったきりの世界における成功」は、多数の読者やアニメの場合なら視聴者に違和感なく受け入れられる。それが「異世界転生もの」の一つ目の謎である。異世界冒険ものであれば現生へ帰還する方法を模索するが、異世界転生ものではそんなことは微塵も考えない。異世界でうまくやっていくことで、大きな、或いは小さな幸せを見つけて生きていくのである。

4　転生先のゲーム的世界

多くの場合、転生先の世界はゲーム的世界である。作品はゲームのUI（ユーザーインターフェース）を持ち、主人公の体力や能力が数値化されて見える。また魔法の習得、アイテムの獲得も、作品内のシステムから主人公に対してメッセージで通知される設定となっている。このようなロールプレイングゲームの設定を下敷きにすることによって、転生先のファンタジー世界の設定の説明を著しく縮約し読者に納得させることができる。しかし、なぜ転生先がファンタジー・ロールプレイングゲームの世界なのか、についての説明はまったくないのが普通である。当初は、『イクシオンサーガDT』（二〇一二）のように「ゲーム世界に入り込んでしまった」という前振りがあったが、次第にその説明は省略されていった。

ファンタジー・ロールプレイングゲームは現代ではコンシューマーゲーム機から携帯機まで広

作品名	持ち込み・付与・獲得	能力
『ナイツ＆マジック』(2013〜)	持ち込み	ロボットの知識、実務能力
『盾の勇者の成り上がり』(2013〜)	獲得	戦闘力(序盤における努力)
『この素晴らしい世界に祝福を!』(2013〜)	付与	幸運のステータス・女神の随行
『八男って、それはないでしょう!』(2014〜)	付与	地位(貴族の八男)
『Re: ゼロから始める異世界生活』(2014〜)	付与	死に戻り
『無職転生』(2014〜)	付与	圧倒的な魔法の才能
『転生したらスライムだった件』(2014〜)	持ち込み・獲得	戦闘力(序盤における努力)・土木知識
『異世界はスマートフォンとともに。』(2015〜)	持ち込み	スマートフォン
『ありふれた職業で世界最強』(2015〜)	獲得	戦闘力(序盤における努力)
『異世界おじさん』(2018〜)	獲得	戦闘力(序盤における努力)

表2　転生で獲得した能力例

く遊ぶことができ、またそのフォーマットも優れた形式に最適化されている。その世界設定を取り込むことで、最小限の描写だけで読者の了解を得ることができ、また読者も最初からそのような分野であるという前提のもとに読んだり視聴したりするようになる。このような世界の多くは「ナーロッパ」と呼ばれることがある。これは「なろう系」（異世界転生ものの別称にあたるスラング）と「ヨーロッパ」を合わせた言葉だ。舞台は多くの場合、時代考証がされていない、作者のイメージにもとづく中世の欧州がモデルであり、史実的裏付けの上にあるものではなく、長年のファンタジーの描写の中から抽出された架空の世界である。そもそも中世とはいつぐらいの年代を指すかと言われて、正確に答えられる人は少ないだろう。「ナーロッパ」はその意味で「約束事としての共有設定」である。

たとえば「現実はクソゲー」という言葉がある。それは、現実における努力は必ずしも報われるものでもないし、また現実世界は不条理であり、現実社会は理不尽である、という意味である。一方ゲーム世界では「レベル」が設定され、モンスターを倒せば必ず経験値が貯まってレベルアップし、アイテムを取得し、魔法を習得できる。ミッションは街などで伝えられ、それを順番にこなしていくことで、より大きな物語の中で自らの役割を獲得する。異世界転生もので想定されるのはそのように整えられた世界であり、紆余曲折はあるものの、主人公やそのパーティは特殊な能力や幸運で大きな役割を果たしていくのである。

このようなファンタジー・ロールプレイングゲームの表層的な使い方は、異世界という未知の世界をコミカルに描き出す効果を持っている。しかし、ここが重要なところであるが、転生した主人公は必ずしもゲーム世界にいるわけではない。異世界にいるのであって、現生のゲームとは関係ない。しかし多数の読者や視聴者はすんなりとこの設定を受け入れることができる。これが異世界転生ものの二つ目の謎である。

5　「セカイ系」と「異世界転生もの」

一九九〇年代後半、二〇〇〇年代はコンテンツ（ライトノベル、アニメ、ゲーム）の中で「セカイ系」が一つのキーワードであった。セカイ系とは、主人公、或いはヒロインの設定の中に、世界全体の運命や仕組みが紐付けられている作品のことである。たとえば『少女革命ウテナ』（一九九七）は学園（世界）の仕組みとそれに取り込まれた花嫁（ヒロインの一人）を巡って、世界そのものの変革を目指す物語である。『ブギーポップ』シリーズ（一九九八）では、世界の危機が訪れたときにヒロインが無意識に超人的な戦闘能力を持つ世界の敵の敵「ブギーポップ」となって、世界の危機を回避する。『涼宮ハルヒ』シリーズ（二〇〇三）ではヒロインのハルヒの無意識が、世界の変貌の鍵を握っている。ゲームの『テイルズ オブ シンフォニア』（二〇〇三）では、主人公は二つの世界の命運を担うヒロインと旅をする。つまり世界の命運が一人のキャラクターの肩に重くのしかかっており、主人公はなんとかその重荷を取り払ってそのキャラクター（と世界）を救おうとする。

　このようなセカイ系から「異世界転生もの」への推移はゆっくりとしたものであった。すなわち、「セカイ系」のブームの後、お茶の間「ラブコメ」ブームを経て、「異世界転生もの」のブームへと至る。「ラブコメ」は八〇年代から存在する分野であり現在でも人気があるが、〇〇年代中期から大きな盛り上がりを見せた。世界の命運を語る「セカイ系」の重さから、「ラブコメ」の軽さへの遷移があり、さらに現実を舞台にした「ラブコメ」の制約から異世界の奔放な世界観への遷移があった。

　セカイ系が世界の設定を考えだし、独自の仕掛けを幾重にも張り巡らすのに対して、「異世界転生もの」はファンタジー・ロールプレイングゲームのフレームを用いながら瞬時に設定を伝える。セカイ系を読んだり味わったりすることは読者や視聴者にそれなりの精神力を要求するが、「異世界転生もの」は多くの作品がとにかく気軽に味わうことができる。九〇年代中期から〇〇年代にかけては、コンテンツが世界を担うという緊張感があった。今はこの緊張感は失われて、手軽に楽しめてバリエーションのある「異世界転生もの」が消費されている。世界の変革を目指すよりも、現実との折り合いをつけるように作られた「異世界転生もの」が読者の心を捉えている。セカイ系が盛り上がりながらも結局は、或いは当然ながら、コンテンツの外に出る力を持ち得なかったのに対して、「異世界転生もの」は最初から現実を後ろ足で蹴って、異世界へ行ったきりで帰っては来ないという拒否の姿勢を決め込んでいる。

6　戦闘から非戦闘へ――「異世界スローライフ」

「異世界転生」ものは能力を用いたバトルになることが多い。多くの場合、主人公の職業は冒険者、勇者ということになる。しかし異世界転生ものの真骨頂は王道ファンタジーからの逸脱にある。日本人が長らく受容してきたファンタジーの形式の限界を露呈・否定し、その設定は踏襲しつつも、本道から外れた場所で物語を作り上げる脱構築が異世界転生ものの中心にある。

『勇者が死んだ！』（二〇一四）は（落とし穴に落ちた）勇者の死から始まる物語である。ニーチェの作品のような響きを持つ本作では、勇者に代わって主人公が世界を救う。他方、主人公が勇者パーティから様々な理由で落ちこぼれて、或いは離脱して、冒険者をやめて一村人として生きるという「スローライフ」のパターンも存在する［表3］。たとえば『異世界でや

	王道ファンタジー	異世界スローライフ
主人公	勇者・王家	市民
目的	世界を救う	自分や周囲の幸せ
スケール	世界全体	市町村
能力	特殊な戦闘能力	手についた職業
過去	伝説を受け継ぐ	かつてそれなりの冒険者だった
面白さ	世界を救うストーリー	世俗の立身出世物語
仲間	それなりの冒険者たち	まわりの市民の皆さん

表3　「王道ファンタジー」と「異世界スローライフ」の比較

きたてパン屋を始めました』（二〇一六）、『異世界薬局』（二〇一六）、『異世界のんびり農家』（二〇一七）、『真の仲間じゃないと勇者のパーティーを追い出されたので、辺境でスローライフすることにしました』（二〇一八）などである。多くの主人公は、それなりの冒険者であった能力を用いて村人を守る。

また『本好きの下剋上〜司書になるためには手段を選んでいられません〜』（二〇一五）は中世ファンタジー世界に病弱な少女として転生して、本の希少な世界で司書を目指す物語である。本づくりをゼロから行うなど、本に関する知識を得ることができるファンタジーとなっている。『異世界食堂』（二〇一五）は転生ものではないが、異世界における冒険者に対する食堂を舞台にしている。このような、ファンタジー世界においてもなお勇者になれず、また世界を救うという大義名分も捨てて、辺境の街で自分と周囲に小さな幸福を守り続ける、という生活にまた共感する読者も多いのである。

『本好きの下剋上〜司書になるためには手段を選んでいられません〜』（©香月美夜©TO ブックス）

日本ほど異世界の可能性をヒロイズムから離れて探求した国はないだろう。これまで王道ファンタジーが取りこぼしてきた勇者やヒーロー以外の人物に起きる事象に目を向けて、作品を構築する。それほど異世界はある一定の日本人にとって重要な設定であり、そこにおけるバリエーションが探求されているのである。

また異世界スローライフ系には、異世界転生ものではないが『狼と香辛料』（二〇〇六）や『まおゆう魔王勇者』（二〇一〇）の延長にあるような、様々な知識を学ぶ源泉としてのファンタジー作品もある。それらの作品では、一つの職業の苦労やそれを克服する経験が描かれる。

7　「マルチバース」の台頭

このように多岐にわたる発展により日本における「異世界転生もの」がブームになっていた頃、地球の裏側でも同様に異世界転生ものが流行っていたわけではない。アメリカではまったく異なるムーブメントとして「マルチバース」が台頭していた。マルチバースでは、多種多様な文化を内包しつつ、多様性の中でバランスを取ろうとするが、すでに世界は分断され、分断された世界が平行して動いている。マルチバースはアメリカが現在直面している世界を反映している。

異世界転生ものは、現生における死という通過儀礼を通じてたどり着く世界である。一方でマルチバースは一つの物語の世界の中で、複数の独立した物語を平行して動かす形式である。異世界転生ものは現実で抱えきれなくなった憤懣や行き詰まりを解消するために、異世界という主人公の死によって断絶された世界を与え、そこでの理想的な生活や冒険を描くのに対して、マルチバースはあくまで一つの世界の中に留まり、その世界を分裂させながらも、たくさんの物語を内包しようとする。主人公ごとに分岐した世界、場所ごとに分岐した世界のみならず、時間的連続性まで捨てたバージョン違いも存在する。マルチバースは一なる物語を多とする錬金術である。物語を幾重にも多重化し、それらの整合性を取ることなく「別バージョン」として許容する。たとえば、主人公の生い立ちを描いた映画版、テレビ版、コミック版、小説版があり、それらはだいたい同じだが微妙に異なっていても良い。その違いを許容するのがマルチバースの多重性でもある。つまりマルチバースは一つの物語の中に様々な物語を内包すると同時に、一つ一つの物語さえもが多重化されているのだ。

マルチバースという言葉は一〇〇年以上前から存在するが、この言葉がコンテンツ・メディアに登場するのは科学技術番組を除けば一九八〇年代のことである。それ以来、マルチバースにタグ付けられる映像作品は年に一、二件から数件のみであったが、二〇一三年頃より増減を繰り返し、一八年から二二年には毎年二〇件前後を記録している［図3］。

マルチバースという言葉は物理学の中でも宇宙論から来ている。宇宙論とは大きなスケールで時空を研究する分野であり、マクロなスケールの物理学である一般相対性理論を主軸として、時空そのものの発展を研究する学問である。その中から、我々の宇宙だけではなく、他の様々な宇宙の存在が示

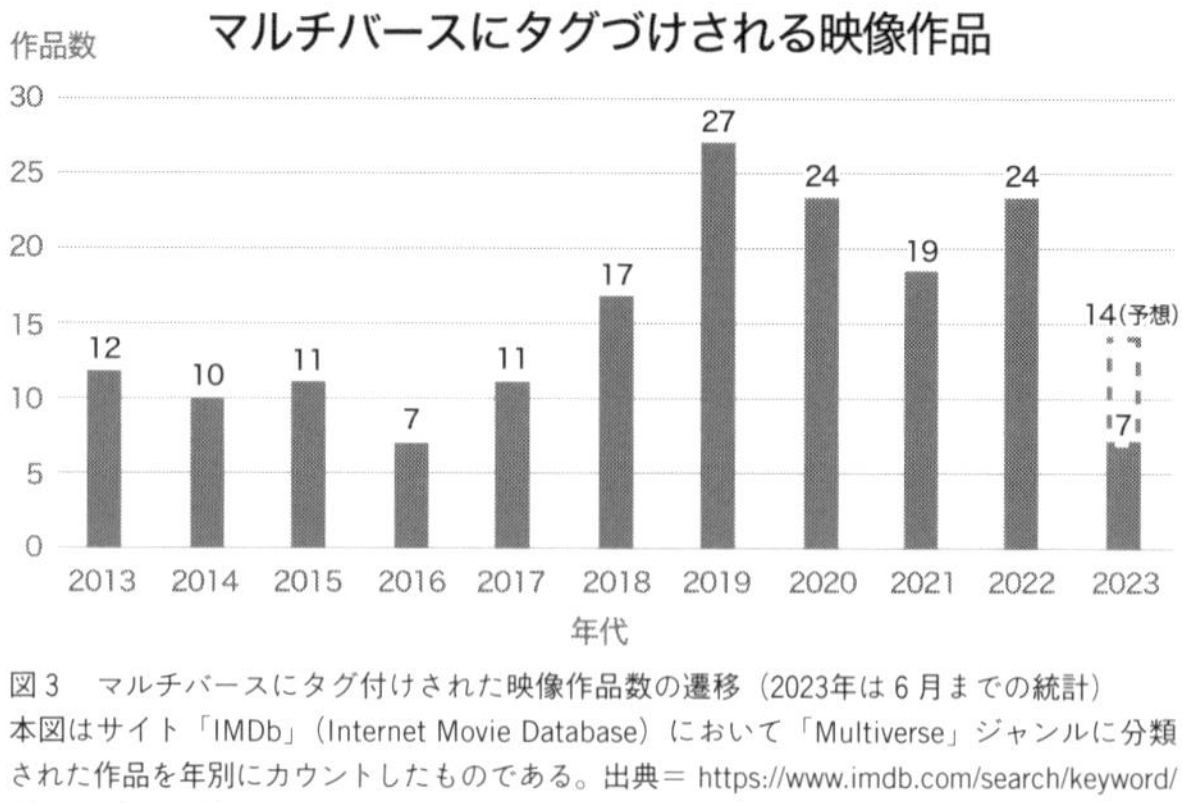

図3　マルチバースにタグ付けされた映像作品数の遷移（2023年は6月までの統計）
本図はサイト「IMDb」（Internet Movie Database）において「Multiverse」ジャンルに分類された作品を年別にカウントしたものである。出典＝ https://www.imdb.com/search/keyword/?keywords=multiverse

唆される。この多元的宇宙論をマルチバース理論と言う。一方で量子力学の多世界解釈、つまり事象の状態が一つに決まらず複数の状態を持つことの意味を、平行に幾重もの宇宙が存在すると解釈したものを平行世界（パラレルワールド）と言う。マルチバースはまったく無関係な世界の乱立さえ許すモデルであることに対して、平行世界は一つの世界から微細な違いによる変奏曲（バリエーション）を許容する理論である。

　マルチバースに分類される作品は二種類存在する。一つは作品世界そのものがマルチバースになっているものである。たとえば『スタートレックディスカバリー』（二〇一七）はマルチバース（鏡像世界）と現実世界の双方で物語が展開する。『ドクター・ストレンジ／マルチバース・オブ・マッドネス』（二〇二二）はマルチバースを舞台にするアクション映画である。『エブリシング・エブリウェア・オール・アット・ワンス』（二〇二二）はマルチバースが設定に深く組み込まれており、マルチバースを行き来しながら家族愛を取り戻す話である。

　もう一種としては、一連の作品群を以てマルチバースと呼ばれる場合がある。たとえばマルチバースの典型例として『スパイダーマン』がある。すでに原作から長い歴史を経ているこのシリーズは原作コミック、度重なる映画、派生コミック、ゲームなど多岐にわたり、物語の統一性が失われて久しい。そのため、これらの総体を世に向けて統一的に提示する言葉が必要であった。「スパイダーマン・シリーズ」ではない、これら分立する物語群を許容し、また将来に対しても分化していくことを是とする言葉が必要だったのだ。それがマルチバースである。

　マルチバースは商業的な色彩の濃い標語である。それは時に作品の広がりと多様性を示す言葉として用いられる。『スパイダーマン：スパイダーバース』（二〇一八）、『スパイダーマン：アクロス・ザ・スパイダーバース』（二〇二三）はそんなスパイダーマンのマルチバースから各主人公が集結するタイトルであり、それぞれの映像表現の絶妙な混ざり具合がビジュアルの面からも評価されている。『アベンジャーズ』はマーベルの歴代のヒーローキャラクターを集結させた作品であり、公式には「マーベル・シネマティック・ユニバース」（Marvel Cinematic Universe、MCU）と呼ばれる。コミック『アベンジャーズ』（一九六三）に端を発するヒーロー集合ものは、21世紀に入って個々のヒーローの映像群としてリリースされ、『アベンジャーズ』（二〇一二）から『アベンジャーズ／エンドゲーム』（二〇一九）まで展開された。『アベンジャーズ』は作品内の設定としてもマルチバースであり、また作品群という意味でもマルチバースである。これがそれぞれの物語の接合のしやすさと、コンテンツの柔軟性を支えている。

8 「異世界転生もの」と「マルチバース」の比較

日本は「異世界転生もの」、アメリカは「マルチバース」が多く流行となり受け入れられた。混沌とした現実に向き合う態度において、向き合えない日本、逃げられないアメリカ、世界から逃避あるいはリセットするか、多様性によって克服するのか、この対比は各国の現代のリアリティの不安定さをあらわしている[表4]。

川端康成は「美しい日本の私」と言い、大江健三郎は「あいまいな日本の私」と言った。しかし現代を象徴するのは「浮遊する日本の私」である。現代のニュースのみならず、歴史的な事実さえ、その成否が議論され宙に浮かんでいる。そのような世界の中で生きる日本人は、わりきれない現実感を確定した物語で上書きしようとする。「異世界転生もの」は現実世界をリセットし、そこまで遠くない適当な「中世ファンタジー風ゲーム世界」に遊ぶことによって、不安で曖昧な浮遊感から逃れようとするスキゾフレニーな行動でもある。「異世界転生もの」の異世界は多くの場合、設定や能力までが厳密にルール化・数値化された確定した世界であり、その約束された展開に受け手は安心感を持つ。或いはパズル的な謎解きに感嘆する。複雑化し自分の物語を作りにくい世の中にあって、ルールが敷かれ整理された物語を日本人は選び続けている。ここには逃避的な世界に遊びながらも、それを現生と釣り合わせる日本人のバランス感覚が現れている。

一方、マルチバースは一つの物語を次々と分裂させていくが、分裂させながらも一つの物語としてそれらを繋ぎとめようとする。それは多様性を重んじるアメリカ社会の気質を示しているように思える。様々な民族や社会を内包する問題を抱えながらも、その多様性の中に希望を見出そうとする姿勢は多くの人に受け入れられている。アメリカには日本のように転生や桃源郷といった共有できる文化が少ない。一つの世界の中に、様々な問

	異世界転生もの	マルチバース
主な流行場所	日本	米国
現生	現生をリセットして異世界へ	現生から様々な宇宙を旅する(向き合う)
別の世界	異世界は人生「やり直し」の世界	別宇宙は現実の別の可能性を見せる
世界の数	一つ(異世界)	多数(マルチバース)
能力	新しく獲得することが多い	変化なし
世界の状態	一つの世界の中でのドラマ進行	マルチバースは調和する方向へ
現生への帰還	まったく興味なし	なんとか模索
世界観	一つのローカルな世界観 (ファンタジー)	グローバルな多様性 (社会的な問題などを内包することもある)

表4 「異世界転生もの」と「マルチバース」の比較

題を内包せざるを得ない。逃げることができず様々な問題を内包した物語は、必然、分裂せざるを得ない。そういった過剰なエネルギーや問題の集合として、マルチバースという設定は広く受け入れられるようになったと推測する。

9 謎解き「異世界転生もの」

最後に、これまで提示した「異世界転生もの」の二つの謎について考察したい。

一つ目の謎は、異世界転生ものはなぜ現生への帰還を考えないか、である。物語の展開が「行きて帰りし物語」であるとするならば、「異世界冒険もの」のように主人公は帰らなければならない。しかし転生した多くの主人公はそんなことを考えない。それでも物語は続いていくし、なんなら、完結しなくても構わないのである。これは立身出世物語の構成と似ている。不遇な時代から、栄光と栄華をつかむまでの『フランクリン自伝』(一七九一)のような立身出世物語は、もちろん栄華を極めたからと言って不遇な時代に戻る必要はない。同様に、異世界で栄華をつかんだからと言って現生に戻る必要はないのである。「戻らなくていい世界」であることの理由は、「異世界」が現実からリセットされた「やり直しの世界」だからである。異世界冒険ものの異世界は現実の主人公の生の延長にある。だから現生へ帰る必要がある。そこにあるのは移動であって転生ではない。リセットでもない。しかし異世界転生ものの冒頭で描かれる現生における主人公の死は、現実からリセットされたことを表現する描写なのである。

二つ目の謎は、なぜ転生する先の異世界の多くが「ゲーム世界」であり、パラメーターやステータス付きのインターフェースが表示されるのか、またそうでなくてもレベルアップやステータス異常などゲーム的設定がなされていることに、主人公は違和感を持たないのか、である。異世界転生ものでいきなりゲームをプレイしたことがない人が、もしデジタルゲームの敵の体力や属性が文字で表示されるのを見たら違和感を持つだろう。とすると、消極的な理由としては「デジタルゲームの経験から異世界が発想されている」からだろう。しかし、なぜ、それが広く受け入れられているのだろうか。

たとえば『指輪物語』(一九五四)の世界がゲーム世界であったらおかしいだろう。せっかく異世界へ行くのに、なぜ転生先の多くがゲーム世界でなければならないのだろうか。一つの積極的な答えとしては、読者・視聴者が本当にゲーム世界に転生したがっている、ということがある。ゲームをしていた幸福な時間、自分が主人公であり、ヒーローであって、その世界の住民から尊敬を集められる世界、そうでなくても、長時間の努力の末に確かな達成が得られる世界、そういった世界で生きたい、ということだ。消極的な理由としては、当面、理想とする世界がゲーム世界しか考えられない、ということがある。ルールが敷かれ、すべてが整理されており、一つ一つの行動に意味が定義されている世界。そんな世界はぱっと思いつく限り、ゲーム世界以外にはないし、理解もしやすい。だからゲーム世界を転生先の理想世界として設定する。おそらくゲームを普段プレイしない方を含めて異世界転生ものは受容されているのであるから、こういった消極的な理由もあるだろう。

さらに考察すれば、繰り返されるゲーム世界への執着は、むしろゲーム世界への欲求として見えてくる。積極的な言葉で言えば、現実をデジタルワールドで置き換えたい、という ゲーム世界への没入の欲求のあらわれであり、消極的な言葉で言えば、現実から逃避してゲーム世界で遊んでいたい、逃避先としてゲーム以外想定できない、という事情である。つまり、ゲーム世界はもっと人々を魅了し、受け入れ、そこで暮らしていけるほど充実した世界になれ、という人々の欲求なのである。デジタルワールドで暮らすという、『マトリックス』(一九九九)、『ゼーガペイン』(二〇〇六)、『ソードアート・オンライン』的な世界のユートピア版を夢想している、ということでもある。それは現在の社会を、デジタル世界を原理として動かそうとする「メタバース」への欲求に通じるものがある。そしてデジタル世界であれば、その人それぞれの好みの世界で良い、というわけである。

『宇宙戦艦ヤマト2205 新たなる旅立ち』(二〇二一)では、現実世界から仮想世界へ引きこもってしまったイスカンダルの人々のことが語られる。文明の果てに物理世界を捨てて、電子仮想世界へ旅立っていき、好きな世界で永遠に生きようとする人々。そんなイスカンダルの民と異世界転生ものには近しい欲求を感じる。

10 「異世界転生もの」の向こう側

「異世界転生もの」の背景には、現実世界から逃避する消極的な理由にせよ、デジタル空間での人生を歩みたいという積極的な理由にせよ、デジタルワールドでの生活への強い執着を見ることができた。

これからデジタルワールドはオンラインゲームを超えて、メタバース、そしてスマートシティとの融合によって、現実世界との融合へと向かうだろう。そもそもデジタルワールドは一つではない。そこでは「マルチバース」のように複数のメタバースが展開される。『ガンダムメタバース』(二〇二三年秋にテストオープン予定)に遊ぶ人もいれば、『フォートナイト』(二〇一七)で戦う人もいれば、『Roblox』(二〇〇六)で創造し続ける人もいれば、『EVE Online』(二〇〇三)の宇宙で貿易を続ける人もいるだろう。人類はデジタルワールドを動かしながらも、現実世界をスマート化していく。場所の意味は次第に消え失せ、デジタル世界と物理世界の融合がスマートシティとして実現されていく。逆にデジタルワールドが現実の場所に意味を与える。これはすでに位置情報ゲームがもたらしていることでもある。

今、多くの人々が魂の避難所を求めるかのように異世界での生活に思いを馳せている。この動きはいつしか逆転し、異世界から物理世界を変革する動きへと転化すると予想される。これからの人生は物理世界とデジタルワールド双方にまたがって行われる。それは『PSYCHO-PASS サイコパス』（二〇一二）がまずディストピアとして見せたドラマの、より落ち着いた当たり前のデジタル－物理融合世界となるだろう。

そんな世界を描くコンテンツがこれから人々に求められるだろう。

（追記）

ここで取り上げた作品（『 』の付いた作品）のリリース年については、連載開始ではなく、単行本としてまとめられ刊行された年を記載した。

（謝辞）

本稿をまとめるにあたり、作品群とその内容について、たくさんの方から示唆を頂きました。竹内ゆうすけ様、小松菜屋様、玉井建也様、長友結希様、谷澤正憲様、川野翔馬様に深く御礼申し上げます。

2013	盾の勇者の成り上がり	小説	アネコユサギ・弥南せいら	MF ブックス
2014	八男って、それはないでしょう！	小説	Ｙ．Ａ・藤ちょこ	MF ブックス
2014	Re: ゼロから始める異世界生活	小説	長月達平・大塚真一郎	MF 文庫 J
2014	無職転生	小説	理不尽な孫の手・シロタカ	MF ブックス
2014	転生したらスライムだった件	小説	伏瀬・みっつばー	マイクロマガジン社
2014	勇者が死んだ！	コミック	スバルイチ	裏少年サンデーコミックス
2015	本好きの下剋上	小説	香月美夜・椎名優	TO ブックス
2015	異世界はスマートフォンとともに。	小説	冬原パトラ・兎塚エイジ	HJ ノベルス
2015	ありふれた職業で世界最強	小説	白米良・たかや Ki	オーバーラップ
2015	異世界食堂	小説	犬塚惇平・エナミカツミ	ヒーロー文庫
2016	異世界でやきたてパン屋を始めました	小説	弘松涼・秋山真名美	マイナビ出版
2016	異世界薬局	小説	高山理図・keepout	MF ブックス
2017	痛いのは嫌なので防御力に極振りしたいと思います。	小説	夕蜜柑・狐印	カドカワ BOOKS
2017	この勇者が俺 TUEEE くせに慎重すぎる	小説	土日月・とよた瑣織	カドカワ BOOKS
2017	異世界のんびり農家	小説	内藤騎之介・やすも	KADOKAWA
2017	スタートレック ディスカバリー	ドラマ	CBS ほか	CBS
2017	フォートナイト	ゲーム	Epic Games	Epic Games
2018	異世界おじさん	コミック	殆ど死んでいる	MF コミックス
2018	真の仲間じゃないと勇者のパーティーを追い出されたので、辺境でスローライフすることにしました	小説	ざっぽん・やすも	角川スニーカー文庫
2018	スパイダーマン：スパイダーバース	映画	マーベル・エンターテインメント ほか	ソニー・ピクチャーズ
2019	アベンジャーズ / エンドゲーム	映画	マーベル・スタジオ	ウォルト・ディズニー・スタジオ・モーション・ピクチャーズ
2021	宇宙戦艦ヤマト 2205 新たなる旅立ち	映画	サテライト	宇宙戦艦ヤマト 2205 製作委員会
2022	ドクター・ストレンジ / マルチバース・オブ・マッドネス	映画	マーベル・スタジオ ほか	ウォルト・ディズニー・スタジオ・モーション・ピクチャーズ
2022	エブリシング・エブリウェア・オール・アット・ワンス	映画	IAC フィルムズ・AGBO ほか	A24・ギャガ
2023	スパイダーマン：アクロス・ザ・スパイダーバース	映画	マーベル・エンターテインメント ほか	ソニー・ピクチャーズ

出典

年代（初出）	作品名	ジャンル	制作者（小説は作家・イラストレーターの順）	レーベル・パブリッシャー
平安時代	竹取物語	小説	作者不詳	不詳
1304頃	神曲	叙事詩	ダンテ	Johannes Neumeister
1791	フランクリン自伝	自伝	ベンジャミン・フランクリン	Chez F. Buisson
1808	ファウスト	戯曲	ゲーテ	Cotta（第一部）
1865	不思議の国のアリス	小説	ルイス・キャロル	Macmillan
1950	ナルニア国物語	小説	C・S・ルイス	HarperCollins
1954	指輪物語	小説	J・R・R・トールキン	Allen & Unwin
1958	トムは真夜中の庭で	小説	フィリパ・ピアス	岩波書店
1963	アベンジャーズ	コミック	スタン・リー、ジャック・カービー	マーベル・コミック
1983	聖戦士ダンバイン	アニメ	日本サンライズ	創通・サンライズ
1988	黄金拍車	小説	王領寺 静・安彦良和	角川書店
1988	源氏	コミック	高河ゆん	新書館
1989	天空戦記シュラト	アニメ	タツノコプロ	創通・タツノコプロ
1989	魔神英雄伝ワタル	アニメ	サンライズ	サンライズ・BNF
1992	ふしぎ遊戯	コミック	渡瀬悠宇	小学館
1992	十二国記	小説	小野不由美・山田章博	講談社・新潮社
1993	魔法騎士レイアース	コミック	CLAMP	講談社
1996	天空のエスカフローネ	アニメ	サンライズ	サンライズ
1997	少女革命ウテナ	アニメ	ビーパパス、J.C.STAFF	テレビ東京、読売広告社
1998	ブギーポップは笑わない	小説	上遠野浩平・緒方剛志	電撃文庫
1999	マトリックス	映画	ヴィレッジ・ロードショー・ピクチャーズ ほか	ワーナー・ブラザース
2003	涼宮ハルヒの憂鬱	小説	谷川 流・いとうのいぢ	角川スニーカー文庫
2003	テイルズ オブ シンフォニア	ゲーム	ナムコ・テイルズスタジオ	ナムコ
2003	EVE Online	ゲーム	CCP Games	CCP Games
2004	ゼロの使い魔	小説	ヤマグチノボル・志瑞祐・兎塚エイジ	MF 文庫 J
2006	ゲート　自衛隊　彼の地にて、斯く戦えり	小説	柳内たくみ・Daisuke Izuka 黒獅子	アルファポリス
2006	狼と香辛料	小説	支倉凍砂・文倉十	電撃文庫
2006	ゼーガペイン	アニメ	サンライズ	テレビ東京、電通、サンライズ
2006	Roblox	メタバース	Roblox	Roblox
2009	ソードアート・オンライン	小説	川原礫・abec	電撃文庫
2010	まおゆう魔王勇者	小説	橙乃ままれ・水玉螢之丞・toi8	エンターブレイン
2011	DOG DAYS	アニメ	都築真紀・セブン・アークス	アニプレックス
2011	アウトブレイク・カンパニー	小説	榊一郎・ゆーげん	講談社
2012	イクシオン サーガ DT	アニメ	ブレインズ・ベース	イクシオン サーガ DT 製作委員会
2012	アベンジャーズ	映画	マーベル・スタジオ	ウォルト・ディズニー・スタジオ・モーション・ピクチャーズ
2012	PSYCHO-PASS サイコパス	アニメ	Production I.G	サイコパス製作委員会
2013	この素晴らしい世界に祝福を！	小説	暁なつめ・三嶋くろね	角川スニーカー文庫
2013	ナイツ＆マジック	小説	天酒之瓢・黒銀	主婦の友社・ヒーロー文庫

エッセイ

脱構築のトリセツ　脱構築入門（の彼方へ）の一歩

宮崎裕助　Yusuke Miyazaki

1　思考の道具としての脱構築

イギリスに初めて留学したときのこと。ユーロスターでしばしばロンドンとパリを往復する機会があった。その途上、列車の車窓から「Deconstruction」と記された看板をみかけた。日本でジャック・デリダとポール・ド・マンについての修士論文を書き終え、頭のなかが「脱構築」思想でいっぱいだった当時の私は「うわー、さすが本場は違う！　こんなところにまで脱構築が！」と興奮したのだった。

なんのことはない、その看板は「解体屋」を意味しており、建設現場や工事現場などで宣伝として用いられていたにすぎなかった。まだ日常生活での英語に通じておらず、語学の知識が頭でっかちな専門用語に偏っていた私は、ひとり勝手に誤解して盛り上がっていたというわけだった。『オックスフォード英語辞典』（第三版）の定義を確認してみよう。

A　ある事物の構築を解体する（undoing）行為。

B　［哲学および文学理論の用語］フランスの哲学者ジャック・デリダ（一九三〇年生）と結びついた批評的分析の一戦略。哲学言語および文学言語のうちに問われないままになっている形而上学的前提や内的矛盾を暴露することを目指している。

「deconstruction」（フランス語では、déconstruction）は、英語でもフランス語でもけっして日常語と言えるほどよく使われる言葉ではないが、一般的には「解体」を意味している。もちろんこの言葉、知っている人にとってはデリダの鍵語である。しかしそうと知られているかどうかにかかわらず、実際には日本語の「脱構築」よりもずっと緩やかに使われている。たんに「解体」の意味だけでなく、批判的・批評的な意図をもって物事を組み換えたり刷新したり再編したりするさいの気の利いた類語としても「deconstruct」が使われているのをしばしば耳にする。

ディコンストラクティヴィズム（脱構築主義派建築）はよく知られているが、「ディコンストラクトされたシチュー、ディコンストラクトされた衣服、ディコンストラクトされたオフィス・スペース」[★1]等々、さまざまに使われることがある。この語は、デリダの用語とは無関係ではないが、そもそもデリダとの関連にあまりとらわれずに広く流通しているのである。

他方、日本語ではどうか。「脱構築」と訳してしまえば、知らない人にはただの奇妙な造語にみえるか、そうでなければ、ただちにフランスの哲学者ジャック・デリダに結びつく思想用語になってしまう。いかにもとっつきにくい武骨な漢字三文字の熟語である。そのため、英仏語とは異なり、日本語の「脱構築」は、この語を聞いたことがあるという人にとっても、いわゆるアクティヴ・ワードとして自分で用いる言葉になっている人は少ないと思われる。

「脱構築」という造語的な翻訳語を用いざるをえないという事態は、ある程度日本語特有の事情だろう。これは、脱構築にとって何を意味するだろうか。ひとつの外来語として専門用語にとどまらざるをえないという運命を示すものだろうか。あるいはそのとっつきにくさは、そのぶん英米語圏でのように濫用されないで済む以上、むしろこの言葉にとって好都合と言うべきだろうか。

デリダ自身、脱構築がたんなる概念でも理論でもなく、なんらかの方法や道具でもないということをくり返し強調し、この言葉がなんらかの「〜主義（イズム）」へと硬直化することを強く警戒していた[★2]。しかしそれでも、デリダを研究してきた者として断言するが、私は、まずはこの言葉を一種の思考の道具としてもっと使い回せばよい、少なくともそこから始めればよいと考えている。

脱構築をたんなる流行語として片づけることはできない。そこには、私たちにとって依然として有用な普遍的思考法という側面があることは確かだ。脱構築は厳密には思考法ではないのだが、その側面を経由することなしにはそもそも脱構築を理解することも使用することもできなくなってしまうだろう。濫用や誤用を過剰に警戒する前に、まずは言葉として広く共有し使いやすいものにすること、それが先決である。

デリダが脱構築の流行と濫用に強く警告を発していたのにたいして、デリダをアメリカ合衆国に招いた批評家ポール・ド・マンは、脱構築が当初の意図を超えて広まってしまうことは不可避だと考えていた。それだけでなく、デリダの警告にもかかわらず、その語を技術的ないし方法的な仕方で積極的に使用することさえ厭わなかった。かくしてド・マンは、脱構築批評という旗印のもとにイェール学派を率いたので

★1　ロドルフ・ガシェ『脱構築の力』、宮崎裕助編訳、人江哲朗ほか訳、月曜社、二〇二〇年、一六五頁。
★2　ジャック・デリダ「日本の友への手紙」、『プシュケー 他なるものの発明Ⅱ』、藤本一勇訳、岩波書店、二〇一九年参照。

あった。

もちろんこれは一方で、合衆国における脱構築の知的流行を後押しし、脱構築の形骸化をもたらした部分があることは否めない。しかし他方で、そうした局面を経てこそ、デリダが「アメリカ、それは脱構築なるものだ」［★3］とさえ言う仕方で、脱構築は新大陸の地で新たな可能性を開いたのであり、結果、ド・マンの死後、デリダ自身も脱構築をみずからの思想を担う用語として積極的に使用するようになっていったのである。

脱構築はデリダの当初の意図を超えて広まったということ、むしろその点に脱構築の命運が賭けられている。したがって、必ずしもデリダが言う通りにこの語が用いられるべきだということにはならない。

問題なのはおそらく、デリダ以後、さらにはデリダなき脱構築なのだ。脱構築をデリダの言ったことに基づけるべきか否かという二分法は、それ自体脱構築されるべき事柄なのである。この意味では、少なくとも日本語での「脱構築」は、依然として展開の余地がある。逆説的な言い方になるが、いまだ充分に濫用されていないと私は考えている。

2　誰が何を脱構築するのか

もちろん好き勝手に「脱構築」を用いればよいというものではない。以下では、大きく間違えないための最低限のラインを引くことを試み、そのことを通じてこの言葉の汎用性を高めることを目指してみたい。

まず、近似的な日本語表現として「換骨奪胎」を挙げておきたい。文字通りには「骨を取り換え、胎盤を奪う」という意味であり、中国の故事成語に由来し、詩作の方法論として言われる言葉である。先人の作品の形式を踏襲しつつも、中味は別の独自な作品へと創り上げる仕方を指して用いられる。要するに、見かけは変わらずとも、作品の骨格や本質をつかんで別のものへと変容させる手法を意味している。

脱構築は、関わっていく対象にたいして外部から何か別の要素をぶつけて壊してしまうのではなく、そのもののなかへと深く入り込み、その内部を組み換えることを通じて、内側から当のもののポテンシャルを引き出すことを特徴としている。この点で脱構築には「換骨奪胎」に似た働きがある。これをひとつの類義語として念頭に置くなら、脱構築という言葉にまったく不案内な人も、この言葉の最初のイメージをつかむことができるのではないか。しかし脱構築の射程は作品の創作法にとどまらず、より広大である。

そもそも誰が何を脱構築するのか。デリダに言わせれば、脱構築は「誰が／何を〜するのか」という文法形式そのものを問題視するため、そうした問い自体が無効ということになってしまう。しかしくり返しになるが、まずはこの言葉をひとつの思考法とみなし「誰か」が使用することを考えるところから始めよう。

　脱構築の対象は「問題となる何か」である。それは基本的には、制度であったり体系であったり概念であったりするような人為的な構築物であり、かつ何かしら問題をはらんだものである。ここでは詳述しないが、初期のデリダが取り組んだのは「西洋形而上学の脱構築」であり、「ロゴス中心主義の脱構築」であり、「音声中心主義の脱構築」であった。

　しかしもっと一般的な対象に目を向けることもできるだろう。ナショナリズムの脱構築、教育制度の脱構築、民主主義の脱構築、現代美術の脱構築、ジェンダーの脱構築、等々。

　脱構築が効果を発揮するのは、人為的な構築物のうち、あまり具体的すぎない総称、かつ問題含みなテーマにたいしてである、と考えよう。逆にいえば、自然物や個物にたいして脱構築を語ることはあまり意味がない。たとえば「雲の脱構築」「ミミズの脱構築」「ミケ（飼い猫の固有名）の脱構築」といったものは直接的には考えにくい（ただし「雲という概念の脱構築」等々の省略表現と解釈するなら理解できる）。

　「あまり具体的すぎない総称」というのは、そのほうが当のテーマのうちにさまざまな対立項が含まれたり関わり合ったりしていると想定できるからである。デリダの例でいえば、「西洋形而上学」に含まれる二項対立として、現前／不在、自己／他者、同一性／差異、内部／外部、話し言葉《パロール》／書き言葉《エクリチュール》といったものが想定されていた。デリダとは関係なく「ナショナリズム（国家・国民主義）」というテーマを選んだとするならば、この概念のもとに、自民族／他民族、自国人／外国人、国家／個人、国内／国際、ローカル／グローバル、等々の関連するさまざまな二項対立を見いだすことができるだろう。

　二項対立の諸要素へと展開する必要があるのは、私たちの思考のあらゆる枠組みが二項対立を介して構成されているからである。私たちの思考は有限であり、それを言葉で順序立てて説明できるのは一連の二項対立を介してでしかない。脱構築が働きかけるのはまさにもろもろの二項対立にたいしてである。脱構築が脱構築たりうるのは、二項対立という私たちの思考の条件にたいしてであり、それが「二項対立の脱構築」として生ずるのである。

　脱構築に取りかかる前に、まず準備段階として、問題となるテーマにたいしてどんな二項対立があるのかを洗い出す必要がある。先ほど「ナショナリズム」というテーマにかんして、自民族／他民族、自国人／外国人、国家／個人、国内／国際、ローカル／グローバル、といった二項対立を挙げた。しかしこのとき、たんに二項対立を探し出すだけでは足りな

★3　ジャック・デリダ『メモワール――ポール・ド・マンのために』、宮﨑裕助ほか訳、水声社、二〇二二年、四六頁。

い。脱構築する前に、それらの両極がいかなる上下関係にあるのか、現状どちらが優勢でどのような問題があるのか、充分な状況把握をして問題意識を高めておかねばならない。

ここではごく大雑把な説明にとどめる。たとえば、自民族中心主義が強すぎることによって外国人の差別や排斥が横行しているという現状があるとする。その場合、自民族／他民族という二項対立においては、前者が支配的でマジョリティということになる。だからこそこの優先順位を問いただし、他民族との交流や他文化を尊重することを通じて、差別や排斥が引き起こしている人権問題や社会的な閉塞を克服しなければならない。そのためにこそ「ナショナリズムの脱構築」に着手しなければならない、という発想になる。

脱構築しなければならないのは、既存の二項対立のもとで問題が引き起こされているからである。しかし、二項対立であればなんでも悪だということではない。先ほど述べたように、二項対立は私たちの思考の条件をなしている。脱構築が扱う二項対立は、たとえば、プラスとマイナス、N極とS極、といったたぐいの水平的な二項対立ではない。脱構築は、二項対立をもてあそぶ記号の知的ゲームではない。

脱構築の眼が向けられるのは、問題となる二項のあいだに、なんらかの力関係、つまり垂直的な階層秩序があるときである。言ってしまえば、既存の硬直化した支配関係や上下関係を転覆するためにこそ、脱構築はなされなければならない。

その点で、脱構築はつねになんらかの政治的な効果を伴った介入として生ずるのだということを銘記しなければならない。脱構築には、現状に批判的な視点で切り込んでゆく問題意識が不可欠なのである。

3 誇張法としての脱構築

以上を踏まえてようやく脱構築のスタートラインに立つことができる。まず乗り越えなければならない第一のラインは、ヘーゲルによって引かれている（なにしろデリダが一生涯格闘したのはヘーゲルとハイデガーなのだ。ハイデガーについては後述する）。つまり弁証法である。ここでいう弁証法とは何か。ヘーゲルの用語法に拘泥することなくこれを明示すれば、次のような公式によって言い表すことができる。

X＝非X

これは、一見して矛盾をはらんだ公式である。つまり、同一律「A＝A（ソクラテスはソクラテスである）」や排中律「A＝BかA≠Bかのどちらかである（ソクラテスは哲学者であるか哲学者でないかのどちらかである）」といった、アリストテレスが定式化した古典論理学の大原則に反しているように見える。しかし、脱構築に必要不可欠なのはまさにこの「X＝非X」という公式によって表される事態である。どういう事態を想定すればよいのだろうか。

実のところ、この公式によって表される事態は、けっしてSFめいた超常現象のことではない。それどころか、私たちの日常生活のなかでつねに起きている事態にかんして言われることである。たとえば次のような諺を思い出してみよう。

「急がば回れ」
「雨降って地固まる」
「可愛い子には旅をさせよ」
「喧嘩するほど仲がいい」
「怪我の功名」
「損して得取れ」

これらの格言に共通点があることがおわかりだろうか。そう、いずれもある事態に正反対の事柄を生じさせることを通じて、当初以上の結果や効果が得られるといったことを端的に述べている言葉である。

「急がば回れ」であれば、急いでいるからといって慣れない近道を通ったり焦って普段とは違う行動をしたりすると、往々にして事故にあったり忘れ物をしたりして、かえって遅れてしまう。そうならないよう、急いでいるときほど回り道をするぐらいにゆっくり冷静沈着に行動せよ、といった意味になるだろう。くり返せば、当のことをするのに、ただそうするのではなく、逆のことを介してむしろこれまで以上の成果が上がることを述べた教えや知恵の言葉になっている。これらは弁証法的論理を表したもっとも単純な例である［★4］。「X＝非X」の公式は、Xがみずからと対立し矛盾する非Xを経由することで、たんにXでも非Xでもない、さらなる高次の事態が生じるということを言い表している。このことについてもう少し事柄にそくして解きほぐしてみるならば、こう言い換えられるだろう。

Xであればあるほど非X

「急がば回れ」の例でいえば「急ぐのであればあるほど、そのぶん落ち着いて行動しなさい」ということになる。ここには、対立関係の反転を引き起こす反比例の論理がある。すなわち、一方をせり上げていくことで対立項へと転倒させる誇張法＝双曲線論理（hyperbologique）である。「弁証法」と呼ばれるものは、ヘーゲルがこの論理をより一般的に展開した形態だとみなすことができる。そしてこの誇張法論理こそ、脱構築の運動をなす修辞法であり、かつその思考の論理なのである［★5］。この論理の水準にかんするかぎり、脱構築は弁証法と区別がつかない。

二項対立の脱構築を考える場合、この論理を応用することにより、原則として次の手順をとる。のちほど具体例にそくして展開するので、まずは抽象的になるが、概要を呈示しておきたい。

1 ［二項対立の分析］ 問題となる事象・事柄が、二項対立から成り立っていることをまず分析する。そのさい二項の力関係に注目し、どちらが優位にありどちらが劣位にあるのかの状況認識を深めておく。

2 ［弁証法的論理の解明］ 一方で、劣位のものの復権を主張することで優位なものの権威を打倒することを試みる。他方で、そうした優位／劣位の逆転の試みこそがかえってその力関係を強化する結果になるというジレンマを明らかにする。弁証法的論理を介したこうした事態の解明を通じて、二項のあいだに相互依存関係、共犯関係があることを明確にする。

3 ［名指しによる転位］ そこから、たんなるカウンターアタックとそのジレンマの解明だけではなく、こうした力関係の内側にあってそれを掘り崩すにはどうすればよいのかを考える。そこで試みられるのは、当初の二項対立自体が無効であることを決定づける名指しである。この名指しを介して、当の対立にもとづいた問題の位置ずらし（転位）が生ずるのであり、既存の力関係そのものが組み換えられるのである（名指しへの問いは、脱構築にとって、弁証法的論理とは異なるもうひとつの段階を示している。第二のこのラインはハイデガーによって引かれており、名指しに必要な歴史性を引き受けること、後述するようにデリダが脱構築の系譜学的な側面と呼んだものに通じている）。

以上の諸段階を経て、脱構築は、私たちの思考を当初の二項対立から解放し、新たな問いの場、新たな思考の場へと連れ出してくれるのである。それでは、以下で具体的にみてゆくために、「西洋／東洋」という例を取り上げてみよう。このさい、脱構築の汎用性を明示することを考慮して、あえてデリダ自身の議論の例は採用しないことにする。

4 脱構築の演習——オリエンタリズム、グロービッシュ

明治以後の日本にとって近代化とはすなわち西洋化のことであった。「脱亜入欧」が唱えられたように、東洋の遅れてきた小国が目指したのは、西洋中心主義の世界観に立って西洋の文化文明に追いつくことであった。ここにはわかりやすいかたちで、西洋優位／東洋劣位の二項対立がある。

そうなると当然それにたいして「いかに西洋に対抗するか」、いかにこの二項対立を逆転するかという思想が出てく

る。汎アジア主義であれ、八紘一宇であれ、反–西洋主義は、本来は西洋にたいして東洋の優位があったことを説き、西洋中心主義の打倒を唱えるにいたるだろう。ここまでは西洋主義にたいするカウンターアタックの段階である。脱構築はここで終わらない。

そもそも西洋へのそうした反発は、まさにそれだけ西洋が強大なものであることを最初に承認することによって始まっている。ここには次のような構造があることがわかる。すなわち、東洋の優位を主張せねばならないのは、まさに西洋の優位をこそあらかじめ前提としているからである。そうでなければ、東洋の優位は簡単に実現されることにすぎず、わざわざ主張する必要すらなくなってしまう。とすると、西洋の優位の反転をことさらに打ち出す企てそのものが、まさにそれを反転しようとして当の優位を補強するというジレンマに陥っていることがわかる。

東洋の価値を見いだして西洋中心主義の優位を批判するという仕方は、まさにそういう批判が西洋の優位を前提しなければ始まらない以上、実際には西洋中心主義と奇妙な共犯関係を結んでしまう。ここには、まさしく乗り越えるべき対象として西洋の優位を裏打ちしてしまうという共依存があるのだ。

事実、戦前の日本が、そのように「西洋列強の脅威から東アジアの人民を救うために」と主張することによって、実際

★4　ここで思い出されるのは、二〇一七年の小池百合子都知事のアウフヘーベン発言である。当時築地市場から豊洲市場への移転判断が取り沙汰されており、都知事は「豊洲か、築地か」ではなく「豊洲移転と築地の跡地再開発」という折衷案を打ち出した。このことについて「立ち止まって、より上の次元に。全部含めてどう判断するか、そのためのアウフヘーベンが必要だ」と述べた。

「アウフヘーベン（aufheben：「止揚」や「揚棄」と訳す）」はもともとヘーゲルの用語であり、弁証法の総合の働きを表した言葉である。この発言をうけて民放ニュースやワイドショーがこぞって「アウフヘーベン」の解説をして「イチゴ大福」や「カレーうどん」の例を出していた。それによると「イチゴ大福」は「イチゴ」と「大福」のアウフヘーベン（止揚）である。つまり「イチゴ」と「大福」をそれぞれ食べる良さをいったん斥け（棄て）ながら、いわば両者の良いところを取って（もち揚げて）高次の段階で総合した例として「イチゴ大福」が出てきたというわけだ。

これはしかし、アウフヘーベンの理解としては単純に間違いである。というのも、弁証法は二項対立にたいして言えることであり、「イチゴ」と「大福」のあいだにも「カレー」と「うどん」のあいだにも、互いに斥け合う対立関係はないからだ。これらは両者の良いところ取りとして、1＋1が2ではなく3にも4にもなるというような意味で、ある種の総合とは言えるが、本来のアウフヘーベンとはなんの関係もない。

ところで付け加えておけば、都知事の発言でのアウフヘーベンの用法自体はあながち間違いではない。知事の発言そのものはマスコミがそう受け取ったように、たんに「イチゴ大福」程度の意味で言われた可能性はあるが、豊洲と築地を「移転か、不移転か」の二項対立と捉えれば、この問題についてたしかに止揚と言うことに意味はあるからだ。もちろんそう言えるからといって、その判断が正しいかどうかはまた別問題である。

★5　ちなみにこれを明確化したのはデリダではなくフィリップ・ラクー＝ラバルトである。ラクー＝ラバルトは、ヘルダーリンのソフォクレス翻訳註解のうちにこの論理を読み解いた。フィリップ・ラクー＝ラバルト『近代人の模倣』、大西雅一郎訳、みすず書房、二〇〇三年、九二頁。

には西洋の列強と同じ帝国主義的政策をとり、東アジアの周辺国を侵略し、太平洋戦争に突入していったことは過去の歴史が明確に教えるところである。

以上までが、既存の二項対立が示す「弁証法的論理の解明」である。ではどうすればよいのか。西洋中心主義でもたんなる東洋主義でも結局のところ「西洋化」に加担せざるをえないとするならば、次の一歩はどのように踏み出すべきなのか。

ここで問いの場をズラすために「名指し」が行なわれる。パレスチナ出身で合衆国の著名な文学研究者・批評家エドワード・サイードの鍵語に「オリエンタリズム」という言葉がある［★6］。これはよく知られているように、西洋によるアジア諸国の文化への敵対的な態度ではなく、オリエント（東方）を「内なる他者」として愛好し懐古する美的な態度を指す言葉である（たとえば浮世絵を賛美して、日本＝東洋の女性を、従順で性に奔放なゲイシャといったステレオタイプなイメージで表象する場合）。こうした態度を原動力として、しかし西洋文明は、東洋文化をむさぼり、植民地主義的な政策を推進してきた長い伝統をもつのである。

より一般的に言い換えるなら次のようになるだろう。西洋諸国は、東洋世界の反西洋的な要素を取り込むことを通じて、むしろ価値観の多様性を尊重し、異文化による批判を受け入れる寛容さをもつのだと主張する。つまり、西洋はそのようにして自文化中心ではないことのアリバイを、他文化にたいして一次元高いところから主張し、実際のみずからの覇権を崩さないまま現状維持し続けることができるのである。表向き多様性や普遍性の価値を掲げるリベラリズムやグローバリズムがそのじついっそう堅固な西洋中心主義であり続けることの欺瞞は、このようにして暴かれる。

オリエンタリズムという言葉は、西洋と東洋という二項対立を固定的にとらえることの危険に気づかせてくれる。これは紛れもなく広義の脱構築の実践とみなすことができる。問題は、西洋でも東洋でもなく、そうしたオリエンタリズム（グローバル化された東洋主義）の視線に還元されないような、それぞれのローカルな特異性をいかに多様な尺度から評価するか、という点にかかっている（たとえば、グローバル化に即応できなかった日本文化の「ガラパゴス化」がしばしば揶揄されるが、私はそこには救うべき要素がたくさんあると思っている）。

西洋／東洋の派生形として、英語／日本語の二項対立について考えることもできるだろう（英語と日本語は排他的な対をなしていないと思われるかもしれないが、国際語／一国語と言い換えてもよい）。ファーストリテイリング（ユニクロ）や楽天が社内で英語を公用語化して久しい。英語のグローバル化により、その覇権はもはや揺るがないようにみえる。英語優位／日本語劣位の関係にあってしかし、日本語を母語とする者にとっては、英語よりも日本語のほうが大事に思われる。であれば、英語に対抗して日本語化をもっと推進すべきだ、ということになるだろうか。

もちろん母語を大切にすることは重要である。かといって英語のグローバル化に背を向けたまま日本語に固執し、一国家内で一国語に閉じこもり続けるならば、どうなるだろうか。どんなに国内で日本語の大切さを説こうとも、英語の世界的な展開を止めることはできないだろう。それどころか、英語化の趨勢に逆行することで、むしろそうした流れを補完し、さらには強化してしまうことにもなるだろう。というのも、世界中で英語使用が拡がっているのに、日本語に固執して英語を用いないことは、たんにそうした現状を容認することにしかならないからだ。日本語の大切さを主張したいのであればこそ、そのことを国外で、まさに英語で主張すべきなのだ。英語のグローバル化に背を向けることは、日本語使用の孤立を深め、かえって英語使用の必要性を浮き彫りにする結果となるだろう。

ではどうするか。日本語に閉じこもる選択はありえない。しかしだからといって、英語至上主義に与する必要もない。それに抵抗するためには、まさに脱構築が有効である。

日本で日本語を母語としてきた者は、長年英語を勉強していても、受験教育の悪影響か、文法や発音において「正しい英語」を気にしすぎていざとなると喋れなくなる人が多い(自分自身がそうであったし、個人的な経験から言っても、他国出身の人々と比べて圧倒的にその傾向がある)。しかし、英語を母語とせず日常的に使用しない多くの日本人にとって、ネイティヴ・スピーカーが用いるような「正しい英語」にとらわれ続けることは、実際の使用が不可欠な言語習得にとって百害あって一利なしである。

必要なのは試行錯誤である。最初から「正しく」使用できることなどありえない。試行錯誤のなかで自分の語学力で「できること」と「できないこと」とが見えてくるのであり、そうした反復的実践のなかで「よりよく」使用する方向性が見えてくるのである。

実際、世界中で英語が使用されている現場に行けば、そこで聞こえてくるのは「正解」からはほど遠い、訛りだらけ方言だらけの多様な「英語」の姿である。日本語を母語とし英語を外国語として用いる者も、日本語訛りで試行錯誤のただなかで英語を使い倒していけばよいのである。ありていに言えば、重要なのは中味であって話し方ではない。どんなに流暢に話すことができても中味がないのであれば、話を聞いてもらえることはない(それこそAIに任せておけばよいのだ)。

もちろんだからといって「よりよい発音」「より通じる話し方」で話そうとする努力自体を否定することにはならない。

★6 エドワード・W・サイード『オリエンタリズム』上・下巻、今沢紀子ほか訳、平凡社ライブラリー、一九九三年参照。

そうではなくここで留意しなくてはならないのは、母語においても（方言・訛りに限らず、個人の癖もふくめて）さまざまな話し方があるのと同様に、どこまでいっても言語使用について最終的な正解はない、ということである。

問題は、英語か日本語かではない。英語使用をいったん引き受けたうえで、日本語を母語とする者として各々の日本語訛りの英語を通じて、いわば英語を乗っ取ってゆけばよいのであり、そのような仕方で言語の規範的な「正しさ」を内側から掘り崩してゆけばよいのである。英語と一言でいうが、グローバル化した英語ほど訛りや方言性を許容している言語もないだろう（ピジン言語やクレオール語の例を思い浮かべてもらえればよい）。英語至上主義は、実際にはこうした多様化を背景としている。それはたしかに世界中に広まっているように見えるが、実質的に統制が効かない仕方でその覇権や規範性は骨抜きにされてもいるのである。

かつて非ネイティヴの話者がコミュニケーション・ツールとして用いる共通言語としての基本英語を「グロービッシュ（Globish）」と呼ぶことが提案されていた［★7］。これは、脱構築された英語にたいするひとつの命名である。このような名指しによって言語の規範性がある仕方で相対化されたのであり、非ネイティヴの話者にとっては、外国人同士の共通語としてとらえ直すことでその規範性の呪縛を解く効果があったと言えるだろう。

もちろん新たな名称がついたからといってただちに問題が解消されるわけではない（英語中心主義の覇権はかたちを変えながらいまでも続いている。近年ではディープラーニングを組み込んだ翻訳ツールや生成系AIが登場しているが、すべて英語ベースである）。だが、そもそも脱構築は問いかけを終わらせるための思考法ではない。脱構築は、当初の二項対立にとらわれた問いの設定をズラす力をもつのであり、そのような「転位」をくり返すことで私たちの思考を既存の枠組みから解放してくれるのである。

5 脱構築は肯定する

まとめに入ろう。まず、二項対立の脱構築とは、弁証法的な論理を介して当の対立を揺り動かす思考の運動である。これは「Xであればあるほど非Xである」の誇張法的なせり上げを通じて二項の決定不可能性を導く。そのようにして当初の対立を無効化する道を拓くのである。そのさい、いくつか注意すべき点がある。

第一に、これは、二項の良いところと悪いところを挙げてそのあいだをとるといった中庸の思考ではない。脱構築は、二項対立を固定的にとらえて両者の妥協的なグレーゾーンをとりだすというのではなく、当の対立を動態的にとらえ直すことにより、両者の決定不可能性を通じて対立そのものの内破を目指すのである。

第二に、この仕方は、二項対立の決定不可能性を導く戦略であるにせよ、二項の優位な側にいったん肩入れする（たとえば、先ほどみたように英語のグローバル化に抗するためにこそ英語をいっそう用いるべきだといった主張をする）かたちをとるため、そのことに自覚的でないかぎり、たんなる現状保守の詭弁に陥る危険がある。優位な側に肩入れすることは、まさに当の対立関係を転覆するためのプロセスでしかないことを明確にしておかなければならない。劣位な側からのカウンターアタックという契機が、このプロセスの大前提にある。

脱構築は、決定不可能性のモティーフが強調されることになるため、否定神学（積極的な根拠を提示せずに否定を重ねることで究極の超越者を温存しようとする考え方）の現代版ではないかという嫌疑がしばしばかけられてきた。しかし脱構築が当初から主張していたのは次の点である。すなわち、脱構築によって生ずる決定不可能性が、決定しないことのアリバイになるのではなく、まさにその逆であるということ、つまりその瞬間にこそ、積極的な介入のチャンス、その名に値する決定のチャンスが生まれるということである。名指しは、脱構築の決定かつ肯定の身振りを説明するものであり、これは、ヘーゲル流の弁証法の操作とは決定的に異なる点である［★8］。

名指しをどのように行なうかの問いは、脱構築の方法論化しえない局面を示している。デリダはさまざまな名を発明したが（差延、原‐痕跡、パルマコン、代補、イメン、パレルゴン、反復可能性、残遺等々）、脱構築の名指しは、造語や新語によるものとは限らない。いまは詳しくは立ち入らないが、そこには名の複数の戦略——古名《パレオニミー》、匿名《アノニミー》、偽名《プシュドニミー》、換喩名《メトニミー》等々——があり、名といっても単語ですらないこともある（語幹や語根の系列が問われることもある）。

デリダはしばしば脱構築の系譜学的な側面を強調していた［★9］。つまりそうした名指しが効果的なものになるには、

★7　ジャン＝ポール・ネリエール、ディビッド・ホン『世界のグロービッシュ』、グローバル人材開発訳、東洋経済新報社、二〇一一年参照。

★8　ヘーゲルのテクストそのものにそうした名指しの契機がなかったかどうかはまた別問題である。この点については、ジャン＝リュック・ナンシー『思弁的註記』、デリダ『弔鐘』、ヴェルナー・ハーマッハー『プレーローマ』など、脱構築派の多くの重要な研究がある。

★9　脱構築のこの側面は、ハイデガーの「解体」概念の衣鉢を継ぐものである。とくに『存在と時間』第六節の次の文章を参照。「存在の問いそのものの
ために、その問い固有の歴史が見通しよくされるべきである。そうであるなら、硬直した伝統を解きゆるめて、伝統によって張りめぐらされた遮蔽幕を取り除くことが必要である。こうした課題を私たちは、存在の問いを手引きとして遂行されるべき、古代存在論から伝承されてきた在庫の解体と理解する。この解体は、次のような根源的な経験にもとづいて遂行される。すなわち、そうした経験のうちで存在の最初の諸規定、以後も主導的なものとなってゆく諸規定が獲得されるのである」（マルティン・ハイデガー『存在と時間（一）』、熊野純彦訳、岩波文庫、二〇一三年、一五四‐一五五頁、強調原文）。関連して、次の拙論を参照されたい。「プロト脱構築について——ルター、ハイデガー、デリダ」、『現代思想』二〇一八年二月臨時増刊号、青土社、二五四‐二七〇頁。

当の問題を取り囲む歴史認識や歴史分析が充分になされていなくてはならない。はじめに強調しておいたように、二項対立の脱構築といっても、どんな二項対立でもよいというわけではない。何を問うか、何が問いただされるべきか、なぜいまなのか、なぜここから始めるのか、こうした（問いへの）問いは、脱構築の運動と不可分である。そこでは、一定の歴史、一定の系譜、一定のコンテクスト（文脈）のもとではじめて問題提起を可能にする批判的な意識が伴っていなければならないのである。脱構築は、任意の二項対立を反転させたり決定不可能性に導いたりするような恣意的な論理操作の類いではない［★10］。

以上を突き詰めていけば、脱構築を思考法や思考の道具のようなものとみなすこと、理論と応用、道具と使用のような図式のなかで脱構築をとらえること自体が脱構築されなければならなくなる。脱構築入門に踏み出すことは、入門の彼方への一歩、言い換えれば、門に入ることによってただちに門から出ることでなくてはならない。したがってこの小文も、ウィトゲンシュタイン風にいえば「登った後で投げ捨てられるべき梯子」にすぎず、デリダがかつて用いた言い回しにしたがうなら「自動的に消滅する＝自己焼却する」（『スパイ大作戦』）［★11］ものでしかない。

要するに、脱構築とは、問いが強いるものなのだ。つまりそれは、問いを研ぎ澄ませていくなかで当の問いがおのずと私たちに課してくるものなのであり、私たちみずからが取り組んでいる問題からして否応なくそうせざるをえなくなるような仕方で生ずる当のものなのである。

★10　一九八〇、九〇年代の柄谷行人、浅田彰から、当時その影響下にあった『存在論的、郵便的』の東浩紀にいたるまで、かつて日本の批評の文脈では、ディコンストラクションを、決定不可能性に追い込む形式化の手法とみなし、これを「否定神学」として斥けることが流行だった。『存在論的、郵便的』はだからこそ、こうしたディコンストラクションにたいして「もうひとつの脱構築」（＝「郵便的脱構築」）を区別することを提案していた。この提案は画期的であったし、本稿のいう「名指しの問い」も後者の脱構築に通底するものだ。しかしいまや、脱構築を用いることの有効性自体が忘れ去られ、その理解も曖昧模糊と化してしまっている以上、脱構築を二つにわけるのではなく、脱構築そのものの理解のうちに、名指しの問い（それに伴う脱構築の系譜学的側面）を統合できれば充分であると私は考えている。

★11　ジャック・デリダ『火ここになき灰』、梅木達郎訳、松籟社、二〇〇三年、三一頁。この言い回しの含意については以下の論文を参照。郷原佳以「デリダにおける《ミッション：インポッシブル》――灰、自伝、エクリチュール」、『言語・情報・テクスト』第二三号、東京大学大学院総合文化研究科言語情報科学専攻、二〇一六年、四一－六〇頁。

ゲンロンの目

〈セカイ系〉に捧げられた花束

中世ラテン哲学のすすめ

山内志朗 Shiro Yamauchi

ラテン哲学って、何ですか？　という疑問を持つ人が多いだろう。ドゥルーズが語るように、哲学は新しい概念の創出だから、もしラテン哲学というものが存在していないとしたら作ればよいだけである。

ラテン哲学とは、ラテン語で書かれた哲学書をテキストとして読む哲学のことだ。ところが、ラテン語は死語である。古代ローマで用いられ、中世に入ればヨーロッパにおける共通語となり、政治・経済・貿易・法学など、学問すべての領域で使用される言語となり、メディアとなった。やがて地域ごとに分化し、スペイン語、イタリア語、フランス語、ポルトガル語など様々な近代語に変化していった。それでも一八世紀までは初等中等教育の中に取り入れられた、社会で活躍するための必須教養、いや基本スキルだったのである。ところが、一九世紀以降は、学ぶのが面倒なためか重要性が下がっていき、ローマ法やカトリック神学といった少数の分野の人々以外は学ばないようになってしまった。

しかし、ではなぜ今頃ラテン語を学ぶ意味があるのか、その辺を少し述べていく。予め言えば、ラテン語を学ぶことは重要であり、意義を有している。だからといって、小学校の科目にラテン語を入れるべきだなどと考えているのではない。個人的にはそれを熱望しているが、文科省にそれを請願するつもりはない。だがある目的地に行きつくためには重要なのだ。その目的地は辿り着かれるべき場所として予め設定されているのではない。目的地を求めて焦る心は、目的地に何も見出さないかもしれない。道中至るところに目的地とは顕現するものだ。〈セカイ系〉というのもそういう目的地の一つなのである。

なぜこんなことを言うかといえば、〈セカイ系〉とは現代の現象というよりも、古代のグノーシス主義、中世の聖霊主義、哲学における無媒介的思考の継承者ではないかと思うからだ。私自身、その思想の系譜を『天使の記号学』（岩波書店、二〇〇一年）から探求してきてしまった。そういう思想の系譜がどんなものか気になったら、そのフィールドを見に来てください。

1. なぜラテン語なのか

まずはラテン語について少し説明しておく。古代ローマにおいてはラテン語が共通言語だった。話題になったマンガ『テルマエ・ロマエ』でもラテン語が数多く使用されていたので、それで興味を持った人もいるだろう。ローマ帝国は滅んでも、中世においてはラテン語が共通言語として用いられ続けた。ラテン語とは、古代ローマの文化を学ぶため、キケロやセネカを読むためにだけあるのではない。

スペイン語、ポルトガル語、イタリア語、フランス語、ルーマニア語、そういった言語を合わせて「ロマンス語」と呼ぶ。「ローマ風の」という意味だ。恋愛物語を「ロマンス」と言うが、これももともとロマンス語で書かれた、伝説や騎士の冒険、恋愛などの物語を指す。中南米ではスペイン語とポルトガル語が話されているから、ロマンス語は世界のかなりの地域で話されている。

現在でも英語の単語の四五パーセントはラテン語が起源になっている。植物の学名や肉体の諸器官の名称、法律学や教会用語の多くに使われるし、ヨーロッパに行って巨大な建物の入り口に刻まれている名称はラテン語である場合が多い。ラテン語は友達どうしで会話するのに使いはしないけれど、いろいろと用いられている。

ヨーロッパ文化のルーツ、それが現代の人類のルーツの一つでもあるはずだが、それを探っていくとラテン語の世界に出くわすのである。ヨーロッパにおける理想的な人間像、その一つの典型はおそらく「騎士」だろう。戦う男性の姿はいろいろと理想化されるが、重装歩兵として集団で戦う姿よりも、一人馬に乗って剣を持って戦う姿が憧れられたはずである。日本においてサムライがかっこいい姿として表象化されているのと似ている。そういうヒーローの姿が成立したのは、騎士道が完成したころだから、一二世紀である。

さらに、騎士道と連動して、ロマンチックラブと言われる恋愛の様式が成立したのも同じ頃である。『トリスタンとイゾルデ』という代表的な恋愛物語が成立したのも、哲学者アベラールとエロイーズの大恋愛事件も一二世紀の出来事である。

つまり中世とは、ヨーロッパの人々がアイデンティティを確立した時代であると整理できるのだ。

ヨーロッパに古代はなかったと言われる。私もそれを習ったときに驚いた。しかし、ヨーロッパは古代ギリシア・ローマとは異なる文化様式として九世紀に成立し、その後中世をとおしてアイデンティティを確立していったのである。その中世はアルプス以北で展開された。アルプスは、地域を北と南に分けているだけでなく、南側が栄えた時代と北側が栄えた時代ということで、時代をも区分しているのである。

現在、EUということで、ヨーロッパは一つというイメージが主流である。イギリスが離脱して、東欧圏もロシアとの政治的距離をどうとるかで一様ではないが、それでもヨーロッパとしての統一性を保持しているように見える。しかし、歴史的に見ると、ヨーロッパは一つではなく、古代から分断の痕跡が様々に残っているのである。

西洋中世とは、その分断と対立を統合するために、相容れないようなものを結び付けることで政治的にも文化的にも創造力が強くなった時代であった。

2. 中世とラテン語

だからラテン哲学を学ぶとは、ハイブリッド哲学のモデルを学ぶことだ。ハイブリッド哲学とは何か。私の造語だが、二つの相異なった哲学が出会って、融合が生じて現れる思想形態である。日本でも、和洋折衷、和魂洋才という語があるが、異質のものが出会って融合することで、新しくて創造性を有した知的形態が登場することは昔から多い。

西洋中世とは、そのハイブリッド現象が様々に生じて、それが文明を牽引していった時代なのである。相異なる二つの巨大な文化が衝突して、その分裂を乗り越えようとして構築されたシステムが幾重にも層をなして出来上がっているのだ。そして、そのシステムのメディアとしての機能を果たしたのが、ラテン語という共通言語だったのだ。

三つの対立軸

ヨーロッパの歴史を相対立するものの統合という視点から見ると、実にたくさん対立軸があるが、中世に絞れば(1)ヘレニズムとヘブライズム、(2)ゲルマン文化とラテン文化、(3)ビザンツ文化圏とロマンス語文化圏を挙げることができる。

第一の対立軸は、ヘレニズム(ギリシア文明)とヘブライズム(ユダヤ教、キリスト教)だ。古代においてはギリシア文明、その後継者としてローマ文明が繁栄し、その後にキリスト教が政治的にも圧倒的に大きな力を持つように拡大していった。ヘレニズムとヘブライズムは思想の原理が全く異なっている。明晰性を重視し論理性を備えたヘレニズムに対して、ヘブライズムは神秘主義的な側面を濃厚に有している。精神的原理においても、ヘレニズムでは魂(プシュケー)という個別的な生命原理が中心課題とされたのに対し、ヘブライズムでは霊(ヘブライ語ではルーアッハ、ギリシア語ではプネウマ)という集合的普遍的精神原理が中心概念となった。それぞれの思想を取り出せば、ヘレニズムはギリシア哲学となり、ヘブライズムはキリスト教となる。父(神)と子(イエス)と聖霊(霊)との同格性が強調される三位一体は合理的な理解を阻むものであり、ヘブライズムの特質を表している。こうしてヨーロッパは第一のハイブリッドを取り入れた。

第二の対立軸は、アルプスの北と南で分かれるゲルマン文化とラテン文化だ。ゲルマン文化が登場するのは中世以降のことだ。中世的秩序は、ラテン文化がアルプスの北側に伝播し、それがゲルマン文化に根付くことによって成立する。アルプスの北側に地中海文化が入り込んだのは八世紀末から九世紀にかけてであり、その時期がカロリング・ルネサンスと言われる。カール大帝の支配する帝国が成立したことは、教皇権と帝権という二つの権力の提携による支配構図の成立を意味する。宗教と政治はお互いに支え合うことで、中世的秩序を構築した。両者のバランスが崩れ、一方が他方に併合吸収されるとき、古い秩序は崩壊し、近代的秩序が始まる。

アルプスを越えてギリシア文化とイスラーム文化が一二世紀にヨーロッパに入り、大学という知の制度によって一三世紀に浸透し、新しい装置を作っていった。活版印刷術と大航海時代によって、物流とメディアにおける大革命が起こったのが、一五世紀から一六世紀にかけてで、そこまでを中世と捉えることができる。

第三の対立軸として考えられるのが、ビザンツ文化圏とロマンス語文化圏だ。この対立は、東欧と西欧、共産主義圏と自由主義圏、東方正教会とカトリック・プロテスタントというように、ヨーロッパにおける現代まで続く大きな対立の基盤となっている。いずれにしても、この対立を抱摂し、維持することでヨーロッパは成立した。

　このように、ヨーロッパは幾重にもなった複合的文化なのだ。日本もまた、古代では中国文化とのハイブリッドによって、明治時代以降は西洋とのハイブリッドによって新しい文化を生み出してきたが、ヨーロッパもまたハイブリッドを何度も経験することで発展を遂げてきたのである。そして、ラテン語はその融合において、常に主役とは言えないが、有力な要因となってきた。一九世紀以降、西洋の没落ということが語られるが、そのこととラテン語が衰退していったことは無関係ではないのかもしれない。

3. 中世ラテン哲学の姿

　ではあらためてラテン哲学とは何か。ここで念頭にあるのは中世スコラ哲学だ。しかし、そもそも西洋の中世であるし、「スコラ」といえば、キリスト教の司教座聖堂の付属組織として設置された神学校のことである。ちょっと現代の日本の姿とつながりそうに思えない。

　なのでここでは、中世スコラ哲学がどういうものか、早わかりを試みよう。それがもしつまらなく思えたら、その時点で捨て去ってしまって、別のことに関心を向ければよい。

　中世哲学は、キリスト教の前提があるので、心理的に抵抗があるという声もよく聞く。確かに、十字架上でのイエスの贖いという根本的教義については、信仰なしには理解しにくいところもある。しかし、哲学的な神学理論の側面については現代的な思考で理解できないものは多くはない（用語は現代では使われないものが多いので、学習する必要はあるが）。

　スコラ哲学はアリストテレスの哲学の枠組みを基礎にして、それをラテン語に置き直して作り上げたカリキュラムだから、ラテン語が読めるようになればスコラ哲学も分かるというように簡単には進めない。しかし、ラテン語で考えた方が分かりやすい場合がある。

　ラテン語のエッセを「存在」と訳してしまうと、パスタを「イタリア麺類」と訳してしまったような残念な感じがする。

　哲学用語としては、エッセが「存在」、エッセンチアが「本質」、エンスが「存在者」と訳されてきた。ラテン語で考えれば同じ語群でつながりが見やすいが、日本語では考えて分からないとは言わずとも、いちいち関係を覚えなければならない。イデアは「観念」と訳されるギリシア語（ラテン語でも同じ）だが、「観念」というのは本来仏教用語で、字を見ていると難しそうだ。イデアとはもとはギリシア語の「イディン（見る）」という動詞から来たもので、「形」の意味だ。つまり心に映った事物のあり方がイデアで、これが観念という日本語になる。哲学はギリシア語まで戻って考えた方がよい、とは手間暇を考えると言いにくいが、ラテン語に遡るだけでもとても便利で覚えやすいし、様々な哲学概念を扱うことが楽になるのである。ラテン語は学問的に考える場合にはとても役に立つ。

　たとえばカントの頭の中を覗いてみたいと思ったことはないだろうか。〈物自体〉

はカント哲学の中心概念であるが、哲学を学び始めた人が躓きやすい概念だ。認識される現象の背後にあり、認識できないものだが、そういうものをどうして持ち出すのだろうか、と頭の中のどこにそれを置いたらよいか分からなくなる。しかもそれは、翻訳書を読むと「思惟的存在者、思惟物、悟性的存在者、可想的存在者、ヌーメノン、理性的存在者」などとあり、原著においても様々に表現される（ドイツ語表記はここでは避ける）。ラテン語で表記される箇所もある。難しくなる。しかし、カントはラテン語で考えていたと思うと、同じことを様々に言い換えていたことが分かってくる。

それはすべて ens rationis（理虚的存在）というラテン語をドイツ語に訳すのに難渋していろいろと言い換えているのだ。中世から一八世紀まで哲学者の多くは頭の中ではラテン語で考えていたのである。中等教育で哲学をラテン語の教科書で学ぶのが標準的だったから、不思議なことではない。カントの哲学用語は彼独自のものが多く、丁寧に作り上げられているから、この説明で判然と分かることはないかもしれないが、ラテン語がベースになっていることは確実である。

ラテン語を学ぶご利益は哲学史においてははっきりしている。しかも哲学の勉強に役立つだけではない。朝ドラの『らんまん』では植物学者の牧野富太郎の生涯が描かれている。植物の学名もラテン語である。医学用語をラテン語で学ぶ人は少なくなったとはいえ、今でも使える。政治、経済、法学、歴史などにおいても、その効果は顕著だ。ローマ法や教会法を学ぶのにも必須である。この分野の研究は一九世紀までは盛んであったが、二一世紀では手薄になってしまった。

こうして書くと、確かに勉強や研究には役立ちそうだが、研究者になるのでなければラテン語は関係なさそうだ。

だが、そうとは私は思わない。なぜならそれは、〈セカイ系〉という現代に蘇った中世哲学を解釈するための鍵になるからだ。〈セカイ系〉は、日本のオタクという一部の人々にとっての一時的現象ではなくて、世界的に広がり、莫大な経済効果と、文化や思想の根底にまで至る波及効果を及ぼしていると私は感じている。その文化形態への見通しを身に着けるためには、ラテン語が役に立つツールになると思う。

ラテン語は中世において共通言語であったが、それにとどまらず、知を成立させる普遍的なメディアであった。当時、メディアの機器は原始的で、人間が記録装置であり、運搬装置であり、再現装置であり、しかもそこで使用される記号は、書かれた文字よりも音声の方だった。にもかかわらず、知識の伝達様式が確立していった。近世になって印刷術が発明されて以降の、文字を用いて書物の中に情報を記録するメディア様式と、人間の頭脳が音声情報を基礎にして記憶するメディア様式とは異なった側面がある。その知の普遍性は、後述する〈セカイ系〉的な普遍性／唯一性のモチーフと無関係ではないだろう。

スコラ哲学のベースにはアリストテレスがいる。彼が「存在である限りの存在」という抽象的で普遍的なものを学問の最初に置いたことは、考えにくい課題を後世に残した。しかしそのことが推理や帰納・演繹など、知の巨大な体系性を可能にしたのだ。アジアにおける知が集積的で体系性をあまり備えなかったこととは対比的だ。

知の普遍性がラテン語で構築されたスコラ哲学の中で展開されたということは、それだけでは、〈セカイ系〉への入り口として不十分ではあるのだが、私は両者に多くの通底するものを見出している。東浩紀が語るように、〈セカイ系〉がポスト・モダンとして整理される現代思想の状況において、「大きな物語の消滅」ということにとどまらず、現代思想の徴候を具体化していると考えるならば、一〇〇〇年単位の、いや二〇〇〇年を射程に入れてもよいのだが、思想史の流れの中に〈セカイ系〉を位置づけるべきだろう。そのためには、中世のラテン語世界と結び付けるべきだと私は夢想した。ここでは、中世に踏み込むよりは、その対応物としての〈セカイ系〉への関心を語る。

4. なぜ〈セカイ系〉にこだわるのか

なぜか。一言で語るとすれば、〈セカイ系〉とは暗号で書かれた哲学的テキストに思えるからだ。私にとって〈セカイ系〉はアニメでも娯楽でもなくて、ある大きな思想変動の道筋が刻まれたテキストなのだ。解読されるべき暗号として存在しているのであって、その理解が誤っているかどうかはあまり問題ではない。現代的聖霊主義の構造を発見するための啓示的現象なのだ。

† 〈セカイ系〉を考えるために

ここでは〈セカイ系〉を、二一世紀の初頭（ゼロ年代）に前後して、アニメ、マンガ、ゲーム、ライトノベルなどに見られる「オタク文化」という言説空間の中で成立した文化形態として考えている。様式としては、少年と少女の恋愛が世界の破滅や危機といった大局的状況に直結し、少女のみが戦い、少年は戦場から排除される。少女は美少女キャラ、メシア的少女として描かれる。個人と世界とを媒介する中間的組織や規範性を持つ共同体や世間といったものは周辺部に配置され、物語で重要性を持たない。〈セカイ系〉を考えていると、私の頭は完全に中世の普遍論争とシンクロしてしまう。〈セカイ系〉に、普遍概念は存在するのか。〈セカイ系〉に含まれる「セカイ」というカタカナでの表記が、思考の迷宮へと誘ってしまうのだ。

庵野秀明の『新世紀エヴァンゲリオン』シリーズは様々な議論を引き起こしているが、一番大事な特徴は迷宮になっていることだ。理解できない限界概念を含んでいて、それが理解したいのだが理解できないために精神に迫ってくる。カントが追い求めた理性概念（理念）と同じで、「我を探求せよ！」と迫ってくるのである。

私には〈セカイ系〉は、特定のファンにとってのみ存在している、消費されるために存在している商品化された文化現象ではない。むしろ、カントが提示した純粋理性概念と同じように、哲学的課題として現れている。

個々の作品群に入り込んで分析することは私にはできないが、哲学的課題として迫ってくる以上、放置しておくこともできない。〈セカイ系〉は、私には、一四歳の子供＝非生殖的存在、脱世間、前共同体的存在、実存的ネオテニー、メシア的少女、非日常的場面、世界没落の後、理解不可能性の状況、暴力性、瓦礫、死と性（セクシュアリテ）といった概念によって構築されている文化的多様体に見える。私はそれらの混乱を、中世における聖霊というキリスト教概念を介して整理できると思った。聖霊は救済原理として立てられ、無媒介性（直接性）と重なるものとして考えられていたのである。

　聖霊という普遍的な精神的原理が個人に所有され、神が何らかの仕方で住まうことが成立することは、太陽が私に対して与える唯一性の感覚と似ているところがあるのだろうが、そういう普遍性と個別的存在の間に成立する絆は何かを問う場合、何が起こっているのか。それはI was foundという、選ばれてある感覚として語られるのかもしれない。聖霊は見つける原理、いや見つけられたという感覚をもたらす原理なのである。強引な整理になるのだが、メディアが個体に同化吸収されることによって、唯一性が生成する構図（個体化論）があると言ってもよい。

　個体とは世界に唯一なる存在者としてあることだ。目の前にあるものが唯一のものなのか、代わりがいくらでも見つけられるものなのか、それは多くの場合分からない。しかし、〈今・ここ〉にあるものが〈今・ここ〉にあることは唯一のことだ。そして、この〈今・ここ〉に意識を持って存在しているのが、〈私〉だ。しかし、〈私〉は単独で存在しているだけなのか。

　個体化が生じるとき何が起こっているのか。「存在である限りの存在」という途方もなく抽象的で広大なものが〈今・ここ〉に縮減して具体化する道筋を描くことができなければならない。〈セカイ系〉とは、世界という広大でマクロなものが、〈キミとボク〉というミクロなものへと至る道筋を含んでいる。中世スコラ哲学が個体化論で語ったものが、〈セカイ系〉では物語として描かれる。

† 〈セカイ系〉と〈キミとボク〉

〈セカイ系〉において主人公たる〈ボク〉はネクラで、受動的で、没個性的である。そういう登場人物に対して、感情移入し、自分を投影したり、身近な人を思い浮かべる。「地味で暗くて、向上心も協調性も存在感も個性も華も無い、パッとしない」（再放送されている朝ドラ『あまちゃん』の主人公天野アキの性格）が主人公の性格として設定されることは、〈セカイ系〉においても必然的条件なのである。

　世界という途方もなく巨大なものに個人が立ち向かえるような図式は、本来は存在しえない。しかし、そういう世界も表象化さえされてしまえば、それに立ち向かう図式が形成され、自分をその中に位置づけることができる。そうだ、表象化された世界こそ、〈セカイ〉なのだ。その表象の中での意識の生成を描くのが〈セカイ系〉だと私は考えてしまうし、それを中世から近世にかけての思想変化と重ねて考えるのである。ウィリアム・オッカムと碇シンジを重ねて考える人間が存在していけないわけがない。

　世界という、認識の限界の彼岸にあるものを表象の中に取り込むためには、その可能性の条件を準備するために、唯一性という視点が有力だ。ライプニッツがモナドを宇宙への視点として捉えたように、特定の視点を設定することで世界は表象化される。キリスト教では、世界を救済する唯一者としてのイエスが「贖い主（Redemptor）」として考えられた。世界との関わり方を、自分だけが救われるのではない人間の普遍的救済可能性という視点から捉えたければ、キリスト教の図式は候補になるし、ラテン語は重要なツールになる。

このように〈セカイ系〉とは世界との関わりにおける唯一性という問題圏として捉えることができるのだが、それを哲学史の流れと関連させようとすれば、いくつかの道筋が現れてくる。

ヒロインが、いたいけな少女、戦闘的美少女、メシア的少女という形態を担うのは、世界を救済する唯一者のイメージがそこにあるからだろう。キリスト教では贖い主としてのイエスがその役割を担う。

エヴァに乗ることができるのは適合者だけである。そして、その条件と根拠は血縁関係、親子関係の唯一性なのだ。「血の宿命」を基礎とする神話がそこに現れる。

5.〈セカイ系〉はスコラ哲学である

†唯一性の神話

しかし、唯一性は「血の宿命」だけによってしか支えられないわけではない。「血の宿命」は逃れられない運命として個人に課せられるが、唯一性は家族や生殖や家柄といった道筋においてのみ獲得されるわけではない。恋愛関係における〈キミとボク〉の間に成り立つ唯一性は、世界に対して有する意識の唯一性と重なったとしても奇妙ではない。唯一性は、様々なアプローチを準備するものでなければならないのだ。それが、近代的唯一性の図式としての個人主義の枠組みであり、それを準備したのが中世の個体化論だったのだ。

近代は唯一性を獲得するミッションを人生に課した。中世ではその意識は薄いかもしれない。しかし、中世の末期にその意識は目覚め、起動するのである。自己同一性という唯一性は、血の宿命や恋愛関係などによって獲得される。〈今・ここ〉という唯一性、時空規定における軌跡の連続性は、唯一性の神話を充足するには弱すぎる。個人の唯一性を昆虫一匹の唯一性と同じに捉える枠組みに立とうとするのでないならば、未来や世界という彼岸にあるものと契合する図式を抱えうる概念を求めるしかないと思う。それを〈セカイ系〉という理念型に置くことはあってもよいだろうし、それを動かすツールの一つの候補としてラテン語があるというのが私の考えなのである。

〈セカイ系〉の主人公が没個性的人物であることを思い出そう。唯一性の条件を満たさないものが主人公であり、彼が唯一性を実現しなければならないという神話（ミュトス）が〈セカイ系〉なのである。個性をそれぞれ持たない〈キミとボク〉が出会って、キミがボクを選ぶ理由も、ボクがキミを選ぶ理由も希薄な中で、唯一性の神話が成立するのかが思想として問われている。唯一性が、世界の危機、そして危機からの救済という限界状況の中で現れるのかどうか、それが〈セカイ系〉の構造なのだ。

世界の危機を救う唯一性と、恋愛関係の唯一性と、自己同一性の唯一性。それらが同時に解決されなければならない。〈セカイ系〉的な恋愛構造において、「誰だっていいんじゃないの？」という問いかけに対して、〈キミとボク〉とはそれぞれが選ばれてあることという条件を見出し、担わなければならない。

†自己同一性生成論としての〈セカイ系〉

とはいえ、私は能動的に唯一性を獲得する道筋に一番関心があるわけではない。唯一性が個人に内属するのではなく、関係性に帰属する場合の方が関心事である。ケアの倫理において、もっとも重要なのは、個人の行為の結果や功績や成果ではなく、関係である。

関係のあり方を示すのがヴァルネラビリティ（傷つきやすさ）であり、〈セカイ系〉とは、ヴァルネラビリティの神話だと私は思う。関係ははかなく消えやすいものであるがゆえに、絶えず心を配り守らなければすぐに消えゆく。

別の言い方をすれば、〈セカイ系〉とは理念であり、それが何であるか認識の対象として与えられることがないとしても、現代の文化現象を俯瞰するために与えられる、統整的原理としての機能を持っている。「統整的原理」とは、経験的認識を構成する原理ではなくて、認識の条件の系列を遡るうえで何をなすべきかを要求する原理だ。多様なものに体系的統一を与える原理だ。つまり、ある現象に関してそれが何であるかを知らせ認識を拡張する原理ではないが、経験の手前に退き、現象の事実からその現象を統一的に理解するための可能性の条件へと遡及する原理が、統整的原理である。

統整的原理というカント独自の概念をここで持ち出すのは、世界と自己との関係が、一瞬の事故や病気によって瞬間的に消えゆくものであるがゆえに、そのはかなさの本質である〈このもの性〉を追いかける思想があってよいと思うからだ。役に立たなさという点では「祈り」と同程度のものでしかない。

カントは世界への祈りのあり方を、統整的原理ということで説明しようとしたのだと私は感じている。〈セカイ系〉もまた、そう名付けることによって認識を拡張する原理ではなく、現代における唯一性の問題についての可能性の条件を与えるための、いやその道筋を見出すための原理なのである。

〈セカイ系〉を成立させる条件を羅列する仕方でその概念を規定することはできない。平和、幸福、神、存在について、根拠づけられた妥当な認識を獲得することができないのと同様に、〈セカイ系〉について定義することはできない。しかし、にもかかわらずそれが重要と言えるのは、認識の可能性の条件を遡及的に準備してくれるからだ。

私の頭の中では、〈セカイ系〉はスコラ哲学のテキストと同じである。スコラ哲学にも膨大なラテン語の文献が読まれぬまま埋もれているが、〈セカイ系〉も膨大な作品群によって構成され、とても見切れない。私は唯一性を求める図式において、両者の共通性を見出し、結び付け、重ねて考えている。中世スコラ哲学は徹頭徹尾、媒介の問題圏で展開される。媒介の問題は、神と人、神とイエス、人と人などあらゆる関係の中に現れる。〈セカイ系〉が「セカイ」という表現で開示したのは、普遍的媒介の問題ではなかったのか。そして、普遍的媒介は現代においても根源的な問題であり続けている。〈セカイ系〉とは中世哲学であり、同時に現代哲学なのである。

結局、ラテン語を学ぶとは、私にとっては、〈セカイ系〉に捧げられた花束なのである。

インタビュー

「わたしは自分の問いに忠実でありたい」

ポストモダンとアジアと哲学をめぐる対話

ユク・ホイ Yuk Hui

聞き手＝東浩紀 Hiroki Azuma

訳＝伊勢康平 Kohei Ise

二〇二三年四月から五月末にかけて、香港の哲学者ユク・ホイ氏が、東京大学東洋文化研究所の招聘で日本を訪れた。その滞在に合わせて東浩紀がインタビューを依頼したところ、快諾をいただいた。以下にその模様を掲載する。

　昨年ゲンロンから邦訳を刊行した『中国における技術への問い』を起点とする質問をとおして、ホイ氏と東の抱く思想家としての自己認識、そしてその背後にある「地域性」のちがいが浮き彫りとなった。また著作からはわからないホイ氏のひととなりもうかがえ、日本の読者にとってよい導入となると思われる。

　なお、現在ホイ氏はエラスムス大学ロッテルダムの教授を務めており、「宇宙技芸」的な観点から「近代の超克」を再考する数年単位の計画を立てているという。そのプロジェクトは日本で展開される予定である。また本誌の連載「惑星的なものにかんする覚書」をもとにする新著『機械と主権』（仮）の執筆を進めており、以下でもその展望が語られている。連載と併せて読まれたい。（訳者）

1　近代性とポストモダニティ

東浩紀　今日は三つの質問を用意してきました。どの質問も最終的にひとつの大きな問いに関わっています。それは「ポストモダンのアジアの哲学者という立場をどう考えるか」という問いです。

　ひとつめの質問はつぎのようなものです。ホイさんは、『中国における技術への問い』でポストモダンについて問いかけています。同書によると、ポストモダンとは近代が前提とした「テクノロジーに対する無意識」を問いなおすものであり、その検討はとりわけアジアにおいて喫緊の課題になっている。アジアはテクノロジーだけをヨーロッパから移植し、哲学的な基盤を欠いているからです。つまりホイさんは、ポストモダニティについて考えたからこそ、非ヨーロッパ的なテクノロジーの哲学の可能性を考えることになった。

　その理解のうえで、ぼくには同書の主張に対して異論があります。ホイさんは同書で、複数の近代性、複数の歴史、すなわち複数のテクノロジーの哲学を発明するものとしての「宇宙技芸」が必要だと主張します。しかしいま必要なのは、複数性の発明ではなく、むしろ単数性を継承し「訂正」する――これはぼくの用語ですが――方法ではないでしょうか。

　別の言い方をしましょう。ぼくは二〇一九年にホイさんに招かれ、杭州でジャン＝フランソワ・リオタールの哲学について講演したことがあります。そこで「物語《ナラティブ》」と「ゲーム」を区別しました［★1］。

　リオタールはポストモダンの時代には「言語ゲーム」が複数化すると予測しました。けれどもぼくはその主張に疑問を抱いています。こんにちではゲームではなく、物語こそが複数化していると言うべきだからです。

たとえばロシアとウクライナの戦争は、ソ連時代の記憶をめぐるふたつの「物語」の争いだとも解釈できます。これはひとつの例にすぎず、いまでは世界中で多様な物語が衝突し、正当性をめぐって争っています。アメリカもロシアも中国もヨーロッパも、それぞれの物語を主張している。国際的な争いだけではありません。マイノリティもまたあらたな物語を提示し、いままでのマジョリティの物語に挑戦している。

　しかしそれは必ずしもゲームが複数になったことを意味しません。それらはみな、結局はグローバル資本主義という「大きなゲーム」に囚われ、そのなかで勢力争いを繰り広げているにすぎないからです。SNSはまさにそのようなゲームの舞台です。つまりは、近代が「大きな物語の時代」だったのだとしたら、ポストモダンは「単一の大きなゲーム」と複数の小さな物語の時代」だというのがぼくの考えです。

　だから、結局はポストモダンは単数化を逃れていない。それはむしろ、ヨーロッパ的な物語こそ覇権を失ったけれども、ゲームのほうはよりグローバル化し、地球全体を覆うようになった時代です。それゆえぼくには、いま必要なのは、複数の物語の発明ではなく、既存のゲームのルールに批評的に介入しうる新しい「プレイ」を生み出すことだと思うのです。いかがでしょうか。


ユク・ホイ　ありがとうございます。とても重厚な「ひとつめの質問」で、わたしなりに分ければ七、八個の問いが含まれていました（笑）。おもな論点は、物語はゲームの問題を解決できず、特定のイデオロギーの犠牲になりうる、ということかと思います。

　そもそも『中国における技術への問い』は七年前の本で、刊行以来、わたしは同書で提起した問題に取り組んできました。あの本はわたしのプロジェクトのごく起点にすぎません。一冊の本ですべての問題を解決できる哲学者などいませんし、真理を見つけたなどと語る哲学者はただの嘘つきでしょう。だからわたしは、論点を明確にするとともに、それらに応答するための多様な方法を提供しようと考えました。その試みはゲームの問題を解決するにはほど遠いですが、しかしゲームを理解し、変えていくためには欠かせないものです。

　わたしはリオタールについてかなり研究しており、彼はわたしのあらゆる著作に登場します。彼が一九七九年に刊行した『ポスト・モダンの条件』は、こんにちのヨーロッパではあまり評価されていませんが、非常に重要な仕事です。なぜなら同書は、テクノロジーの発展をきっかけに書かれているからです。リオタールはバイオテクノロジーやロボット工学、人工知能といったテクノロジーの転換を念頭に、近代を転覆させる可能性について考えました。同時に、その可能性自体

★1　この講演は東浩紀『哲学の誤配』（ゲンロン、二〇二〇年）に収録されている。

が近代の産物であるという逆説をはっきりと理解してもいたのです。

東　その逆説に対するホイさんの応答が、テクノロジーという概念の複数化なのだと。

ホイ　はい。ただわたしが「複数の近代性」を提唱しているというのは誤解です。なぜなら近代とは、ヨーロッパの歴史が生み出した、方法論的かつ認識論的な断絶をあらわす特別な瞬間のことだからです。そこには、幾何学的合理性への回帰と、実験にもとづく近代科学の出現という大きな特徴があります。したがって日本や中国の近代化を語ることはできますが、複数の近代性があると主張するのは、ヨーロッパ中心主義的なふるまいかその反動にほかなりません。

その一方で、複数の歴史は存在します。つまり、世界の各地域がヨーロッパと出会うまで、歴史の概念はいまわたしたちが理解している普遍史とは異なっていたということです。普遍史は、近代化のプロセスのなかで、テクノロジーによって可能になりました。テクノロジーは時間と空間を収斂させるメディアとして機能するからです。

歴史に関して、こんにちの人々はむしろ大きな物語に回帰しているように思えます。そしてその物語は理性の目的《テロス》ではなく、テクノロジーによって突き動かされています。たしかに、人類の歴史の中心に技術があるのはまちがいありません。問題は、その歴史が「ホモ・デウス」や「シンギュラリティ」といった、ひとつの終点に向かって進んでいると見なされていることです。それは終末論の一種だと言えるでしょう。この性質は偶然生じたものではありません。この点は、カール・レーヴィットが『歴史の意味』という著作のなかで、ヘーゲルからヤーコプ・ブルクハルトにいたるまで、歴史の哲学は終末論的であったと述べていることを想起すればあきらかです。

わたしたちは、そのような歴史の概念を避けなければいけません。ですからわたしは、ヨーロッパ中心主義的でない文化やテクノロジーの概念がよりいっそう発展してゆける、別の世界史が必要だと提唱しているのです。わたしの意図は近代性を複数化することではなく、新しい歴史の概念の必要性を示すことです。終末へ向かう普遍史が均質化するテクノロジーに支えられている以上、その目的はテクノロジーの問いについてともに考える方法を発明することでのみ可能になるでしょう。

2　終わりなきゲーム、あるいは技術多様性の実装について

東　複数の歴史=物語はあるが、複数の近代はないということですね。とはいえ、いまはそんな複数の歴史もグローバル資本主義という「大きなゲーム」に呑み込まれつつある。そちらはどう考えていますか。

ホイ　東さんが言ったとおり、わたしたちはいまグローバル資本主義というゲームを生きています。さらに言えば、このゲームは国民国家間の軍備拡張と経済競争によって突き動かされており、わたしたちは危機的瞬間を迎えています。とはいえ、この問題は一〇〇年前から議論されてきたものであって、それゆえかつては国際連盟が結成され、いまは国際連合が存在するわけです。しかし、たとえどんな政治的単位を発明したとしても、グローバルなゲームを乗り越えることはできないでしょう。ですから東さんが『観光客の哲学』で行なったように、国民国家を乗り越える方法を再考しなければいけません。

東　そのゲームにおいては「抵抗」がほとんど不可能です。気候変動やジェンダーをめぐる問題提起、反戦などはグローバル資本主義への抵抗のはずですが、現実にはそれらの運動は、いまやファッションやポップカルチャーと結びついてじつに商業的なものになっています。現代の左派は、資本主義に抵抗するために、むしろグローバルな市場や消費者の欲望に頼ろうとしている。その矛盾がいまの現実です。

ホイ　いわゆる資本主義リアリズムですね。これについても三〇年近く議論されてきたわけですが、左派はこのリアリズムから脱却するための戦略を提示できず、敗北しました。たしかに左派は問題のありかを伝えてくれてはいますが、その抵抗のさなかにもシステムは強化されつづけ、最終的には抵抗の運動すら「生産的なもの」として資本主義に取り込まれるようになりました。しかしそれによって生産されたのは冷笑的な態度のみでした。わたしはその態度をまったく支持しません。

市場を全体化するシステムと見なしてしまうと、あらかじめ行動の可能性が排除されてしまいます。それは知的な罠です。結果としていま、極度の悲観主義が生じています。ドイツと香港の学生に未来についてのアンケートを取ったことがあるのですが、ドイツでは若い学生の九割が、未来は悲惨なものだろうと答えました。香港では、八割の学生が未来について考えることなんてできないと答えています。自分たちのやることはすべて資本主義に吸収されてしまい、搾取されるだけだと考えているからです。

しかし、グローバルなゲームと向きあうには、冷笑も悲観主義も、あるいは楽観主義も避けなければいけません。そこでわたしは、この状況は資本主義とはなにかという根本的な問いを考える好機だと思うようにしています。

わたしは、資本主義とは最大の利潤を生産するようわたしたちを駆り立てる知のシステムだと定義しています。この定義はなによりまず、資本主義が特定の認識論にもとづくことを意味します。資本主義にはたえざる進化が不可欠です。ある時期には生産的とされていた認識論的前提を、あらたな条件のもとでは非生産的なものとしてつねに破壊してゆかなければなりません。たとえば、市場を理解する方法が、ニュートン力学的な新古典派経済学の理論から熱力学的な現代の理論へと変化したのはその一例です。ですから、資本主義の背後にある有力な認識論に挑む方法を考えることこそが重要なのです。

　近代化、市場化、そしてグローバル資本主義の発展――これらはすべて、テクノロジーによって規定されています。その特徴は効率と速さです。私たちは、あらゆるものがテクノロジーによって便利で効率的になるべきだという限定的な理解を乗り越え、さまざまな認識論や宇宙論、そして存在論を有効にできるような、新しいテクノロジーを生み出す必要があります。

　東さんが指摘されたとおり、物語《ナラティブ》はゲームを変化させる手段にはなりません。いまや物語はたんなる学術的なゲームでしかなく、もはや物語の変革によって問題に取り組むだけでは不十分です。あくまでゲームとテクノロジーの問いにこだわらなければいけません。

東　ゲームを複数化するために、具体的にどのような戦略が取れるでしょう。たとえばシンギュラリティという観念はたしかに終末論的であり、そのイデオロギー性を批判することができます。けれども、人工知能の誕生そのものがイデオロギー的だとは言えません。レイ・カーツワイルが終末論的発想を無意識に持ち出したにすぎない。そのような脱イデオロギー的な技術の進歩に、どのように抵抗すればよいのでしょうか。

ホイ　抵抗の戦略はテクノロジーの多元主義、わたしの言う「技術多様性」にもとづかなければなりません。たとえばいま、FacebookやTwitter、ロシアのVKontakteや中国のWeChatなどさまざまなＳＮＳがありますが、それらはみな同じタイプの社会を前提にしています。すべてのひとが社会的な原子《アトム》と見なされる、個人主義の社会です。個人主義はあらゆるＳＮＳや組織の枠組みに埋め込まれています。つまりここには技術多様性がありません。またそこでは、社会的な関係とは点を結ぶ線だとされています。しかし原子が集まってグループを形成し、各グループがさらに集まって社会をつくるというのは、きわめて偏った考えです。

　これに対する挑戦として、たとえばグループや集団《コレクティブ》を起点とするＳＮＳを考えることができるでしょう。異なる設計思想を持つＳＮＳを開発することで、個人主義的な前提に挑戦することができる。わたしはある論文のなかでそのことを提唱しています［★2］。

東　つまりホイさんは、エンジニアリングによって個人主義のようなイデオロギーに抵抗できると考えている。

ホイ　実際二〇一一年の「ウォール街を占拠せよ」のあと、いくつもの「オルタナティブ」なＳＮＳが誕生しました。なかにはアナーキストたちが開発したものもあります。ただ問題は、どれもみなFacebookにそっくりだったことです。しかもFacebookのようにうまくは動かなかった（笑）。ちがうのは管理団体くらいでした。それらはほんとうのオルタナティブではなかったのです。
　二〇一一年当時、わたしがこの点について述べても理解してくれるひとはいませんでした。ですが、この一〇年で状況は変わってきたと思います。今年の三月にプリンストン大学で講演をしたとき、あるエンジニアと活動家のグループが声をかけてくれました。彼らは技術多様性について議論するために、アトランタから車でやってきたというのです。これにはとても勇気づけられました。わたしはこのようなところにこそ、知識人として介入する余地があると思っています。

3　欲望の問題

東　同意したい気持ちはあるのですが、疑問もあります。そもそもかつてSNSは多様なものでした。TwitterとFacebook、Instagramは、それぞれかなり異なるインターフェイスを持っていた。けれども、いまやどのSNSも似た機能を備えている。この変化は、多様性を維持することのむずかしさを示しています。
　SNSに限らず、ぼくたちはこの数十年間、テクノロジーの収斂によって文化やサービスの生態系がどんどん貧しくなってゆく、非常に強い流れを見てきたように思います。いまでは世界中の多くのひとが同じ服を着て、同じスポーツを見て、同じ音楽を聴いている。そのような収斂こそが、こんにちの「大きなゲーム」の本質なのではないでしょうか。

ホイ　その問題については、資本主義を突き動かす主要な力として、消費主義があることを思い起こす必要があります。消費主義はテクノロジーの収斂をもたらす根本的な原因です。Twitterが開発された当初は、型の古い携帯電話にインストールされて、活動家たちの共同作業や警察からの逃走をサポートする役割を果たしていました。あとからたんなる商業利用のために手を加えられていったのです。これこそわたしたちが抵抗しなければならないものです。そしてこの抵抗は認識論の問いから生じるのであって、必ずしも所有者の問題から生じるわけではありません。

東　だとすればぼくたちは、まず消費者の欲望を多様化させなければいけません。けれど人々の欲望が似通ったものである以上、それはたいへんむずかしいことです。

ホイ　いまおっしゃったものは「欲望」ではないとわたしは

★2　Y. Hui and H. Halpin, "Collective Individuation: The Future of the Social Web," in G. Lovink and M. Rasch (eds), Unlike Us Reader: Social Media Monopolies and Their Alternatives. *INC reader*, vol. 8 (2013), Institute of Network Cultures, Amsterdam, pp. 103-116.

思います。たとえばショッピングモールにいるひとたちは、たんに消費に駆り立てられているにすぎません。もはや欲望していないのです。

欲望とはじつに特殊な言葉です。欲望の対象とは、いま自分の手にはなく、そしてけっして手に入らないであろうもののことです。これは不可能なものですが、それでもわたしたちは自分を捧げつづけなければいけません。たとえば愛がそうです。知識もまた一種の欲望ですね。わたしが日本語を学びたいと思ったなら、時間を毎日捧げる必要があります。ですが、わたしが完璧な日本語を話すことはけっしてないでしょう。それに対し消費の対象とは、お腹がすいたらご飯を食べるというように、獲得できるものです。

消費と欲望は異なっています。だからわたしたちは欲望の政治経済を追求し、実現しなければいけません。そしてゲームがテクノロジーによって規定される以上、まずは欲望の経済をつくり出すテクノロジーの開発が必要です。

東　おっしゃることはわかりますが、そのような意味での欲望や愛は本質的にテクノロジーから逃れてゆくものだと思います。テクノロジーが欲望を発明するというのは矛盾ではないでしょうか。

ホイ　最近、カイフー・リー（李開復）という、マイクロソフトリサーチアジアのディレクターも務めたAI研究者の本を読みました［★3］。そこで彼は、やがてAIはなにもかもできるようになるが、それでも人間には愛があると主張しています。愛こそ人間に残された最後のものだ、というわけです。

こうした発想は、わたしたちの時代の問題点をあきらかにしています。そもそも愛や欲望は、技術から逃れてゆくものではありません。欲望のプロセスにとって技術は欠かせないものなのです。たとえば手紙を書いて送りあうことは、その最も伝統的な例のひとつです。したがって、欲望を維持し、おのれを捧げつづけることを支えるようなテクノロジーの開発が必要なのです。

東　欲望とテクノロジーの関係は、人文学と大学をめぐる状況にも関わるかもしれません。大学は教育機関であり、ある種のテクノロジーです。

愛や欲望を発見させることは、かつては人文学の教育の役割でした。しかし現在の大学は、数値的に評価可能な知識の伝達ばかりを求めるようになっていて、その尺度とは相容れない。くわえて、いまでは愛や欲望をめぐるコミュニケーションはそれ自体がハラスメントのリスクを抱えている。人文学がこれからの大学で生き残るのは困難ですが、一方で自身の存在理由を証明するための新しい基準も見出せていません。

ホイ　現在の大学について語るなら、大学と産業資本主義の関係を理解しておく必要があります。産業資本主義が出現して以来、大学は知的生産の中心地となり、人材市場を維持するために産業と密接に協働してきました。学科の区分やカリキュラムもまた、ある程度その目的のために機能していると言えます。人文学出身のひとたちは、資本主義やデジタルテクノロジーを批判してきたわけですが、大学は一貫してデータ収集や購買意欲の向上などに特化した人材を供給しつづけています。これは悪循環です。たしかにいま大学は危機にありますが、これはテクノロジーのせいというより、産業資本主義とあまりに長く共存してきたばかりに、それに由来する根本的な課題に応答できなくなっているからなのです。

　もちろん、大学には固有の責務があるとわたしは信じています。ですが、かりに大学が変革を行なって、学際的な研究を取り入れるなどしたとしても、結局それほど大きなインパクトは生じないような気がします。

4　資源としての伝統

東　つぎの質問に移りましょう。ふたつめはオリエンタリズムに関するものです。

　ホイさんは『中国における技術への問い』で、中国の古典を読解し「道《ダオ》」や「自然《ズーラン》」といった概念に言及しています。ぼくはそこで丸山眞男の仕事を想起しました。

　丸山は一九七二年の「歴史意識の『古層』」という論考で、日本の思考の特徴は自然の持つ生成力を肯定することだと主張しています。彼はそれを「つぎつぎになりゆくいきほひ」と呼んでいます。丸山はその言葉で、日本人が戦争のような局面でさえ現状肯定的である理由を示し、主体性の欠如を批判しようとしたのです。

　とはいえ、その傾向は日本特有のものではありません。ヨーロッパにもハイデガーの「生起」のような似た概念があります。それゆえ、ここで重要なのは、日本的な「いきほひ」にヨーロッパ的な主体性を対置させることでなく、そのような「つぎつぎになりゆくいきほひ」そのものに介入できる思考を発明することだと思います。

　そのような試みにおいてはオリエンタリズムの回避が重要となります。丸山はそれもまた試みていました。彼は『日本政治思想史研究』という著作で、江戸時代の思想史を弁証法的な批判の連鎖として描いています。その読解はいまでは歴史学者に批判されているようですが、日本の前近代をヨーロッパの論理によって理解しようとする野心的な試みでした。江戸の哲学の歴史を、ヨーロッパのたんなる他者としてではなく、先ほどのホイさんの言葉を借りれば、「オルタナティブ」として描こうとしたわけです。

　それを踏まえてうかがいますが、ホイさんは、「道」や

★3　K. Lee, *AI Superpowers: China, Silicon Valley, and the New World Order* (New York: Mariner Books, 2021).

「自然」のような中国の伝統的な概念にどのように介入できると考えていますか。あるいは言いかえれば、それらの思考がふたたびヨーロッパの「他者」としてオリエンタリズムのなかで理解されてしまうリスクに、どのように対処するつもりですか。

ホイ　オリエンタリズムは非常にやっかいな言葉です。かりに日本の思想はヨーロッパの思想とはちがうのだと主張しても、それはオリエンタリズムだと否定される場合がある。ただわたし自身は、差異を主張すること自体はさほど重要ではないと考えています。哲学とは深く詳細を論じることです。なので、差異があると述べる場合にも、必ずその詳細を論じ、差異を考える利点を説明しなければなりません。でなければ――中国や日本、あるいは韓国には異なる近代性があると言い張るような――たんなるイデオロギーに陥るでしょう。もっとも、残念なことに、いまや哲学すらイデオロギーの類義語となりうるわけですが。

東　ヨーロッパ的な普遍主義に対してアジア的な概念を使って挑戦するときには、それが硬直したイデオロギーになるリスクを警戒しなければいけません。西洋的なnatureを日本的な「自然」によって相対化することはできますが、こんどはその「自然」のほうが日本においてはイデオロギーになる可能性がある。ホイさんの仕事にその危険はありませんか。

ホイ　たしかにわたしは自然のような観点から問題にアプローチできると主張していますが、それは人類学でいう多自然主義のことです。ある思想から自然の概念だけを抜き出して、西洋のものと比較することはできません。概念とはつねにさまざまな概念同士の星座のなかにあるもので、独立しえないのです。実際、わたしは道について語るとき、それを器《チィ》から切り離すことはできないと述べています。

　また自然の概念について探究するとき、わたしたちはけっして自然そのものについて語ることはできません。できるのは、概念の歴史を参照することだけです。いまわたしたちが「自然《しぜん》」という日本語で理解しているものは、七世紀の日本人が知っていた言葉ともそれが意味していたものとも大きく異なっているでしょう。三世紀の中国における道の理解についても同様です。その問題は『芸術と宇宙技芸』の主題で、そこでは当時の道家が自然をどのように捉えていたかを調査しています。

東　別の角度からうかがいます。日本ではいまだに京都学派について語るのはむずかしい。ヨーロッパ哲学を脱構築しようとする試みが、国家主義的なイデオロギーと結びついたからです。同じことは最近でも繰り返されています。三〇年ほどまえには、日本はポストモダンの先端にいる国家なのだと強く主張されました。逆説的なことに、日本ではポストモダニズムの言説は民族中心主義と結びついたわけです。いまの日本の学者はこうした歴史をよく知っているので、結果として日本の哲学史はかなり語りにくいものになっています。中国もまた同じような危険に直面しているのではないでしょうか。

ホイ　なるほど。たしかにいま中国では、かつて日本で起きたように、哲学がナショナリズムに奉仕するものになりつつあります。中国では、二〇二五年までに伝統的な哲学や医療などを復興させるという任務が課されていて、それはかなり実現に近づいています。それは国家の哲学あるいは民族主義的な哲学の発明にほかなりません。

　たとえばいま、中国のあちこちで「天下《ティエンシァ》」について論じられており［★4］、ほとんどのひとがこの古い概念によって新しい世界秩序を提唱できると素朴に信じています。ですが、彼らはヨーロッパの政治思想史をまじめに検討したこともなく、そうしたいにしえの概念が持つ限界を示そうという考えも持っていません。あるいは「仏教では二〇〇〇年前からすでに量子力学が予見されていた」などと言っている仏教徒が存在しますが、まあこれも似たようなものです。

　じつはわたし自身は、自分が中国哲学をやっているとは考えていません。最も重要なのは新しい思考の方法を提示することであり、中国はひとつの例、いわば資源にすぎないのです。かりにわたしがラテンアメリカ出身だったら、きっとラテンアメリカを例にしていたでしょう。同じように日本やヨーロッパもまた資源であり、新しい思考を発明するためには、そこからエネルギーを引き出さなければいけないのです。だからわたしは、伝統を捨て去るべきだと言うつもりもありません。伝統を尊重していますし、もっと深く知りたいと思っています。なぜなら伝統とは思考の資源であり、グローバリズムと向きあううえできわめて重要な戦略的価値を持つからです。ただ同時に、わたしたちは伝統からつねに距離を取っておく必要があります。つまり、思考は地域性から完全に離れることはできないけれども、そこにすっかり閉じ込められてもいけないということです。

5　東アジアにおける「思考の個体化」

東　なるほど。いまのお話で、ホイさんとぼくのちがいがわかったように思います。

　ぼくの哲学的な基礎はフランス哲学と日本の文芸批評が半々です。マンガやアニメのようなサブカルチャーもありま

★4　「天下」は、中国の古代思想に由来する領域の概念で、文字通りには全世界を意味する。前近代の中国では、天命を受けた君主（＝天子）が天下を統治すると考えられていた。また国家とは異なり、天下はすべてを包括するので外部も境界もないとされる。この点から、近年の中国では、国民国家を超えるあらたな国際秩序として天下の概念を再評価する動きが活発化している。そのもっとも重要な例のひとつに以下がある。赵汀阳《天下的当代性：世界秩序的实践与想象》（北京：中信出版社，二〇一六年）。

す。一見ヨーロッパに由来したグローバルな語彙で哲学を語っているように見えながら、背後には日本の伝統や文化の強い影響がある。その葛藤こそが出発点で、だからぼくは、仕事を始めたときから、自分の日本的な限界をいかに乗り越えるか、あるいは逆に日本の読者にどう読まれるかを強く意識してきました。ホイさんにはそのような葛藤があまりないのかもしれません。

柄谷行人への評価もホイさんとは異なるかもしれません。ぼくは柄谷の仕事を尊敬しているけれど、ある時期以降の彼は「哲学者」として国際的に有名になり、もともと日本のローカルな「批評家」だったことの意味を忘れているように見える。彼の初期の仕事には、日本の地域性に由来する問いを扱った論考がいくつもありました。

ホイ　わたしたちは、世代も育ってきた社会もちがいますからね。柄谷については、わたしは彼の問いの立て方に日本的なものを感じています。いまの彼の仕事はほとんど西洋の理論に関するものですが、日本的なものの見方から完全に自由になってはいない気がします。もちろん、わたしは東さんほど柄谷のことや著作を知らないので、印象にすぎませんが。

わたし自身はたえず各国を転々としてきたこともあり、伝統に抗ってはいるものの、その文脈を強いられている感覚はありません。おそらくそれは、「故郷喪失性」こそが思考の条件だと考えているからです。二〇世紀の哲学者、とくにハイデガーや、京都学派を含む彼の弟子たちは、「故郷」というものにあまりに強く惹かれていました。

その点、東さんが直面している東洋と西洋の葛藤は、じつに興味深い心理を生み出していると思います。近代化とグローバル化に対抗するためには、伝統的な概念を新しいものに再発明しなければなりませんが、それは異なる思想体系の緊張関係を自覚することではじめて可能となるからです。そこから生まれるものは、もはや中国思想や日本思想などと呼ぶべきではなく、むしろ「思考の個体化」と呼ぶべきだと考えています。

この点こそ、わたしが中国やヨーロッパに関する本で強調してきたことです。差異は個体化の条件ですが、わたしは比較哲学をやっているわけではありません。わたしが試みているのは、わたしを通じて思考を個体化させることなのです。

西田幾多郎はそれを体現していました。先日、ある日本思想の研究者に「日本の哲学とはなんですか」と尋ねたところ、彼はすぐさま西田に言及しました。しかし西田の仕事の半分はドイツ哲学の読解によって成り立っています。それゆえ西田哲学とはたんなる日本思想ではなく、思考の個体化と言うべきなのです。彼は東洋と西洋を対比させつつ、それを弁証法的ではないかたちで乗り越えようとしました。その多大な苦痛のすえに「場所」の論理を生み出したのです。彼が経験したのも、まさに東さんと同じ葛藤だったかもしれません。

あるいは牟宗三《モウゾンサン》の思想も、思考の個体化の一例です。彼は中国思想と西洋思想の関係性を定式化するために、カント的な本体と現象の対立を利用しました。牟によれば、西洋思想(とりわけ科学)が現象に厳密にもとづき制限されている一方で、中国思想は本体を追求しています。この対比によって牟は、かつて考えられていたような「東洋的神秘主義」に還元されずに西洋哲学と対話しうるものとして、中国的な思考を再定式化しようとしたのです。

東　牟宗三は『中国における技術への問い』でも参照されています。今日は同書の訳者で牟を研究している伊勢康平さんが同席しています。伊勢さんから質問はあるでしょうか。

伊勢康平　わたしは、結局のところ牟は中国的な思考の再発明に失敗したと考えています。たしかに牟は西洋思想から新しい用語や枠組みを取り入れましたが、彼が依拠する最も抽象的な原理は、王陽明の心学をはじめとする中国の伝統思想と根本的に同じだからです。この点についてはどう考えるべきでしょうか。

ホイ　思考の個体化の一例として牟宗三を挙げるとき、わたしは中国と西洋を対比した彼の方法に焦点を当てています。問題はその対比をいかに扱うかですが、たしかに牟には限界があったと言うべきでしょう。彼は思考を十分に押し進めることができなかった。同じことは西田にも言えるかもしれません。

しかしそれでも、わたしたちは彼らが示そうとした方向性に沿って、ともに考えてゆくべきだと思います。彼らの仕事を踏まえ、思考の未来を見すえながら、いかに日本や中国を資源として活用できるのかを考えること。これはわたしたちの課題なのです。もしかしたらわたしたちの世代も失敗してしまうかもしれない。しかしつぎの世代がまたさらに先へ進めてくれると信じています。

6　思想家の課題

東　それでは最後の質問です。きわめてシンプルな問いですが、ホイさんはどのような読者を想定していますか。

ホイさんは一方で「ポストモダンのアジアの哲学者」という立場にとても意識的であるように見えます。しかし他方で、哲学のスタイルはとても伝統的なものだとも思います。ヘーゲルやハイデガー、デリダなどを頻繁に引用し、その読み直しによって議論を立てている。こうしたスタイル自体はきわめて近代的で、ヨーロッパ的なものです。その逆説についてはどうお考えでしょうか。

ホイ　まず著作のスタイルについては、わたしはアカデミックな哲学者ですから、問いの立て方や議論の進め方に関して、いわゆるアカデミック・ライティングの規則に従う必要があります。もっとも、わたしにとってスタイルは本質ではありません。重要なのは、いかに正しい問いを立て、それを詳しく厳密に論じるかです。厳密さがなければ、それはたんなる学術風のつぶやきでしかないでしょう。アカデミック・ライティングは、いわば明晰さと厳密さを得るための訓練のようなもので、おそらく職人技に近いかもしれません。つまり基礎的な型を習得しないかぎり、傑作を生み出すことはできないというわけです。もちろん、訓練の規則によって思考を制約してはならない点には注意するべきでしょう。

「ポストモダンのアジアの哲学者」としての自覚については、じつはわたしはそのようなジャンルに自分を当てはめたことはありません。どちらかと言えば「ポストヨーロッパ」について考えているつもりです。もちろん、この言い方自体が「アジア」という概念の抱える緊張関係を戯画的に示しているのはわかっています。

しかしそもそも、「アジア」とはなんでしょうか。ひとつおもしろい話をしましょう。昨年の夏にポーランドへ行ったとき、空港に向かうタクシーのなかで、運転手から愚痴を聞かされました。「ポーランドはまるでアジアみたいに腐敗してやがる！」と。けれど彼はわたしの顔を見ると、すぐにこう言ったのです。「おっと、アジアってのは日本のことじゃない、おれが言ってるのはカザフスタンのことさ！」と。

東　ホイさんが日本人にまちがえられたことを含め、興味深いエピソードですね。ぼくたちはアジアというとすぐ東アジアをイメージしてしまいますが、それ自体が「東アジア中心主義」に陥っている。

ホイ　そのとおりです。つまり「アジアとはなにか」という問いそのものが哲学的な論争となる。なぜならアジアは、存在論によって特徴づけられたひとつの大陸ではありませんから。わたしたちはヨーロッパ中心主義を乗り越えなければいけませんが、同時に、アジア中心主義や中国中心主義、あるいは日本中心主義も乗り越える必要があります。

東　この質問を用意していたとき、中国の読者が念頭にありました。要するに、ぼくはホイさんと中国——大陸、香港、台湾などとの関係について訊きたかったわけです。しかしここまでの答えには、具体的なナショナリティが一切含まれていない。驚かされると同時に、ホイさんがどれほどコスモポリタンであるかを再確認しました。もしかすると、それこそが香港出身であるホイさんの「地域性」なのだと、逆説的に言えるのかもしれません。

ホイ　そもそもわたしは、読者についてまったく考えていません。じつは香港のひとは、ほとんど本を読まないんです。香港の公立図書館で借りられる本の一位と二位はなんだと思いますか。一位は東京の旅行ガイドです。そして二位は九州の旅行ガイドです。これは日本にとってはいいニュースかもしれませんが、わたしからすれば、読者についてはあまり考えたくないと思ってしまいますね。

東　それはすごい（笑）。九州が人気なのは地理的に近いからでしょうか——というのはさておき、読者のためでないならなぜ本を書くのですか。

ホイ　アプローチすべき重要な問いがあるからです。わたしは、思想家はつねに時代に応答しなければならないと考えています。だから特定の読者の満足ではなく、問いへの探求心こそがわたしの原動力になっているのです。ときどきわたしの本はむずかしすぎると言われますが、そもそもわたしの目的はわかりやすい一般向けの本を書くことではありません。わたしは思想家として、自分の大切な問いに忠実でありたいのです。とはいえ、わたしは力のある本には必ず読者がつくはずだと信じています。それがいまではないとしても、未来にはきっと。

東　ホイさんは世界中を飛び回ってシンポジウムに参加している。社交的なイメージがあります。読者について考えないというのは意外でした。

ホイ　ひととの意見交換は好きですが、社交的な人間ではないと思います。世界中を飛び回っているのは、旅先には知らないことがたくさんあり、出会ったひとたちからもいろいろ学べるからです。今回日本に来たのも、日本の同業者から学びを得たいと思ったからですが、残念ながらわたしと話してくれるひとはあまりいませんでした。東さんは例外ですね。

わたしはいつも、自分はまるでなにも知らないと感じています。プリンストン大学で講演をしたとき図書館に立ち寄ったのですが、入った瞬間に「知らない本がこんなにあるなんて、とても学びきれない」と手が震えました。つぎの日はニューヨーク近代美術館に行きましたが、やはり知らない作品が数多くありました。ですから本を書くときも、わたしはいつも自問しています。「どうやって本を書けばいいのだろう、わたしはなにひとつ知らないのに」と。

東　ようやくわかってきました。ホイさんは「ポストモダンの」哲学者でもなければ「アジアの」哲学者でもなく、伝統的な意味での哲学者を自認しているんですね。だとするとぼくのここまでの質問はいささか的外れだったかもしれませんが、逆に日本の読者へのよい導入になったようにも思います。

最後に伊勢さんから質問があるようです。

伊勢　わたしはいま、ホイさんの美学に関する単著『芸術と宇宙技芸』と、『ゲンロン』で連載中の政治哲学論「惑星的なものにかんする覚書」を翻訳しています。たとえばハンナ・アーレントがカントを通じて行なったように、今後の仕事で美学と政治哲学をつなげるアイディアはあるでしょうか。

ホイ　まさにいま書いている政治哲学の本——『機械と主権』というタイトルになる予定です——は、『再帰性と偶然性』に始まり『芸術と宇宙技芸』につづく一連の著作の第三弾として位置づけています。このシリーズには、全体を貫く大きな問いがひとつあります。それは現代の科学、美学、政治学の背景にある、新しい哲学の条件とはなにかというものです。

『再帰性と偶然性』でわたしは、カントが新しい哲学の条件を規定したと主張しました。それは、哲学が存在するためには有機的にならなければいけないというものです。有機的なものの概念は、アーレントのカント読解でも中心になりました。彼女が『カント政治哲学の講義』で言うように、カントの仕事のなかには「共同体」と「互酬性」というふたつの概念にもとづく一種の政治哲学がありますが、それらの概念は、もともと有機体を理解するためのカギとして提示されたものです。

カントの第一批判のなかには、失敗に終わった試みが存在します。それは純粋理性の建築術に関するもので、わたしは『再帰性と偶然性』以来この問題に取り組んできました。カント自身は、第三批判のなかでようやく十分な答えを出したように思います。それによってついに、自然科学、美学、政治学、そして哲学そのものについて考えるための基礎を設定したわけです。

とはいえ、カントが規定した条件はいまや終わりを迎えています。ですから、わたしたちはカントに応答しつつ、現代の新しい哲学の条件について深く考える必要があるでしょう。『機械と主権』では、政治学の観点からこの問題に取り組むつもりです。

東　アーレントの政治哲学については、ぼくもこの夏に刊行する『訂正可能性の哲学』という本のなかで詳しく論じています。

ご存じのように、『人間の条件』には、人間的営為を「労働」「制作」「活動」の三つに分ける有名な区分があります。多くの研究者は労働と活動の対比に焦点を当てますが、ぼくはむしろ制作こそが重要なカテゴリーではないかと考えています。制作は、ものを時間の流れのなかで持続できるようにする――いまのホイさんの関心にひきつければ「共同体」をつくる営為だからです。その役割は、デリダの言葉でいうと、パロール（声）に対するエクリチュール（書かれたもの）の役割とよく似ている。そういう議論を展開する予定です。

ホイ　たいへんおもしろい議論ですね。手に取って読める日を楽しみにしています。

東　ぼくもホイさんの新著を楽しみにしています。今日はありがとうございました。

２０２３年５月14日
東京、ゲンロン会議室
構成＝伊勢康平＋編集部
注＝伊勢康平
撮影＝編集部

インタビュー後の打ち上げでの一幕。右がユク・ホイ氏、左が東浩紀

共存の言葉について（2）

ユク・ホイ Yuk Hui
訳＝伊勢康平 Kohei Ise

惑星的なものにかんする覚書
第2回

★＝原注　☆＝訳注　［　］＝著者補足　〔　〕＝訳者補足

友情を（オレステスとピュラデスや、テセウスとピリトゥスのように）純粋かつ完全なかたちで結ばれるものと考えるのは、小説家の得意なことだ。これに対してアリストテレスは言う。わが愛する友よ、友など存在しないと。以下の注解は、完全な友情の困難さについて注意喚起をするだろう。

――イマニュエル・カント『人倫の形而上学』

「おおわが友よ、ひとりも友がいない」［……］もし「ひとりも友がいない」のなら、私はいかにしてあなたがたをわが友と呼ぶのだろうか、「わが友よ」と？　どのような権利によって？　あなたがたは、どうすれば私の言うことをまじめに受け取れるのか？　わが友よ、私があなたがたをわが友と呼ぶのなら、そしてあなたがたに呼びかけるなら、わが友よ、なぜ私はわざわざあなたがたに「ひとりも友がいない」などと言うのだろうか？

――ジャック・デリダ『友愛のポリティックス』［☆1］

1

前回はイマニュエル・カントの「永遠平和のために」（一七九五年）に言及して、議論を終えた。この論考は、ある種の共存［☆2］の言葉を――つまりヨーロッパ諸国のあいだの不安定な関係や、ヨーロッパが打ち立てた非ヨーロッパ諸国との植民地的な関係に対処しうる言葉を――大まかに述べる試みであった。当時、三〇年戦争以後にヨーロッパが展開した共存の言葉が、徐々に有効性を失いつつあった。一六四八年のウェストファリア条約は、ヨーロッパにあらたな政治的現実をもたらしたのである。個々の国家に主権が付与されることで、教皇の権力と政治的な指導者や領主の権力のあいだに均衡が生じたのだ。ところが、この条約による平和は永遠ではなかった。ヨーロッパは依然として戦争の危機にあったのである。アベ・ド・サン＝ピエールの『永久平和論』（一七一三年）とカントの「永遠平和のために」は、一八世紀に永遠平和の達成を説いた注目すべき提言だといえる［★1］［☆3］。

けれども、カントのプロジェクトはいまだに実現していない。いまも戦争が起きているのは言うまでもないし、さらなる戦争も遠からず起きるのかもしれない。カントが提唱した世界市民権は、いまや特権的な人々がもつ可能性にすぎない。それに、国際貿易が世界平和を実現しうるというカントの望みもまた誤りだと示されている。貿易も一種の戦争なのだ。昨今では、米中貿易戦争がその一番の証明となっている。アメリカは、今後も引き続き、中国がマイクロチップやその他のテクノロジーにアクセスするのを遮ろうとするだろう。カントが失敗した理由は、永遠平和が本質的に統制的な、手の届かない理念であるからというよりも、むしろかれの政治哲学が、自然にかんする認識論的な仮定にもとづいているからである――これは稿をあらためて詳しく論じるべき主題だ[★2]。

もっとも、私たちはカントに対して公正を期すべきではある。そもそもこのケーニヒスベルク人は政治哲学者ではなく、かれの政治にかんする著作もかなり断片的だったのだから。カントのなかに政治思想があるのは、単にその思考の体系性を表現するために必要だったからにすぎない（カントより体系的な人物がどこにいるだろうか！）。それに、カント以後、哲学者がどれほど重要な共存の言葉を生み出してきたかと問いかけようものなら、私たちはただ恥じ入ることになるだろう。

一八二一年の『法の哲学』のなかで、ヘーゲルは、国民国家を人類史の論理的発展の結果として正当化しようと試みた。このような正当化は、ヨーロッパ全土にわたる一八四八年の革命ののちに、有力なものとなった。そして二〇世紀には、国民国家がもっとも具体的な政治形態となったのである。かつて共産主義は、ヘーゲルの論理を引き継いで、世界同時革命をつうじた万国のプロレタリアートの団結をめざした。だがそれはいまや国民国家あるいは党国体制となり果ててしまい、現代の帝国のゲームのなかで資本主義諸国と激しい競争

★1　ここにすべてを列挙することはできないが、ほかにも重要な提言がある。たとえば、閉鎖的な商業国家をめぐるフィヒテの論文（*Der geschlossene Handelsstaat*, 1800）がそうだ。〔フィヒテ『封鎖商業国家論』、出口勇蔵訳、日本評論社、一九四九年。〕

★2　この点については、柄谷行人の『世界史の構造』〔岩波現代文庫、二〇一五年〕とともに、議論に着手できるだろう。

☆1　カント『カント全集11　人倫の形而上学』、樽井正義、池尾恭一訳、岩波書店、二〇〇二年、三六一頁。ジャック・デリダ『友愛のポリティックス　1』、鵜飼哲、大西雅一郎、松葉祥一訳、みすず書房、二〇〇三年、一三－一四頁。どちらも訳は英文より。

☆2　前回は co-existence という語を「共生」と訳していたが、今回の議論を踏まえて、以後は「共存」とする。これに伴い記事のタイトルも訳をあらためたが、内容は前回の続きにあたる。

☆3　カントおよびサン＝ピエールの著作の邦訳は以下のとおり。カント「永遠平和のために――哲学的な草案」、『永遠平和のために／啓蒙とは何か　他3編』、中山元訳、光文社古典新訳文庫、二〇〇六年。サン－ピエール『永久平和論』（全2冊）、本田裕志訳、京都大学学術出版会、二〇一三年。

を繰り広げている。

いまや各国が惑星化に参与し、その意味で惑星的なものの構成要素となっているのは明白である。にもかかわらず、ウェストファリア的な世界観は、いまだに私たちの時代の国際秩序を支配している。そして世界各地でナショナリズムが回帰しており、とくにヨーロッパのあちこちで、国粋主義的な政党が選挙で勝利を収めているのである。二〇世紀になると、アメリカの独立と中立を擁護するモンロー主義（一八二三年）が、日本を介して（一九〇五年に）アジアに適用されることになった［☆4］。だがそこではすでに本質的な変化が起きていた。米大統領のウィルソンとローズヴェルトはモンロー主義を巧みに利用して、アメリカがアジア太平洋に、とりわけ中国の市場に参入する手はずを整える方策としたのである［★3］。

国際連盟（一九二〇年）および後身の国際連合（一九四五年）は、世界秩序を取りまとめようとする試みだった。それらは人道的介入をめぐる重要な仕事をしてきたが、同時にある種の偽善と弱点を露呈したのも事実である。というのも、国連は単なる国民国家の寄生虫であり、そうした国家がなければ存在できなくなるからだ。この点をなによりもはっきり示しているのが、ウクライナへの侵略者であるロシアが、二〇二三年の四月に国連の安全保障理事会を取り仕切ることになったという事実である。すでに前回の論考で確認したとおり、カール・シュミットは国際連盟にきわめて懐疑的だった。かれは、そこで展開される人類についての言説が、加盟国による支配の口実になっていると考えていた。より洗練された仕組みをもつ国際連合もまた、この疑いの目を避けることはできていない。

だとしても、すべての共存の言葉はやはり世界平和をめざしており、たとえ戦争が志向されるとしても、世界の滅亡には至らないよう計画されているはずだとはいえるだろう。とはいえ、そもそも共存とはなにを意味するのだろうか？ まるで永遠にひとつになるかのように、だれもが調和して生きることなのか？ あるいは、他者を介した自己の向上を可能にするような、ある種の相互依存を意味するのだろうか？

おそらく、ここで共存〔co-existence〕という言葉そのものに立ち返っておくのがよいかと思う。まず、〔exという〕接頭辞から分かるように、実存〔ex-istence〕とはつねにすでに外側にあるものだ。ハイデガーがギリシア人にならって実存を脱自《エクスタシス》〔ekstasis〕と呼んだのも、このためである。つまり現存在（文字通り「そこにあること」、あるいは実存）は、つねにすでに自身の外側にあるというわけだ。そして、このように自身の外側にあるということが、現存在とは孤立したものではなく、つねにすでに世界のなかで他者と共に存在するものであることを示している（これをハイデガーは「世界内存在」および「共存在」と呼ぶ）。

他者と共にあることは、現存在の存在論的構造に含まれている。各個人にとって、共存はコムニタス〔communitas〕を意味する［☆5］。これは調和のことではない。なぜなら、共同体〔community〕は免責〔immunity〕がなければ成立しないからだ。免責とは、コムニタスの基盤となる課税や公務を免除されることである。ロベルト・エスポジトが明確に指摘したように、免責という言葉がもつ法学的な意味は、この語が〔免疫として〕生物学で採用されるまえから存在していた。それは「私的なものであれ、財政的ないし公民的なものであれ、ムヌス〔munus〕という責務を免除されることである」［★4］。ムヌスは職務や義務を意味する。つまりコムニタスとは義務を果たすことであり、他方のイムニタス〔immunitas〕が、そのような義務の免除を表している。こんにちの現代社会においては、兵役といった共同体の義務や課税を免除されることは特権とされている。しかし古代のローマ人にとっては、それは不愉快なことでもあった。なので、イムニタスはしばしばファルマコス〔pharmakos、いけにえとなるひと〕に適用されたのである。このような immunity という語が生物学や医療に採用されたとき、もとの用法から外れた意味をもつようになった。つまり緩和された感染を引き起こすことで、身体組織が、おなじ病型でより毒性のつよいものに感染するのを防ぐことができる、といった意味である。もちろんアルフレッド・タウバーが行なったように、医療の歴史のなかで、免疫という用語の系譜を組み立てることもできるだろう［★5］。

生物学における免疫の歴史を振り返れば、この言葉がまず自己と他者の対比を特徴としていたことが分かる。ここで言う他者とは、自分を死の危険にさらすものやひとのことである。現在でも、とくにパンデミック期の国境管理を考えれば、このような免疫反応については、ほとんど直観的に理解でき

★3　Carl Schmitt, “Großraum gegen Universalismus (1939),” in *Staat, Großraum, Nomos: Arbeiten aus den Jahren 1916-1969* (Berlin: Duncker & Humblot, 1995), p. 299.

★4　Roberto Esposito, *Immunitas: The Protection and Negation of Life* (Cambridge: Polity, 2011), p. 5.

★5　以下を参照。Alfred I. Tauber, *Immunity: The Evolution of an Idea* (New York: Oxford University Press, 2017).

☆4　明治期の政治家で日米協会の初代会長を務めた金子堅太郎は、日露戦争中の一九〇五年七月にセオドア・ローズヴェルト大統領の私邸に招待され、「日本モンロー主義」の妥当性を説かれている。金子によると、ローズヴェルトの主張においては、日本が将来的に欧州のアジア侵略を食い止めつつ、アジアの盟主となって新興国の独立を導くことが期待されていたという。詳細は以下を参照。中嶋啓雄「モンロー・ドクトリン、アジア・モンロー主義と日米の国際秩序観——戦前・戦中期における日本のモンロー・ドクトリン論を手掛かりに」、『アメリカ研究』、第四九巻、二〇一五年、六一–八〇頁。

☆5　この段落の内容は、おおむねロベルト・エスポジトの思想を踏まえたものだといえる。より詳細な議論については、以下を参照。ロベルト・エスポジト『近代政治の脱構築——共同体・免疫・生政治』、岡田温司訳、講談社選書メチエ、二〇〇九年。

る。自己と他者の区別とは、政治の基本的な形式である。つまり他者なくして政治はない。共同体《コミュニティ》は免疫《イミュニティ》がなければ存在しえないのだ。では、一体どうすれば共存というものを理解できるのだろう？　私たちは、共存といっても友と敵の区別は避けられないと結論づけるしかないのだろうか？　周知のとおり、シュミットは「政治的なものの概念」という有名な論考のなかで、政治的なものとは友と敵の識別であると定義し、それがなければ、ただ中立化と脱政治化があるのみだと述べている［★6］。

2

中立化と脱政治化という言葉でシュミットが意味しているのは、いわば衝突状態から中立領域への移行である。後者においては、友敵の区別によって定義される政治的なものが消失する。中立領域とは歴史的なものである。というのも、［中立化とは］異なる歴史的時代に異なる中心領域を打ち立てることで、その領域にはない諸問題を解決することだからだ［★7］［☆6］。「中立化と脱政治化の時代」という論文のなかで、シュミットは西洋の歴史のさまざまな時代において中立化した中心領域を概説している。それはすなわち、一六世紀の神学、一七世紀の形而上学、一八世紀の道徳主義と人間主義、一九世紀の経済、そして二〇世紀のテクノロジーのことである。とすると、二一世紀の中立領域とはなにか――と尋ねるまえに、ここで問いの向きを変えて、ニヒリスティックな衝動に身をまかせてみよう。そもそもなぜ、つねに脱政治化がわるく、政治化がよいものとされるのだろうか？

シュミットにとって中立化が問題なのは、それが政治的なものを切り崩し、自己破壊をもたらすからだ。では、たとえばアリや猫のような動物にとって友と敵とはなにか？　アリや猫もおそらく敵をもつだろう。どちらも戦うからだ。しかも有名なアルゼンチンアリに至っては、大陸間の戦争すら行なうのである。だがその一方で、アリや猫は友をもつのだろうか？　おそらくそれは決して知りえないことだろう。動物は私たちと異なる言語をもつからである――かりにもつとすればの話だ。ともあれ、人間にとって友と敵は、避けられない存在論的なカテゴリーなのだろうか？　このような政治への執着は、人間的な認識論の弱点ではないのか？　別の言いかたをしよう。人間は、やはり人間である以上政治的でなければならず、そして政治的であることは、友と敵の選択を意味する。とすると、政治とは人間の精神的な仕組みの弱点に由来する欠陥ではないだろうか？　しかもこの人間的な認識論は、動物や植物、そして機械といった非人間を排除してしまうのである。

近代の政治哲学者は、人間の本性をめぐる著作を数多く残し、このような人間の欠陥あるいは悪をはっきりと明文化してきた。よく知られるように、ホッブズにとって政治は自然状態から始まる。この状態においては、万人の万人に対する闘争（bellum omnium contra omnes）が見受けられるという。他方で、（一七五五年の『人間不平等起原論』という「第二論文」では）ルソーにとって政治は、自然の崩壊によって始まる。かれによると自然とは、人間が環境やほかの人間たちと調和して生きている状態のことだ。

　そもそも哲学者たちは、こうした政治のはじまりの根拠《エビデンス》を一体どこから見つけだしたのだろう？　いや、むしろかれらはあまりに器用すぎて、純粋な創作や虚構だろうと疑える程度の物事を導入できなかったのだ。じっさい『リヴァイアサン』のなかで、ホッブズは一度議論から距離を置き、このように白状している。「ひょっとすると、このような戦争の期間（あるいは戦争の状態）はかつて存在したことがない、と考える向きもあるかもしれない。私も、世界中どこでもそうだったと信じているわけではない」［★8］。一方ルソーは、近代人の堕落を批判した第一論文（一七五〇年の『学問芸術論』）でディジョンのアカデミーの懸賞に当選して以降、堕落していない古代人の情景を読者に見せ続けなければならなかった。

　他者とはなにか？　そして本来の人間とはなにか？　なんとホッブズは、自身の言う自然状態の根拠を、アメリカ先住民に見いだしている。ではルソーはどうか？　かれは本来の人間の例として、カリブ人を提示した。つまりカリブ人は「自然状態をもっともよく保存している」というわけだ［★9］。

★6　Carl Schmitt, *The Concept of the Political: Expanded Edition* (Chicago: University of Chicago Press, 2007).〔カール・シュミット『政治的なものの概念』、権左武志訳、岩波文庫、二〇二二年。〕

★7　Schmitt, "The Age of Neutralizations and Depoliticizations," in *The Concept of the Political: Expanded Edition*, p. 86.「いったんある領域が中心領域となると、他領域の問題はそこから解かれるべき二次的問題とみなされ、中心領域の問題が解決しさえすればおのずと解決をみるものとされる」。〔カール・シュミット「中立化と脱政治化の時代」（長尾龍一訳）、『危機の政治理論』、長尾龍一ほか訳、ダイヤモンド社、一九七三年、一四〇頁。訳文は一部変更している。〕

★8　Thomas Hobbes, *Leviathan* (Indianapolis: Hackett, 1994), p. 77.〔ホッブズ『リヴァイアサン1』、角田安正訳、光文社古典新訳文庫、二〇一四年、二一九頁。〕

☆6　シュミットによると、中心領域とは各時代でもっとも人々の関心をひき、主要な価値観を形成する文化的領域を指す。そこでは多くの考察や論争がなされ、必然的に利害対立が生じる。すると、やがてそのような闘争を避け、合意に至るために、既存の対立とは無関係の領域が見いだされる。これが中立領域である。ところが、そのような中立領域はただちに新しい利害対立の場と化し、あらたな中心領域となってしまう。その結果、また別の中立領域が模索される。と同時に、かつての中心領域は人々の関心を失い、ふたたび中立領域に戻ることになる。「中立化と脱政治化の時代」のなかでシュミットは、このような中立化と中心化の弁証法のなかで、人間は二〇世紀のテクノロジーにおいて「中立化の過程が行きつくところまで行きついた」と述べている。かれによると、純粋な道具としてのテクノロジーからは「いかなる人間的・精神的決断も生じえ」ないため、「精神的中立性は精神的虚無に立ち至った」という（『危機の政治理論』、一四五－一四六頁）。

一七世紀のアメリカ・インディアンやカリブ人が「本来の人間」に等しいとは考えづらいが、しかしホッブズやルソーの主張を認める場合、必ず以下の点をも認めることになってしまうだろう。すなわち他者とは歴史をもたず、したがって過去も未来もない者のことである。なぜならヨーロッパだけが歴史をもつからだ。

有力な政治的概念の系譜をたどり、その起源までゆこうとすると、そもそも絶対的な起源を考えることなど不可能なことに気づく。ニーチェは『道徳の系譜学』のなかで、すでにこの点を私たちに教え、深遠なニヒリズムへの扉を開いていた。それによってかれは、歴史とは事実を扱う科学であると考える実証主義や、真理を歴史的事例に還元するような歴史主義に対して、異議を唱えたのである。ここで私たちは、さきほどとよく似た問いに直面する——そもそもなぜ、つねに政治的なものはよく、脱政治化や中立化はわるいものとされるのだろうか?

ひとつの答えとしてありうるのは、政治がなければ人間の歴史は存在しないだろうというものだ。そしてイムニタスがなければコムニタスもない。ホッブズにとって、政治とは自然状態による自己破壊から人間を救いだすものだ。またルソーによると、人間は政治によって自然からの堕落にあらがい、上昇することができる。そしてシュミットは、政治の本質は政治的なものだと考えた。これは近代的な個人主義の反映でもある——ハイデガーが、シュミットは依然として自由主義的に思考していると述べたのも、おそらくこのためかもしれない［★10］。

3

したがって、主権国家が個人とみなされるかぎり、シュミットの存在論を否定することは難しいだろう。けれども、そもそもシュミットにとってだれが友であってだれが敵なのかは、まだ問われていない。第二次世界大戦ののち、シュミットは一九四六年に迫害され、ニュルンベルク裁判のための拘置所に勾留された。一九四五年から四八年にかけてシュミットが書いたものは、のちに『獄中記』という小さな冊子にまとめて出版された。そこに収録された「獄窓の知恵」（Weisheit der Zelle）という論考のなかに、きわめて興味深い記述がある。

私が敵として認められるのは、一体だれだろうか？　まちがいなく、私を問える者だけである。そのようなひとを敵と認識することで、私はかれが私自身を問いうることを認められる。だが、そもそもほんとうに私を問える者とはだれか？　私自身にほかならない。あるいは私の兄弟がそうだ。他者が私の兄弟だと判明し、そして兄弟が敵だと判明する。［……］ひとはその敵によって自分を判別する。自分がだれを敵と認識するかによって、そのひとは格付けされるのだ。［★11］

敵とは「私」を問うものだ。このような敵に該当するのは、自分自身か、兄弟となる他者である。ただ、自分の兄弟は友でもあるのではないか？　もし兄弟が偶然にも私の友になるとすれば、かれは同時に敵でもあることになる。『獄中記』よりもあとに書かれた『パルチザンの理論――政治的なものの概念についての中間所見』（一九六三年）のなかにも、よく似た発言が見受けられる。"Der Feind ist unsere eigene Frage als Gestalt"――つまり敵とは、私たち自身の問いを構成するものなのだ［★12］。この点で、シュミットはある種のヘーゲル主義者である。もっとも、シュミットがヘーゲルについて直接語ることはほとんどなく、そのヘーゲルに対する見解も愛憎相半ばするものではあるが。

敵は決して自分の外側にはいない。だから敵は自分のなかにいる。他者とは、自分のなかの他者だ。ここには、ある程度ヘーゲルの知恵があらわれている。というのも、この哲学者は、自分の外側にあって自分と無媒介に接触するような他者を、自分のなかの他者として認識すべきだとはっきり理解していたからだ。なので、対立を解消しうる手段は、敵を破壊することではない。むしろ自分のなかの他者と自分自身との矛盾した関係を揚棄することだ。それにしても、私はどうすれば自分自身の敵になれるのか？　ルソーやホッブズにとってのカリブ人やアメリカ・インディアンのように、自分の外側にいる他者とは、やはり自分のなかの他者を投影したものではないだろうか？

私たちはここでサイコドラマを始めようとしているのだろうか？　そして友と敵の関係とは、なによりまず恣意的で、つまりは偶然のものではないだろうか？「おおわが友よ、ひとりも友がいない」。現代におけるこの深遠なニヒリズムを、私たちはどうすれば生きてゆけるのだろう？　これこそ、新

★9　Jean-Jacques Rousseau, *The Social Contract and the First and Second Discourses* (New Haven and London: Yale University Press, 2002), p. 110.〔ルソー『人間不平等起原論』、本田喜代治、平岡昇訳、岩波文庫、一九七二年改訳、七八頁。〕

★10　Martin Heidegger, *On Hegel's Philosophy of Right*, trans. Andrew J. Mitchell (London: Bloomsbury, 2014), §235 "The Political," p. 186.

★11　Carl Schmitt, "Wisdom of the Cell," in *Ex Captivitate Salus: Experiences, 1945 - 47*, trans. Matthew Hannah (Cambridge: Polity, 2017), p. 71.〔カール・シュミット「獄窓の知恵」（長尾龍一訳）、『危機の政治理論』、三四一頁。訳は英文より。〕

★12　Carl Schmitt, *Theory of the Partisan: Intermediate Commentary on the Concept of the Political*, trans. G. L. Ulmen (New York: Telos, 2007), p. 85.〔カール・シュミット『パルチザンの理論――政治的なものの概念についての中間所見』、新田邦夫訳、ちくま学芸文庫、一九九五年、一七九頁。訳は英文より。〕

しい共存の言葉による応答が必要な理由である。だがそのためには、「すべての堅実なものが煙のように消える」ような事態をふたたび経験しなくてはならない［☆7］。ともあれ、ここでの私たちの目的のためには、さしあたり要点を以下の二点にまとめ、今後さらに考えてゆくべきこととしたい。まず、新しい共存の言葉は、人間的な認識論や近代的な個人主義に対して、批判的な評価をもたなければならない――つまり、そこでは人間の本性から出発しないようなアプローチが求められる。そして、もしこの新しい言葉が人間の全否定をめざすものではないのなら、それは一種の個体化の言葉となる必要があるだろう。

☆7　マルクス、エンゲルス『共産党宣言』、大内兵衛、向坂逸郎訳、岩波文庫、一九五一年、四四頁。訳は英文より。なお、該当箇所の直前の記述は以下のとおり。「生産の絶えざる変革、あらゆる社会状態の間断なき動揺、永遠の不安定と運動は、以前のあらゆる時代に対するブルジョア時代の特色である。固定した、錆びついたすべての関係は、それにともなう古く尊い、一連の観念や意見とともに解消する。そしてそれらがあらたに形成されても、それらはすべて、それが固まるまえに、古くさくなってしまう」（四三－四四頁）。

原題　Notes on the Planetary #2: On the Language of Co-Existence (2)
本連載は本誌のために英語で書き下ろされたものです。

思想を実装する

ゼロベース創業者
石橋秀仁

詩とアルコールと革命と

石田英敬 Hidetaka Ishida

新連載　飛び魚と毒《どく》薬《くすり》

第1回＋第2回

1

これから、このゲンロンの誌上をかりて、〈一・五人称〉のクロス・バイオグラフィーとでもいうべきエッセイを連載していこうと思う。

クロス・バイオグラフィー？　〈一・五人称〉？

よく分からないことを言い出したと思われるかもしれない。ぼく――私かぼくかどっちの一人称を基調にするか、だいぶ迷ったがとりあえずぼくで書いていく――が、学問的にも個人的にも、永いあいだ付き合って三年前の夏に突然に向こう側の世界へ去ってしまった哲学的友ベルナール・スティグレールについて、その思想と生を書くというのがここでの主たるテーマだ。他方、かれについて書いていくと、ぼく自身の人生ともクロスすることになるから、自分のことも書く羽目になる。ある人物について三人称で伝記的に書くというのとはだいぶちがった書き方になると思う。とうぜん、ぼくたちが生きてきた時代を書くことにもなるし、思想的あるいは政治的な状況を書くことにもなるだろう。

あなたは、シャンタル・アケルマンの映画『私、あなた、彼、彼女 *Je tu il elle*』を観たことがあるだろうか。ぼくがその作品を観たのは遠い昔で、一九七六年にカルチエラタンの小映画館オートフォイユ Hautefeuille かサン＝タンドレデザール Saint-André des Arts でのことだ。ある種の行動主義的あるいは現象学的なエクリチュールだと当時思ったのだが、その寡黙なカメラワークは、無機質的に、私 je、あなた tu、彼 il、彼女 elle と人称性を渡り歩いていく［★1］。そんなふうに人称を移動して書くみたいなことができるといいのだがと考えている。だから〈一・五人称〉のクロス・バイオグラフィーと名づけてみた。

さて、本題に入ろう。

ぼくの哲学的友ベルナール・スティグレール Bernard Stiegler は一九五二年四月一日に生まれて二〇二〇年八月五日に亡くなった。この連載には、「飛び魚と毒薬」という総題を掲げるが、この二つのテーマはベルナールの哲学テーマと深く結びついている。「飛び魚」は、哲学の「思惟の自由」、「毒薬」――「どくくすり」と読んでほしい――は、ベルナールの哲学の中心テーマである「技術の問い」を指す。

なぜ「飛び魚」かというと、ベルナールが自分の哲学の出発点を述べた、次の文章の一節「独房の中で自分は海面から飛び出した魚のようだった」に由来している。そこを少し引用してみよう。

　独房の中でアリストテレスを読みながら、思惟する魂にとって日常の環境とは何か、私は何度も思いを巡らせていました。思索の環境はいかに成立するものなのか、その存在の条件を考えていたのです。そして独房の中で自分は海面から飛び出した魚のようなものだと考えたのです。［★2］

独房を「哲学の実験室」に変えていった、ベルナールの監獄生活についてはこれから詳しく語っていくことになるだろう。

「毒薬」の方はといえば――デリダとかを読んだことのあるひとにはピンとくるだろうが――、プラトンの対話篇『パイドロス』のなかでソクラテスが語ってきかせる、文字を発明したエジプトの技術神テウトとファラオのタムゥス王との議論のエピソードに出てくる言葉――「ファルマコン pharmakon」――で、毒と薬の両方を意味する。そこも、やや長いが、引用しておくことにしよう（ここでは「秘訣」と訳されている）。

　だが、話が文字のことに及んだとき、テウトはこう言った。

「王様、この文字というものを学べば、エジプト人たちの知恵はたかまり、もの覚えはよくなるでしょう。私の発見したのは、記憶と知恵の秘訣なのですから」。――しかし、タムゥスは答えて言った。

「たぐいなき技術の主テウトよ、技術上の事柄を生みだす力をもった人と、生み出された技術がそれを使う人人にどのような害をあたえ、どのような益をもたらすかを判別する力をもった人とは、別の者なのだ。いまもあなたは、文字の生みの親として、愛情にほだされ、文字が実際にもっている効能と正反対のことを言われた。なぜ

★1　Chantal Ackerman *Je tu il elle*, 1976.

★2　Bernard Stiegler, *Passer à l'acte*, Galilée, 2003, p. 33; ベルナール・スティグレール『現勢化――哲学という使命』ガブリエル・メランベルジェ、メランベルジェ眞紀訳、新評論、二〇〇七年、五〇頁に対応。

なら、人々がこの文字というものを学ぶと、記憶力の訓練がなおざりにされるため、その人たちの魂の中には、忘れっぽい性質が植えつけられることだろうから。それはほかでもない、彼らは、書いたものを信頼して、ものを思い出すのに、自分以外のものに彫りつけられたしるしによって外から思い出すようになり、自分で自分の力によって内から思い出すことをしないようになるからである。じじつ、あなたが発明したのは、記憶の秘訣ではなくて、想起の秘訣なのだ。」[★3]

この毒にして薬でもある技術や文字と、記憶や知恵との関係をめぐる考察がベルナールの哲学の核心をつくっていくことになるだろう。それについてはこの連載をつうじて詳しく述べていくことにする。連載タイトルの「毒薬」は、だから、「どくくすり」と読んでほしいのだ。

さて、ぼくはもうベルナールの人生を語り始めてしまった。この文章を読んでくれているあなたがベルナールの哲学をどのぐらい知っているのか、かれの人生のエピソードについて何をどの程度知っているかは分からない。

そこで、かれが、どのようにして、偶然にみちびかれて、哲学者になっていったのか？　ひとはいかにして「かれ自身にしか知りえない内面のうちでかれ固有の秘密をかかえて哲学者になる」ものなのか？[★4]　その哲学的生のはじまりをこれから物語ることにしよう。

ベルナール・スティグレール（戸籍上は、ベルナール・ジョルジュ・アラン・スティグレール Bernard Georges Alain Stiegler［★5］、二つぐらいミドルネームがあるのがキリスト教の名づけの伝統）は、一九五二年四月一日、パリの南方約二〇キロのセーヌ＝エ＝オワーズ県の町ヴィルボン＝シュール＝イヴェット Villebon-sur-Yvette に生まれた。決して裕福な家庭ではなく、お父さんはラジオ波送信基地の電気技師、お母さんは銀行の速記タイピストとして働いていた。四人兄弟姉妹の（正確には分からないが）三番目か四番目だ。

一九五八年にはパリの北一五キロの郊外都市サルセル Sarcelles に一家は引っ越して、少年時代をそこで過ごした。父親に別の女性がいてやや複雑な家庭状況だったみたいだが、お父さんがラジオ・テレビ局の電気技師であったことは、技術やメディアへの関心を育てる伏線になった。あるインタビューのなかで、父親からラジオ技術の手ほどきをうけたこと、『ラジオって、とっても簡単』という入門書を貸してもらって、一二、三歳でラジオを組み立てた思い出を語っている。

わたしの父ロベール・スティグレールは技術者、電気技

> 師で、おさないときからこどもにもよく分かるやり方で技術とかテクノロジーの問題に導いてくれたのです。［……］父への尊敬の気持ちから、思春期よりずっと前に、『ラジオって、とっても簡単』という父も使ったかもしれない戦前に出版された入門書を読んだのです。三極管とか五極管とか、それから三〇年もあとになってジルベール・シモンドンの形態動学的分析を読むことになる真空管の仕組みがそこには説明されていました。トランス、抵抗、コンデンサ、増幅器、ヘテロダインなど、要するに、電磁波の送受信を実現する目には見えない電子の世界の仕組みがすべて書いてありました。その後、父からもらった部品で平衡回路や発振回路など、小さな電子機器をつくりはじめたのです。［★6］

いま言ったような家庭の事情もあってお母さんは大変だったようだが、熱心に子供たちにしっかりとした教育を授けた。とくにベートーヴェンやシューベルトなどのクラシック音楽の教養はおもにお母さんから教えてもらったとベルナールは証言している。そのかいもあってか、小学校に上がる前にすでに読み書きができ、一年繰り上げで就学した。

以上が、インタビューなどで語っている最幼年時代の幾つかの事実なのだが、インターネットが発達した現在では少し丹念に調べてみるといろいろなことが分かってくる。ヴィルボン＝シュール＝イヴェットにはたしかに一九三五年から二〇二一年までイル＝ド＝フランス地方をカバーしていた国立ラジオ波放送局ＴＤＦ（Télédiffusion de France）の放送塔があってウィキペディアにも項目が立てられている［★7］。お父さんは、サルセルに引っ越した後もＯＲＴＦ（フランス放

★3　「パイドロス」、藤沢令夫訳、274E－275、『プラトン全集5　饗宴　パイドロス』、岩波書店、一九七四年、二五五－二五六頁。

★4　ベルナールがかれの銀行襲撃事件と五年間の服役経験について最初に語った本 *Passer à l'acte*;『現勢化』のきっかけになったのは、作家で美術評論家のマリアンヌ・アルファンによるインタビューの問い「ひとはいかにしてかれ自身にしか知りえない内面のうちでかれ固有の秘密をかかえて哲学者になるのか？」だった（*Passer à l'acte* p. 9;『現勢化』、七頁）。

★5　姓 Stiegler をスティグレールと記す。発音記号で書けば sti.glɛʁ となる。ライン、モーゼルなどドイツとの国境地域に多い、ドイツ系の姓。ひとによっては、スティーグラーとかシュティグレールと発音するが、本人は上記の発音記号のように発音していた。以下のＵＲＬを参照してほしい。URL=https://fr.wiktionary.org/wiki/Stiegler

★6　Bernard Stiegler, *Philosopher par accident: Entretiens avec Elie During*, Galilée, 2004, p:11; 邦訳 ベルナール・スティグレール『偶有からの哲学　技術と記憶と意識の話』、浅井幸夫訳、一四頁に対応。ここで語っている本『ラジオって、とっても簡単』 *La radio, mais c'est très simple!* はいまでも版を重ねているようだ。:Eugène Aisberg, *La radio?.. mais c'est très simple!*, Dunod, 1998.

★7　以下を参照。URL=https://fr.wikipedia.org/wiki/%sC3%89metteur_de_Villebon-sur-Yvette

送協会Office de Radiodiffusion Télévision Française）の技師として働いていた。フランスでの本格的なテレビ放送の開始はＲＴＦ（フランスラジオテレビ放送Radiodiffusion-Télévision Française：前記のＯＲＴＦの前身）が発足した一九四九年頃のことだ。第二次世界大戦後一九五〇年代から一九六〇年代にかけて、ラジオやテレビが発達していった視聴覚メディアの展開期に、父親がそうした仕事に従事している家庭にベルナールは育ったことになる。当時、この町では牛が放牧され、りんごが栽培され、自分の家にも自由にあそべる庭があったとベルナールは語っている。フランスでも高度成長期直前だった一九五〇年代の、のどかな風景ということかもしれない。ただ、その平穏を破るように、一九五八年頃に、ＦＬＮ（アルジェリア民族解放戦線）かＯＡＳ（アルジェリア独立阻止の極右秘密軍事組織）か分からないが、送信塔へのテロを警戒して、とつぜん機関銃を持った軍隊の隊列が姿をあらわした。じっさい調べてみると、アルジェリア独立に反対するＯＡＳによるヴィルボン＝シュール＝イヴェット送信塔の爆破事件が一九六一年に起こっている［★8］。アルジェリア戦争のただなか、ドゴール将軍が大統領となりフランスが第五共和制に移行したちょうどその頃、スティグレール一家はパリの北の郊外都市サルセルに引っ越したことになる。

　このサルセルという町がまたとても興味深い。ローマの浴場の遺跡があるぐらいだから長い歴史のある町なのだが、第二次世界大戦後一九五〇年代から一九七〇年代にかけて、戦後ベビーブームとアルジェリアなど旧海外植民地からの引き揚げ者・移民の流入によって急速に人口が増加した典型的な郊外都市なのだ。大規模な都市計画が一九五〇年代に立案されて、箱形の鉄筋コンクリート集合住宅の団地が次々に建設され、八〇〇〇人の村だったサルセルは五万人を超える人々が住むニュータウンとして広く知られるようになった（戦後の日本でいえば多摩ニュータウンとか千里ニュータウンをイメージしてもらえばいいかと思う）［★9］。

　モダンな白いコンクリートの快適な団地というポジティブなイメージと、しかし、いつまでも工事がつづく舗装もできていない建設用地と、買い物のための商店も稀な立地条件。当時はフランスでも女性の六割以上が無職だったから、主婦たちは退屈しうつ病や自殺が増えたといわれる。Sarcellesの地名から「sarcellite サルセル症候群」（「［女性名詞］団地病，ニュータウン症候群」『プログレッシブ仏和辞典』）という言葉さえも生まれて、コンクリートの非人間的集合住宅が人々の心理と行動にもたらす新興ベッドタウンの都市の憂鬱が、メディアでも特集されるようになったという［★10］。

　そんな戦後復興期のパリ郊外の都市でベルナールは少年時代を過ごした。

第二次世界大戦が終結した一九四五年から石油ショック後の一九七五年までの戦後の高度経済成長期を指して、フランスでは「栄光の三十年間 Les Trente Glorieuses」という言い方をする［★11］。西ドイツやイタリアなどの他のヨーロッパの国と同じように高い経済成長をつづけ、一九五〇年から一九七五年までの平均賃金は一七〇パーセント増加、消費も一九七四年までに一七四パーセント増加し、都市人口が急速に拡大、社会福祉制度も大きく発達した。テレビ受像機の普及も一九五四年の一〇〇世帯に一台から、一九七五年には一〇〇世帯に八六台に増加した。ジャン・ボードリヤールの消費社会論やあるいはアンリ・ルフェーヴルの『都市への権利』が書かれたのはそんな時代だったのだ。

この文章を読んでくれている若い読者にとっては、こうした時代は抽象的な過去としか思えないかもしれない。ところが、ぼくのような年回りの老人になると、まったく具体的に思い浮かべることができる。

ぼくは一九五三年一〇月生まれだからベルナールとは一歳半の差でほぼ同年齢といっていい。ぼくの場合だと、父親が勤めていた毛織物会社の工場があった千葉県市川で生まれ、一九五〇年代末、小学校に上がる前年（一九五九年）まで市川に住んでいた。そのころの市川もやっぱり町内のあちこちに空き地があって木が茂り、町はずれには原っぱが拡がっていた。うちの場合は父の会社の社宅だったが、焦げ茶色の板塀に瓦屋根の昔ながらの地味な木造家屋の構造をとどめていた。家には電話はなかったから隣の家にときに電話がかかってきたし、テレビもなかったので、ぼくは両隣のおばあさんのところにテレビを見に出かけたものだ（おばあさんたちはたいていお相撲中継で朝潮とか若乃花を見ていた。ぼくは「月光仮面」が見たかったのだが）。伊勢湾台風がやってきて、まだ舗装されていなかった表通りが水浸しになり、家の庭も冠水してドジョウが泳いだ

★8　ベルナールはインタビューで軍隊が姿をあらわしたのは、「一九五八年頃のことだ」と語っているが、口頭インタビューなので正確な日付ではない可能性がある。同じ事件のことを語っているのか、それより前のことなのか分からない。ウィキペディア仏語版には、「ふたつの鉄塔のうち片方は一九六一年にＯＡＳによって破壊された」“l'un des deux pylônes est saboté par l'OAS en 1961” とある（★7参照）。

★9　サルセルの集合住宅団地については以下のＵＲＬから市発行の紹介資料 *Texte et images du grand ensemble de Sarcelles 1954-1976* をダウンロードできる。URL=https://www.roissypaysdefrance.fr/fileadmin/mediatheque/Documents_a_telecharger/Page_MTC/cpvdf10.pdf

★10　以上は、Olivier Wieviorka, Michel Winock, *Les lieux de l'histoire de France*, Perrin, 2017, chap. XXXIV “Sarcelles” (Annie Fourcaut) の記述から。

★11　やや記述が薄いが以下のウィキペディア日本語版で概要はつかめる。より詳しくは英語か仏語で項目を読んでほしい。URL=https://ja.wikipedia.org/wiki/%E6%A0%84%E5%85%89%E3%81%AE%E4%B8%89%E5%8D%81%E5%B9%B4%E9%96%93

のを覚えている（それは記録によると一九五九年九月のことだ）。

ところが、その秋に父親の転勤で兵庫県の尼崎市武庫之荘という阪急電車沿線のベッドタウンに引っ越した。その町では旧市街の外縁部の田畑を埋め立てて建売住宅が建てられ始めていた。町の外に拡がる田畑の向こう何町歩か先では巨大な集合住宅の団地も建設が始まっていた。うちの新しい家（そこも社宅だったけれど）は白いモルタル塗りで、家の前をちょっとした小川が流れ、対岸の白い家は庭に芝生が敷き詰められて小さな白い犬（スピッツかな）を飼っていた。毎日放送だったろうか、テレビ局に勤めているひとの家だった。そのおじさんはスバル３６０（たぶん）とかに乗っていた。それも当時はめずらしいことだったと思う。

こんなふうに、世界は同じリズムで動いていたのだ。

ベルナールは、サルセルでの少年時代は、いろいろあっても、自分にとっては幸福な時期だったと回想している。いうまでもないことかもしれないが、勉強はすべての教科が得意だったし、まんべんなくよくできた（まあ、そうだろうね）。すでに述べたように、お母さんは大変に教育熱心なひとだったので、経済的な困窮や父親との離婚の危機といった、苦しい家庭内の状況のなかでも子供たちの面倒をよく見ていたらしい。

学業優秀な生徒だったが、第四学年（一四歳、日本でいえば中学校二年相等、フランスでは日本と数え方が逆で高校最終学年から数えていく）でのひとつの出来事をきっかけに、学校からドロップアウトし始める。

それはどんな出来事だったかというと——

当時ベビーブーム時代の学校には教師不足の問題がありました。十分な養成を受けていない先生が教えていた。もちろんよい先生もいたんですが、全部ではないが能力に問題のある先生たちもいた。英語の先生でも英語がしゃべれない。I will eat. じゃなく、I shall eat. だとか教えていた。

それで、ある日事件が起こった。四年次の幾何の授業で、その数学の先生はぼくの学級担任でもあったのですが、黒板でタレスの定理の証明をやってみせるように言われたので、皆の前で証明をしてみせたら、違っているというので、いやそんなことはなくて先生の方が間違っているんですよとしっかり証明してみせたところ、彼女は納得しなくて論争になったんですね。で、そういうことなら教科書の著者たちに手紙を書いて聞いてみます、と言って手紙を書いた。そしたらその先生は気を悪くして、ぼくを落第させたんです。自分はふだん挑発的なところはない性格なんですが、本当のことは言うたちなんで、そうなってしまった。［★12］

これだけの出来事で落第とはずいぶんだという気がするが、一般にフランスの学校（というか、社会関係一般もかな）はとかく権威ずくのところがある。私は先生なんだから生徒のあなたは従いなさい、みたいなところ。こういう出来事があって、彼は学校がすっかりいやになってしまった。

　いまはフランスも日本もたぶんそんなことはないんだろうが、ぼくたちの育った時代に急ごしらえの先生たちが学校で教えていたのは日本の一九六〇年代も同じだった。ぼく自身も神戸の東灘区の一番東にある公立中学校に通ったが、一年生のときやはり球の体積をもとめる公式の証明がまちがっていたので、男の先生だったが、クラスのドッジボール片手に休み時間一杯をつかってその先生にまちがいを説明してあげたことを思い出す。でも、その時には先生は納得しなかったみたいだった。あるいは、二年生のときにやってきた代用教員（というのかな）の理科の女性教師は戦争未亡人で、あきらかに知識不足で授業に苦労していた（やさしい性格のひとだったけれどね、ちょっと気の毒な感じがした）。で、なんどかまちがいを指摘したら、じゃ、授業はこれから石田くんにやってもらいましょう、ということで、その後、学期のあいだずっとぼくが理科の授業を担当していたよ。どの国もそんな状況だったんだ。ま、先生が能力不足でも生徒は育つから人間ってけっこう大丈夫なものなんだけれどね。

だから、世界はやっぱり同じリズムで動いていたのだ。

2

ベルナールは学校からは足は遠のいたかもしれないが、勉強をやめてしまったわけでも非行に走ったわけでもない［★13］。もともと早熟な少年だったし、年長のお兄さんたちをつうじて文学や芸術好きの仲間と交友関係を築いていったようだ。

　一番年上（たぶん三、四歳年上）のお兄さんはドミニック・スティグレール Dominique Stiegler といって、将来はジャズの評論家兼ジャーナリストとして名を知られた存在になる（かれは一九八五年にパリ市立レコードライブラリーに、一九六〇年から一九八五年までの全ジャズ史を網羅する八〇〇〇枚のLPレコード・コレクションを売却しているぐらいだから相等なコレクターである［★14］）。お兄さんの友人にアラン・ビドー Alain Bideau（一九四六年生まれ、将来、著名

★12　以下のラジオ番組内での発言。URL=https://www.radiofrance.fr/franceculture/podcasts/a-voix-nue/du-plomb-dans-l-ame-8116047
★13　以下本稿は、★12の番組内での発言および、Bernard Stiegler, *Dans la disruption:comment ne pas devenir fou?*, Edition. Les Liens qui Libèrent, Paris, 2016 中の自伝的事実の記述を参考にして書いている。

な人口学者・人類学者になる）がいて、郊外の町サルセルにはめずらしく大学校《グランドゼコール》準備クラスの学力優秀な学生だった［★15］。ビドーは、サン＝ドゥニのポール・エリュアール高校《リセ》の哲学教授ジャン・マルスナック Jean Marcenac（一九一三‐八四年）の講義に出ていて［★16］、ボードレールやランボー、アポリネール、トリスタン・ツァラの詩や文学についての知識をもたらしてくれた。かれは思想面ではサルトルに心酔していて哲学の手ほどきもしてくれたという。ベルナールはビドーやお兄さんの感化で自分も共産党の機関紙『ユマニテ』を読み始めていて、サルトルとかシュールレアリスム、ロラン・バルトとか、デリダやソシュールの存在はすでに知っていた。かれらの本を何冊か、そしてプラトンの『国家』をとても選書のよい団地の本屋さんで買って持ってはいた。だが、当時の自分にはまだそうした本を読みこなす力はなく、読もうとしても挫折したと述べている。

将来ジャズの専門家になるお兄さんはすでにボードレールやアポリネールの詩に曲をつけたりしていた。自分たちがとくに興味を持ったのはシュールレアリストで、詩や芸術に夢中になったと語っている。一四歳のベルナールはこの頃から夜な夜な年長の友人たちと飲酒を重ねつつ文学や哲学の論議やシュールレアリスト的経験を積んでいたらしい。だいぶお酒は飲んでいたという。

（付記しておくと、日本人にとってはエッ！と驚きだが、フランスでは飲酒年齢制限は事実上ない。正確に法律をいえば、アルコール飲料を購入できる年齢は一八歳以上。ただし、飲むことについては年齢制限はまったくない。子供は成人年齢〈一八歳〉までは親の保護下にあるということになっている。一六歳未満の子供にアルコール飲料を飲ませる場合には親がつきそっていなければならない。さらに子供に酔いがまわるほど酒を飲ませるのは軽犯罪となる。つまり、親が同伴していて子供がお酒を飲んでも子供がよっぱらっていなければ親の保護責任下ということになっている。だから、日曜日のパリのレストランの昼食時などには、プルーストの『失われた時を求めて』のマルセル少年を彷彿とさせる、蝶ネクタイをした一丁前のガキが、親たちと高級ワインをすすっている光景を見かけたりするわけなのだ。このフランスの法規では、一六歳と一七歳のところに法の空白があるように思うのだが、そこは、自分では買えないが自分で飲める、と解釈すべきなのであろう。

ベルナールの場合、お母さんの兄がアルコール中毒で亡くなったということがあったのでお母さんが心配したらしい。最近の欧米社会では、若者たちの中毒問題はアルコールよりは麻薬や薬物に移っているようだから、それに比べれば、当時の状況はまだ牧歌的であったといえるだろう。）

ランボーの「見者の手紙」を引いて、当時の自分たちにとってアルコールは「全ての感覚の錯乱」の詩的経験だったのだと微笑みながら語っている［★17］。つまり、詩もアルコールも、自分たちを包囲しつつある資本主義社会の秩序と規範を壊乱する一種の「近代性《モデルニテ》」の経験だった、と。

ある意味ではどの時代にもある文学少年・芸術少年の青春

ということなのだろうが、サルセルのような非人間的なコンクリート団地が立ち並ぶ町で暮らす若者たちにとって、アルコールは単調な生活を揺らがせ日常に起伏をあたえるクスリ――本稿のテーマでいえば毒薬《ファルマコン》――だった。サアダ・ニディヤエ Saada N'Diaye という音楽に精通したマリ人の友だちが一番の親友で、かれの影響で現代ジャズを発見した。詩を読み、何時間もジャズを聴き、仲間たちと芸術や思想を論じアルコールに酩酊するいっぱしの芸術サークルの生活だった。一九六〇年代半ばのパリ郊外の青春だが、少年たちの経験は、もちろんまだ当時のフランス文化の最前線からは遠い。当たり前だ。なにしろ一〇代なのだし、これからいろいろな冒険に乗りだそうとしているところだ。それでも、ゴダールの『気狂いピエロ』が一九六五年で、「見つかった、何が　永遠が　海と溶け合う太陽が」というランボーの詩の一節で終わることを思えば、サルセルの少年たちの「酩酊船 le Bateau ivre」はやはり時代の波とシンクロし始めていると思えてこないだろうか。実存のうちで、秘かに反乱を準備していた、と……。

　ここで少しカメラを引いて、歴史的な奥行きを通してベルナールの証言を捉え返しておくことも重要だと思う。

　この時代、世界はめまぐるしく動いていた。フランスはとくにそうだ。第二次世界大戦の戦勝国ではあっても、一九四五年から一九五〇年代にかけて直面したのはある意味ではそれ以上に大きな動乱だった。

　第一次インドシナ戦争といまでは呼ばれるヴェトナム、ラオス、カンボジア地域の独立戦争（一九四六－五四年）があった［★18］。そしてアルジェリア戦争（一九五四－六二年）があった。

　前者は第二次大戦終結をうけたヴェトナム、ラオス、カン

★14　François Morey, “Le Jazz dans les collections de la Discothèque des Halles”, *Fontes Artis Musicae*, Vol. 36, No. 3 (Juli-September 1989), pp. 197-201.

★15　「大学校準備クラス」とは、大学への入学資格であるバカロレアを得たのち、大学校《グランドゼコール》への入学を準備する二年間の高等教育の課程で、施設としては高校《リセ》のなかに設けられている。他のコースもあるが、超エリート校である高等師範学校（École normale supérieure）への準備を行うコースをここでは指している。因みに、大学校の複数形 Grandes Ecoles を日本語で「グランゼコール」と表記することがまま見られるが、根拠のないまちがいで、発音通りに表記すれば「グランドゼコール」が正しい。

★16　ジャン・マルスナック Jean Marcenac は、哲学教授で、作家、詩人、共産党員。一九四〇年に一度投獄されるが脱獄、マキ（対独地下運動組織）でレジスタンスを戦う。フランス共産党機関紙『ユマニテ』の編集者。シュールレアリスムから出発。複数の詩集の他、チリの詩人パブロ・ネルーダに関する著作複数。ルイ・アラゴン、エルザ・トリオレの親しい友人でもあった。URL=https://fr.wikipedia.org/wiki/Jean_Marcenac

★17　「詩人は全ての感覚の長く、巨大な、理にかなった錯乱によって見者となるのです」（アルチュール・ランボー「ポール・ドゥーメニーへの手紙」〈通称「見者の手紙」〉一八七一年五月一五日。Arthur Rimbaud, *Correspondance: Lettre du Voyant*, à Paul Demeny, 15 ma 1871)。

ボジアの旧宗主国フランスに対する独立戦争とその泥沼化。この戦争はフランスにとっては一九五四年のディエンビエンフーの陥落とジュネーヴ協定の締結で一定の決着をみるが、アメリカ合衆国によって引き継がれ第二次インドシナ戦争、ヴェトナム戦争へと拡大していく。アメリカによるヴェトナム戦争への深入りの契機となるのが、ぼくたちがいま語っている時期にあたる、一九六四年八月の「トンキン湾事件」だ。「トンキン湾事件」は、ぼくもよく憶えている。当時一〇歳だったが、いつもいく床屋のおじさんが、大きな写真と見出しが躍る新聞を読んでいたな。「トンキン」という語呂が印象深かったので、へえ、そんな名前の湾があるんだ、と思った。この事件は、戦争の始まりにはよくある、攻撃側のフレームアップで、のちに一九七一年『ニューヨーク・タイムズ』が「ペンタゴンペーパーズ」を入手しアメリカが仕組んだことが暴露された。

後者のアルジェリア戦争は熾烈な植民地解放闘争だった。一九五四年にFLN（アルジェリア民族解放戦線）が組織されてその軍事部門ALN（アルジェリア民族解放軍）がゲリラ戦を展開。フランス本土政府の治安維持部隊（警察）では対処できず、フランス軍による軍事作戦へと段階が引き上げられていく。第二次世界大戦後に生まれたフランス第四共和政の政府は右往左往で事態は泥沼化。フランス解放の英雄ドゴール将軍に全権を委任するかたちでフランスは一九五八年に第五共和政（現在のフランス共和国の政体）に移行した。

当時の仏領アルジェリアの約一〇〇〇万人の人口のうち約一割はフランス市民権を持つコロン（colon 植民者。フランス語では「ピエ・ノワール pieds-noirs 黒い足」とも呼ばれる）だったから、「フランスのアルジェリア l'Algérie française」への執着は強く、独立を阻止しようとする極右の「秘密軍事組織ＯＡＳ」が組織され、一九六一年四月には「将軍たちの反乱」と呼ばれるクーデタが起こるなどフランスは内戦の瀬戸際に直面した。ドゴールは植民地時代の終わりを理解していたから、一九六〇年からフランスが宗主国であったアフリカ諸国をつぎつぎに独立させ、アルジェリアの独立を認める一九六二年のエヴィアン協定が国民投票の結果承認されて戦争は終結した。

あなたは一九六六年の映画『アルジェの戦い *La battaglia di Algeri*』（ジッロ・ポンテコルヴォ監督、イタリア・アルジェリア合作、第二七回ヴェネチア国際映画祭金獅子賞）を見たことがあるだろうか。一九五七年の一月から九月までつづいたアルジェのカスバを舞台とするＡＬＮと仏パラシュート部隊との戦いの実話を、克明に描いた傑作だ。爆弾テロ、暗殺、フランス軍による拷問、市民の殺戮の実態を赤裸々に描いている。

この「汚い戦争」をめぐって、知識人たちの活動も活発化した。サルトルと『レ・タン・モデルヌ』誌は一九五五年からアルジェリア独立支持をいち早く打ち出したし、サルトルに近いフランシス・ジャンソン Francis Jeanson（一九二二－二〇〇九年）という哲学者・出版人が「ジャンソン機関 Réseau Jeanson」と呼ばれるアルジェリア独立支援組織をつくってフランスにおける非合法活動を支援した［★19］。マルチニックの精神分析家フランツ・ファノン Franz Fanon（一九二五―六一年）のようにFLNに直接参加した者もいた［★20］。一九六〇年にはモーリス・ブランショ Maurice Blanchot（一九〇七―二〇〇三年）らが起草した「一二一人宣言」が「アルジェリア戦争における不服従」を呼びかけた。夜間外出禁止令下のパリでは、FLNが組織した平和的なデモ行進にパリ警察が発砲、数十人とも二〇〇―三〇〇人ともされる人が死亡・行方不明になる「一九六一年一〇月一七日虐殺事件」が起こった［★21］。

このように禍々しい出来事がパリでも起こり、国家の政治も知識人たちの運動もじつにめまぐるしく動いていたのだ。

さて、ベルナールに話を戻すと、一九六六年か六七年には父親がパリの南西に隣接する都市ムードンのORTF放送局に転勤になるにともなって、職場の隣の都市セーヴルに引っ越した。「セーヴル焼」って皆さんもたぶん聞いたことがあると思うのだが、最初はパリの東の町ヴァンセンヌにあった陶磁器の窯を、一八世紀にルイ一五世の公妾ポンパドゥール夫人がパリとヴェルサイユの中間に位置するセーヴルに移して王立窯とした陶磁器製作所があり、いまでは国立陶磁器美術館が併設されている。サルセルとちがって、こちらは由緒ある町。あてがわれた宿舎もずいぶんと豪華な住居だったそ

★18　ここでは詳しくは書けないのでウィキペディアの「第一次インドシナ戦争」の関連項目などを読んでほしい。URL=https://ja.wikipedia.org/wiki/%E7%AC%AC%E4%B8%80%E6%AC%A1%E3%82%A4%E3%83%B3%E3%83%89%E3%82%B7%E3%83%8A%E6%88%A6%E4%BA%89

★19　かれはスイユ社の「永遠の作家叢書」の創始に携ったり、サルトル・カミュ論争のきっかけをつくったりで有名な哲学者・編集者。アルジェリア戦争では、FLNを支援し、フランス人兵士の脱走を助けた。これは当時のフランスでは非合法な活動だったので国外に逃亡、帰国ののち一九六六年に恩赦される。ゴダールの『中国女』に本人として出演している。

★20　フランツ・ファノンは西インド諸島仏領マルチニック出身の精神分析家・思想家。いまではポストコロニアリズムの先駆的な思想家と評価されている。FLNに参加、スポークスマンを務める。『地に呪われたる者』を一九六一年に出版し、アルジェリア独立直前に白血病で早世した。

★21　この忌まわしい事件については、次のウィキペディア項目を参照。URL=https://en.wikipedia.org/wiki/Paris_massacre_of_1961

この事件当時のパリの警視総監はモーリス・パポン Maurice Papon（一九一〇―二〇〇七年）。ヴィシー対独協力政権下のボルドーでジロンド県庁事務総長としてユダヤ人一六〇〇人以上（うち子供約二〇〇人）をナチスに引き渡し、その多くがアウシュヴィッツに送られてガス室で死亡した。しかしこの過去は永らく秘匿され一九七八年から一九八一年まで予算担当大臣を務めた。大臣在任中の一九八一年になって過去が暴かれ、一九八三年に人道に対する罪で起訴。ユダヤ人連行については有罪となったが殺人については無罪。スイスに逃亡、収監されたが、高齢を理由に釈放中に死亡した。

うだ。
あんなにお酒を飲んだりしていたようだが、高校《リセ》には問題なく入れたらしく、当時は「セーヴル高校」という名だったフランス有数の優良校に入学した。この学校、いまは「ジャン＝ピエール・ヴェルナン高校」と有名な神話学者の名が付けられている［★22］。素晴らしい教育で先生たちも素晴らしかった、と言っている。セーヴルには、一九世紀から「女子高等師範学校 École normale supérieure de jeunes filles」があって、パリのユルム街にある男子のためのエリート大学校「高等師範学校 École normale supérieure」と制度的に対になっていた。その女子高等師範学校の生徒たちが将来教師となるために教育法を修得する学校施設としてこのリセは設立されたと思われる。日本との比較でいえば、教育学部のある大学に付属高校が併設されるような関係と思えばよいだろう（東京でいえば、筑波大付属とか学芸大付属とかのような学校）。だから、優秀な先生たちが教える学校として高く評価されていたのだろう。

そのリセにはしかし二カ月しか通わなかった。というのは、その年（六七年）に、政府が「芸術バカロレア」という国家試験を創設したからだ。当時、彼は絵画とか音楽、演劇に進もうと思っていたので、芸術バカロレアをめざすべく、パリ一六区のクロード・ベルナール高校に転校したのだった（パリ一六区はパリでももっともブルジョワな地区で、この高校は現存する）。さて、そこからが、さきほどのアルジェリア戦争問題と結びつく。

このブルジョワの子弟たちが通うリセに移ってみると、そこでは、「フランスのアルジェリア」を主張する極右ファシストの高校生組織が幅を利かせていたのだ。自分は「フランスのアルジェリア」には反対であったので政治に踏み込むようになり、極右と対峙するために、共産党系ではなく、極左の運動に参加するようになった。加盟したのは、その後「労働者の闘争 Lutte ouvrière」と呼ばれるようになる、トロツキストの組織で、その当時はおそらく「労働者の声 Voix ouvrière」と呼ばれていた組織の高校生部門だったのではないかと思われる。

現在の若い人びとのために、左翼リテラシー（？）を少し補っておこう。トロツキズムは、レーニンによるロシア革命の後スターリンに粛清されたレオン・トロツキーの流れをくむ国際共産主義運動のこと。共産主義社会の実現のためには、一国革命ではダメで、世界同時革命が必要であり、それには国際共産主義運動の発展が必要だというのが中心的なドグマだろう。共産主義の運動にはよくあることだが、いろいろな党派に分かれているので、それぞれの特徴は、よっぽどの共産趣味者でなければよく分からない。ここでのベルナールの話も、十分に納得してこのトロツキスト運動に加盟したということではなさそうである。極右と対峙するという当面の課題への対応としてきっと手近だったということなのではないかと思う。

このときから、自分は急速に政治化したとベルナールは語っている。クロード・ベルナール高校でトロツキズムの運動に参加した一九六七年、高校生組織の連合体である「高校生行動委員会Comites d'action lycéens略称CAL」をつくった高校生のひとりが、コンドルセ高校という学校から退学処分になる出来事が年末に起こった。この高校生は、ロマン・グーピル Romain Goupil（一九五一年―）という人物（その後、映画監督・制作者になる）なのだが、このあたりからは、六八年の五月革命につながっていくので、少し背景を説明しておこう［★23］。

フランスでCALが生まれるのはベルナールが証言しているように一九六七年末だ［★24］。翌年の五月革命で重要な役割を果たすことになる高校生運動だが、もともとはヴェトナム戦争に反対するために、以前アルジェリア戦争反対の活動をしていた若者たちが一九六六年秋に立ち上げた「ヴェトナム高校生委員会」という組織だった。中心になったのは、パリの有名高校「ジャック＝ドゥクール高校」の生徒モーリス・ナイマン Maurice Najman（一九四八―九九年）とミシェル・ルカナティ Michel Recanati（一九五〇―七八年）だ。かれらは「共産主義青年運動（通称 Jeunesse Communiste ＪＣ）」（フランス共産党の系譜をくむ長い歴史を持つ青年組織が一九五六年に改組）のなかの反対派（ということはトロツキスト系）として活動していた。

前述のグーピル君が通っていたコンドルセ高校は、一八〇四年設立、パリ九区サン＝ラザール駅近くに位置する歴史のある高校。数々の有名人（マラルメ、アラン、ジョーレス、サルトル、メルロー＝ポンティ、ブローデル、その他多数）が教師として教えたことがあり、生徒から数々の有名人（ベルクソン、プルースト、シトロエン、ダッソー、シャルコー、コクトー、ボリス・ヴィアン、セルジュ・ゲンズブール、その他多数）を輩出した名門校だが、一九六六年秋頃になると、徴兵されそうになった数学の先生を擁護する運動をきっかけとする徴兵反対運動や、髪の毛が長すぎる生徒

★22　ジャン＝ピエール・ヴェルナン Jean-Pierre Vernant（一九一四―二〇〇七年）はフランスの歴史学者、人類学者、神話学者。専門は古代ギリシアおよびギリシア神話。神話学的研究から始まり、政治哲学的な考察まで幅広く展開した。邦訳に『ギリシア人の神話と思想』、上村くにこ他訳、国文社、二〇一二年など。

★23　ロマン・グーピル、および次のパラグラフで言及している、ミシェル・レカナティとジャック＝ドゥクールについては次回以降に触れる予定なので、詳細な説明はそちらに譲る。

★24　以下の記述は、次のウィキペディア項目を参考にして書いている。URL=https://fr.wikipedia.org/wiki/Comit%C3%A9_d'actior_lyc%C3%A9en#:~:text=C'est%20l'outil%20%C2%AB,du%20r%C3%A9pertoire%20d'action%20lyc%C3%A9en.

を懲罰する学則に反対する運動が拡がって、《Non au lycée-caserne》（軍隊式学校に反対する！）が合言葉になっていった（これは面白い、髪の毛が長すぎる生徒が増えたのはビートルズのせいだ。軍隊式学校とは、一九七五年出版のフーコーの『監視と処罰』でいえば「ディシプリン」の権力装置だ）。

一九六七年六月にはこちらも名門校のアンリ四世高校の生徒が、ハンフリー米副大統領の訪問に際してアメリカン・チャーチの星条旗を引き抜いて焼く事件が起こり、学校はいったん停学処分を決めたのだが、生徒たちの運動の盛り上がりを見て恐れをなし処分を諦めた。

一九六七年秋の新学年になると、「軍隊式学校反対！」と「表現の自由」がトロツキスト系の高校生運動のスローガンになっていく。一〇月二一日にはヴェトナム戦争反対で三万五〇〇〇人を集めた集会が開かれ多数の高校生が参加［★25］。その同じ一〇月の一六日には米カリフォルニアで反戦歌手のジョーン・バエズがアクティヴィストである母親とともに、良心的兵役拒否運動を援助したかどで逮捕され、彼女たちの釈放を求める集会を高校で開こうとするJCとそれを認めようとしない学校当局とが対立するようになり、高校生の政治活動の問題が世論の注目を集めるアジェンダとなってゆく。

このように、高校生たちの世界も、あの「ああ、あの美しきパリの五月 Ah, le joli mois de mai à Paris」［★26］へと急速に歩みを進めていったのだったが、この続きは、次回、詳しく書くことにしよう。

ところで、この連載はクロス・バイオグラフィーとして書くと宣言しているので、少しは自分のことも書かねばならない。ぼくとベルナールには一歳半の年齢差がある。だから、この時代、ぼくは中学一年生から二年生ということになる。まだほんとうにガキであんまり芳しい出来事はない。先ほども書いたように兵庫の武庫之荘に住んでいたのだが、小学校の一年生から神戸の一番東の本山地区の公立小学校と中学校に越境入学で通っていた。阪急電車でたぶん小一時間かかったと思う。それはとってもヘンなことだと思うのだが、なぜかその町の子供たちはほぼ全員が神戸に越境入学して集団登校していた。町には小学校がたぶんまだなかったのかと思うのだが、うちの家族はなにしろ新興住宅地に引っ越してきたばかりだったので、親はご近所の会社の先輩に「お子達は神戸に通わんといかん」（「オコタチ」というなにわ言葉をぼくが聞いたのはこのときが初めて）と言われ当然のようにそう決めていたのだ［★27］。

小学校では一、二年生の頃は成績は芳しくなくビリに近かった。二年生の国語で通知表が「2」（当時は五段階の相対評価で、クラスで何人も取れない「2」はとってもレアで貴重なスコア）で親を驚かせていた。が、三年生ぐらいからは（いまこんな仕事をしているわけだから）成績は問題なく上がり、塾とか予備校には結局一生ご縁がなく終わったが、中学生になる頃には模試成績とかでは何万人中一〇位以内に必ず名前が印刷されていた。学級委員長とかもしていて、襟章に委員長のバッジとか輝いていたよ。でも、そういうのは東大に来るようなやつでは普通のことなので、とくに変わったことではない。

中学の一年、二年の頃（一九六六年－六七年）は、理科少年で、理科のクラブに入っていたね。勉強のできる何人かの仲間で、化学薬品でいろいろ怪しげな結晶をつくったり、ガスを発生させたりしていた。競って勉強していたからあっという間に高校の理科や数学をみんなで独習して、大学の教科書とかぐらいまで読んだふりをしていた。ときどき、三宮に出かけていって、日東館（といったかな）とか、元町の丸善でそうした本を買うようになった。『ファインマン物理学』の第一巻の邦訳が出たのが、その頃ではなかったかな。梅田の旭屋で買ったと思う。湯川秀樹とか朝永振一郎が目標だった。だから、数学の先生のまちがいを指摘したり、戦争未亡人の理科の先生の授業の代わりをしたりしていたわけなのだ。あんなに理科ができたのに、いままったくできなくなってしまったのはなぜなのだろう？　不思議だ。

ベルナールのようにお酒を飲んだりということは皆目なかったし（親は両方とも下戸で家にはアルコールっ気なし）、文学もからきしダメだったね。ちょっと精神年齢的に幼かったのだろうと思う。国語は嫌いだった（「2」のイヤな思い出もあったし）。あの教科としての曖昧な感じがじつにいやで、国語はバカがやるものではないかと疑っていた。いまとなっては、まことに問題のあるジェンダーバイアスなのだが、あれは女の子のためのものと当時思っていた（ごめんなさい）。

社会にはちょっとは興味を持っていて、高校の『倫理・社会』（といったかな）の参考書（著者は東京教育大学教授・美濃部亮吉だった）を買って読んだり、ルソーの『社会契約論』を読んだりしていた。「人間は生まれながらにして自由である、しかし、いたるところで鎖に繋がれている」というあの文章は岩波文庫・桑原武夫訳で読んだね。で、中二のクラスで学級新聞を

★25　一九六七年一〇月二一日にアメリカのワシントンD．C．で行われたヴェトナム戦争に反対する大規模なデモ「ペンタゴン大行進 March on the Pentagon」に呼応した動きだと思われる。アメリカではリンカーン記念館前に一〇万人以上が集まった。日本では前年の一九六六年一〇月二一日に日本労働組合総評議会（総評）が「ベトナム反戦統一スト」を実施して世界の反戦団体に呼びかけて以来、一〇月二一日は「国際反戦デー」と呼ばれた。

★26　この謎の言葉は、こういう歌があったという意味なのだが、興味があればYouTubeとかで探してみることを勧めます。ノスタルジーはぼくの得意とするところではないので、ＵＲＬは記しません。

★27　こうした子供たちの就学と通学の状況には、しかし、後から考えると複雑な地域社会的な理由があったと思うのだが、子供の時分にはそのようなことは知る由もなかった。

出す機会があったので、「自衛隊は憲法違反である」という社説を掲げた。そうしたら、その学級新聞は、すぐに回収されてしまった。『共産党宣言』を読んだのは中三だ。二年生でブルジョワ革命を修めたので三年生では共産主義革命に進もうと思ったのだった。

本記事は、『ゲンロンβ80＋81』（2023年4月）に掲載した「飛び魚と毒薬　第1回」および『ゲンロンβ82』（2023年6月）に掲載した「飛び魚と毒薬　第2回　詩とアルコールと革命と」を統合し、修正を行ったものです。第3回は「webゲンロン」で公開されています。今後は本誌と「webゲンロン」をまたいで連載されます。

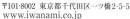

連載　理論と冷戦　第5回

★＝原注　☆＝訳注　〔　〕＝訳者補足

ベルクソンとアフリカ

イ・アレックス・テックァン　Alex Taek-Gwang Lee
訳＝鍵谷怜　Rei Kagitani

アンリ・ベルクソンはアフリカでもっとも影響力のある哲学者の一人であり、彼によって冷戦期のポストコロニアル思想が形成された。しかし、ベルクソンとアフリカが相性の良い組み合わせであるとは思えない。ベルクソンは一九二三年に、ムスリム的な怠惰は「変革への徹底的な無関心」であると書き、『努力の有効性』への信頼を含みこんでいるヨーロッパの文明を称賛している［★1］。

とりわけ、この書評〔アルフレッド・ド・タルド［☆1］『モロッコ、エネルギーの学校』に対する書評〕でベルクソンが述べている「植民地化の哲学〔une philosophie de la colonisation〕」は、フランスがアフリカを植民地化するという試みを正当化するもののように聞こえる。彼が用いる独特の哲学用語〔エネルギーや努力、行為など〕は、アフリカ大陸におけるフランスの文明化の使命を特徴づけるものである。ベルクソンが人種主義や植民地主義と共犯関係にあったのではないかという疑いはよく知られている。彼の同輩たちの多くと同じように、彼もアグレガシオン〔フランスの大学教授資格〕を取得した後、北アフリカを支配していたフランス帝国の第三共和政のもとで、国家教育制度の公僕として働いていた。彼が知らず知らずのうちに植民地主義と共犯関係にあったのは、こうした経歴が影響していたのかもしれない。

第一次世界大戦中にフランス使節として連合国側の宣伝活動をしていたベルクソンの、アルバート・ベヴァリッジ［☆2］との対話記録は、こうした推測を立証するものと言えるだろう。ベルクソンの家を訪れたベヴァリッジによれば、このフランス人哲学者は、世界大戦の理由は経済摩擦とは何の関係もなく、世界の支配権力にならんとするドイツの心理的決意に関係するものだと強調していたという。ドイツは心理的動機によって世界大戦を求めているというベルクソンの発言に、ベヴァリッジはすぐさま疑問を呈した。しかしベルクソンは次のように主張する。

それ〔ドイツが世界の支配権力となるために世界大戦を必要とすること〕が、この世界でのドイツの使命についての彼らの理論であるということにはまったく疑いの余地がありません。彼らはあらゆる文化をドイツ「文化〔Kultur〕」にしようとしています。私たちの考えはそれとは正反対のものです。文化を発展させてきたあらゆる国家は、全人類に対して何らかの価値を生み出してきた、と私たちは考えています。ドイツが自らの「文化」を守り発展させるがままにするのはよいでしょう。しかし、フランスも自らの文化を守り発展させるべきですし、英国も自らの文化を守り発展させるべきです。これが異なる角度から人類の発展を示すということであり、世界に対しても良いことなのです。それに対して、あるひとつの制度を普遍的なものにすることは世界に対する悪であり、この悪

★1　Henri Bergson, “Rapport sur ‘le Maroc, école d'énergie’ d'Alfred de Tarde (1923),” in *Mélanges*, ed. André Robinet (Paris : Presses Universitaires de France, 1972), pp. 1395-1396. ベルクソンによる原文は以下。「しかし、これまで頻繁に語られてきた『ムスリム的な怠惰』は、筆者には曖昧な表現に思われるため、これを明確にしなければならない。この怠惰は、決して働くことを拒否しているのではない。それは基本的に、変化に対する徹底した無関心からなるものである。先住民は生活が変化しうるものだと信じていない。継続的な努力は必要ないと考えていて、そのエネルギーは短期間のもので、その時々の必要を満たすためだけのものなのだ。一方、ヨーロッパ文明には努力の有効性に対する信頼が含まれている。この対比は、植民地化の問題を解く鍵になる。我々がモロッコで何をするようになったのかを理解するためにはそこから始めなければならない。我々はこの人々に対して、まず保護国というかたちで安定した政府、恒久的な行政機関を与えた。彼らに組織の精神をもたらしたのだ。我々は彼らに間違いなく多くの新しい欲求を生み出しているが、それを満たすための手段も与えている。これが我々の目に見える部分である。あまり目に入らないのは、一八七〇年の戦争以来、我々を植民地化に駆り立ててきた秘密の力である。それは、我が人種の抑圧されたエネルギーの反乱であり、行動し反乱分子を導く欲求である。植民地全般、とりわけモロッコは、『我々が与えた活力を活性化させて我々に返してくれる』のだ。ド・タルド氏のこの言葉は、彼の著書に支配的な考え方を示している。多くの事実や考えの凝縮である〔彼の著書の〕記述は、その簡潔さゆえに要約することは不可能である。次のように言えば十分であろう。植民地それ自体に関しては、過去のモロッコと今日のモロッコを絵のように生き生きと比較しており、その国における我々の役割に関しては、植民地化の努力に対する鋭い分析がなされている。本書は、モロッコの芸術と、その心理学的な重要性についての興味深い考察で締めくくられている。本書は全体として、非常に鋭く、優れた心理学的著作である。いわば、植民地化の哲学の第一章なのである」。

☆1　アルフレッド・ド・タルドAlfred de Tarde（一八八〇－一九二五）は、フランスの経済学者・ジャーナリスト。社会学者ガブリエル・タルド（一八四三－一九〇四）の息子である。批評家アンリ・マシス（一八八六－一九七〇）との、アガトンという筆名による共著『今日の若者たち』（一九一三）などで知られる。

☆2　アルバート・ベヴァリッジAlbert Beveridge（一八六二－一九二七）は、アメリカ合衆国の政治家・歴史家。一八九九年から一九一一年までインディアナ州選出の上院議員（共和党）を務めた。一九一二年、セオドア・ローズヴェルトの結成した進歩党に参加し、彼の大統領再選を支援している。

はそれが強制されたものであればより悪いものとなります。しかし、これこそがドイツの考えであり目的なのです。［★2］

ベルクソンにとって、ドイツの「文化」という概念は、「均質的な効率性という目的のために個人を国家に従属させることである。そして、おそらく同時に、ドイツに利益をもたらす均質性という目的のために、他のヨーロッパの国家をすべてドイツの影響下に従属させることでもある」［★3］。そこでベヴァリッジは、フランス人もアルジェリアやモロッコといった植民地の場合については同じ政策を行なってきたのではないか、と再び問いかけるのだが、このフランスの思想家の答えは次のようなものであった。

> それら［アルジェリアやモロッコ］が国家だったとは言えません。彼らは相争う部族でした。彼らには連帯もなく、国家の意識もありませんでした。混乱状態に置かれているがゆえに世界に対して自らの有用性を示してきませんでしたし、自分たち自身に対してさえも示してきませんでした。ですから、フランスに支配されるまでのアルジェリアやモロッコ、その他の我々の領土の住人たちが置かれた状態における個人間のつながりには、集団的な人間存在となるまでに互いに統合されたひとつの人民という私たちの理論は当てはまりません。［★4］

この主張は間違いなく人種主義的な響きを持つし、ベルクソンが植民地主義に共感していたことを明らかにしているだろう。それゆえ、一部の批評家は民族主義的ショーヴィニズム［☆3］であるとして彼を批判した。一九二九年、若きマルクス主義哲学者であったジョルジュ・ポリツェル［☆4］は『哲学的パレードの終焉――ベルクソン主義』を出版し、ベルクソンの精神主義を反動的思想だと攻撃した。ポリツェルはベルクソンを、戦争を称賛してロシア革命を認めない国家哲学者であるとして批判したのである。

別のマルクス主義知識人であるポール・ニザン［☆5］も一九三二年にポリツェルのベルクソン主義批判に同調した。彼は『番犬たち』を出版し、ベルクソンを自らの権益に守られたブルジョワ思想家であると非難している。ベルクソン主義は哲学の唯物論的な意味を欠いており、死のなかの生き方として生命を考えているために、時間と空間を哲学的概念の歴史的起源として理解することができていないとニザンは主張したのだ。ニザンの批判は戦争に対するベルクソンの両義的な立ち位置と関連していた。フランス人文院の年次公開総会においてベルクソンが行なった講演「戦争における生命と物質」では、第一次世界大戦が、人類の未来のための生命と物質との間の戦いであると定義されており、フランスとベルギーの人々の愛国主義は、プロイセン的な精神の機械化に対抗する生命の飛躍〔élan vital〕を体現するものだと主張されている。

ベルクソンの両義性

この生気論哲学者には、戦争への動員を支持するために自らの形而上学的な概念を使うことにためらいがなかったようである。この視点からすれば、ムスリムとアフリカ人に対するベルクソンの見解が、彼の政治性に付随するものだと認めることはたやすい。

しかし、私の考えでは、彼のドイツに対する政治的立場は、彼が植民地主義を容認していたことの根拠にはならない。ドイツの「文化」を批判する彼の論点は、ドイツの領土的野心は帝国主義にほかならず、より高い理想を一切持たない受動的な服従を強いているというものであった。帝国主義のこうした側面は、生命の機械化と同一視された。

したがって、ここで強調しなければならないのは、ベルクソンはドイツの帝国主義を批判するなかで、均質性に反対し多様性を擁護しようとしたということである。フランスのマルクス主義者にとってベルクソンの政治的立場は議論を呼ぶものであったにせよ、生命の飛躍と機械化された人為性の間の衝突として戦争を定義しようとする彼の狙いは、帝国主義戦争に反対する彼の立場において明らかである。この視座は、ヨーロッパの文明がその産業化と第一次世界大戦中の大量破

★2 Albert Beveridge, *What is Back of the War* (Indianapolis: Boss-Merrill, 1915), p. 289.

★3 Ibid., pp. 289-290.

★4 Ibid., p. 292.

☆3 自身の属している集団が他の集団よりも優れていると考える思想傾向のこと。ナショナリズムの文脈においては、熱狂的愛国主義と訳されることもあり、排外主義的な性格を示す。

☆4 ジョルジュ・ポリツェル Georges Politzer（一九〇三－一九四二）は、オーストリア＝ハンガリー帝国（現ルーマニア）出身の哲学者・心理学者。フロイトの精神分析の批判的読解として『心理学の基礎批判』（一九二八）を出版する。フランスのマルクス主義思想の中心的な人物として活動し、ベルクソンを批判した。第二次世界大戦中、対独レジスタンス運動を続けていたが共産党員の一斉検挙によって逮捕され、ドイツ軍に処刑された。なお、『心理学の基礎批判』には以下の邦訳がある。ジョルジュ・ポリツェル『精神分析の終焉――フロイトの夢理論批判』、寺内礼監訳、三和書籍、二〇〇二年。

☆5 ポール・ニザン Paul Nizan（一九〇五－一九四〇）は、フランスの小説家・ジャーナリスト。『番犬たち』でベルクソンらをブルジョワ秩序の「番犬」であると痛烈に批判し、知的エリートと国家権力の共犯関係を指摘している。第二次世界大戦中に戦死した。『アデン・アラビア』（一九三一）は、アデン（現イエメンの都市）に滞在した経験から、資本主義・植民地主義を批判する著作である。邦訳は以下。ポール・ニザン『番犬たち』海老坂武訳、晶文社、一九八〇年。ポール・ニザン、ジャン・ルオー『アデン、アラビア／名誉の戦場』、小野正嗣、北代美和子訳、河出書房新社、二〇〇八年。

壊兵器の生産以降機械化していくという一般的な考えにもつながった。彼がドイツの「文化」を拒絶したのは、彼がフランス革命の成果だと考えていたフランスの世俗主義（ライシテ）を守るためであった。

だが一方、彼の植民地主義理解はより複雑で両義的であるように思われる。アフリカや世界のそれ以外の地域についてのベルクソンの知識は、リュシアン・レヴィ＝ブリュール［☆6］のような同時代の文化人類学者から得たものであろう。アシル・ムベンベが主張するように、レヴィ＝ブリュールは「理性を与えられた『西洋人』と、反復と神話的循環の時間周期にとらわれた非西洋の人々や人種との間の区別に、擬似科学的な裏付け」を与えようと試みた［★5］。ベルクソンのアフリカ認識は、彼がその大陸の状況を偶発的なものにすぎないとはっきり記述していたにせよ、同時代の文脈を超えるものではなかった。

しかし、非ヨーロッパ世界についてのベルクソンの問題含みな理解にもかかわらず、ドナ・ジョーンズはベルクソンとアメリカ文化について論じたトム・カークを引用しながら、ベルクソンの生気論が「一九世紀のアングロ＝アメリカの自然主義に対する反抗の言語」を持つものだと指摘している［★6］。彼女にとって、ベルクソンの生気論は単純に人種主義的と定義しうるものではない。植民地主義に関する生気論的思想は諸刃の剣なのだ。ベルクソンの非ヨーロッパ世界に対するアプローチはヨーロッパの人種主義を典型的にあらわしているものだが、同時に、彼の生気論は「アフリカやカリブの自己理解を守ってくれる人種の形式」を与えてもいる［★7］。ベルクソンの「方法」としての直観という概念によって、アフリカの生気論者は哲学のオルタナティヴな歴史を見出したのだ。

例えば、セネガルの詩人であり政治家のレオポール・セダール・サンゴール［☆7］は、自らの理論的追求のためにベルクソンを用いたアフリカの生気論者のうちの一人である。ベルクソンの『時間と自由意志』や『創造的進化』に触発されて、彼は次のように主張した。「一九世紀に至るまで、二〇〇〇年以上にわたってヨーロッパの思想はギリシアの哲学者の系譜全体のすぐれた直観を軽視し、多かれ少なかれアリストテレスの思想の上で生きてきた。そこではロゴスは、しめっぽく揺れ動くものであったとはいえ、厳格なカテゴリーに結晶化されていた。もはや動いて生きている現実を取り入れることも、それを翻訳することもなかった」［★8］。ジョーンズは、ヨーロッパ内外でのベルクソン哲学の両義的な現実化を正しく評価している。ベルクソン主義のこうした二重の側面によって、植民地主義に対する彼の見解、とりわけ国民《ネーション》と部族の概念化に関しては多くの解釈可能性が開かれているのだ。

一九三〇年代のネグリチュードの運動［☆8］は、自らの認識論的基礎を正当化するためにベルクソンの生気論を適用したが、一方で、生命の飛躍に対するその哲学者の信念は第一次世界大戦後のヨーロッパにおいてひどく打ち砕かれてしまっていた。ヨーロッパが「創造的進化」に失敗したのとは異なり、アフリカでの生気論的概念の適用は「ネグロ＝アフリカの人間性」を実験的に構築することについてより楽観的であった。こうしたアフリカ的ベルクソン主義の誕生によって、冷戦期における第三世界の闘争がもたらされたのである。

サンゴールにとってベルクソンの生気論は、ヨーロッパ的な主客二元論を超える黒人認識をアフリカ人に対して与えうるものだった。宇宙論的な生命の飛躍という概念はアフリカ思想の認識論的な下支えとなりえたのである。サンゴールが強調したのは、自身の考えが、ベルクソンの「一八八九年革命」と彼が呼んでいるものから生じたということである［★9］。この革命とは、ベルクソンの博士論文である『時間と自由意志』の出版を意味している。ベルクソンとアフリカの詩人が出会ったのは偶然などではなかったのだ。

ベルクソンは同時代の文化人類学から完全には自由でなかったにせよ、『道徳と宗教の二つの源泉』において、レヴィ＝ブリュールによる原始心性の前－論理としての概念化に対してはいくつか反論を書いている。彼の問いは、「決して理性的ではない信念や実践が、どのようにしてこれまで理性的な存在に受け入れられたのか、そして現在でも受け入れられるのか」についてのものであった［★10］。ベルクソンは

★5　Achille Mbembe, "Nicolas Sarkozy's Africa." https://africultures.com/nicolas-sarkozys-africa-6816/

★6　Donna V. Jones, *The Racial Discourses of Life Philosophy: Négritude, Vitalism, and Modernity* (New York: Columbia University Press, 2010), p. 28.

★7　Ibid., p. 21.

★8　Léopold Sédar Senghor, *Liberté III : Négritude et civilisation de l'universel* (Paris : Seuil, 1977), p. 219.

★9　Souleymane Bachir Diagne, *Postcolonial Bergson*, trans. Lindsay Turner (New York: Fordham University Press, 2019), p. 21

☆6　リュシアン・レヴィ＝ブリュール Lucien Lévy-Bruhl（一八五七－一九三九）は、フランスの哲学者・文化人類学者。『未開社会の心的機能』（一九一〇）で、「未開人」の思考様式は前論理的な推論に基づくものであるとして「原始心性 mentalité primitive」という概念を提示した。なお、『未開社会の心的機能』には以下の邦訳がある。レヴィ・ブリュル『未開社会の思惟』上下、山田吉彦訳、岩波文庫、一九五三年。

☆7　レオポール・セダール・サンゴール Léopold Sédar Senghor（一九〇六－二〇〇一）は、セネガル（出生時はフランス領西アフリカの一部）の政治家・詩人。フランス領西アフリカの独立運動を進め、セネガル独立後は初代大統領を務めた。詳しい業績は後述される。

☆8　サンゴールやマルティニーク出身のエメ・セゼールらによって主導された、植民地化で抑圧されてきた黒人固有の文化を称揚し、同化政策を拒否する文化運動。ニグロという蔑称を冠することで、差別や抑圧に対する自覚を触発することを目指し、第二次世界大戦後のアフリカ独立の原動力となった。他方で、フランツ・ファノンらのように、ネグリチュードが前提としている「黒人／白人」という二項対立が西欧的思考にとらわれているという点を鋭く批判した論者もいる。

次のように続ける。

レヴィ＝ブリュール氏の素晴らしい著書の読者は、そこから次のような結論を引き出すだろう。すなわち、人間の知性は進化のプロセスを経てきたのであり、自然の論理はつねに同じだったわけではない。「原始心性」は〔我々とは〕異なる基礎構造に対応しており、我々の心性に取って代わられたものである。そして、今日においてそれは進化の遅れた人々の間にのみ見出されるものだ、と。しかしこれは、何世紀にもわたって個人が獲得した心の習慣は、遺伝となって自然を改変し、種に対して新しい心性を与えることができると認めることである。だが、心の構造は同じままなのだから、連続する何世代にもわたって獲得されてきた経験が、社会環境のなかに蓄積され、その環境から我々ひとりひとりに還元されるとすれば、我々がなぜ文明化されていない人たちと同じようには考えず、昔の人と今の人がなぜ異なっているのかを十分説明できるはずだ。心はこの二つの場合でまったく同じように作用しているが、社会の要求が前者と後者で同じであるということがほとんどないために、同じ物質に作用するわけではないのかもしれない。［★11］

この議論においてベルクソンが明らかにしているのは、あらゆる人間の心は等しく同じ構造を共有しており、それはいわゆる「原始心性」の場合であってさえも当てはまるということである。非ヨーロッパ人の「前‐論理」的な心は、異なる環境の結果であって、自然法則の結果ではないのだ。彼らは、自らの論理的思考を通じて、因果律という不変のつながりも理解する。あらゆる文明人と同じように、非文明人も世界を理解し、うまく扱おうとする合理的な努力を継続しているのである。この観点からすれば、「問題となっている原始心性はもはや他者の論理ではなく、論理の他者である」［★12］。たしかに、レヴィ＝ブリュールの「原始心性」概念を転覆させたベルクソンの解釈には、彼の哲学におけるポストコロニアル的傾向が潜在的に含まれている。

ベルクソン的マルクス主義

サンゴールのベルクソン主義は、ヨーロッパの偏見に対する論理的反抗にとどまるものではない。アフリカでは、ベルクソン主義はマルクスと結びつけられた――そしてベルクソン的マルクス主義とはポストコロニアルなベルクソンの政治的実現だったのである。サンゴールによるアフリカ社会主義の基本方針は、一九六〇年代の初めに発展した。

彼の社会主義との関わりは、ベルクソンの生気論を彼が哲学的に受容したことと不可分である。彼は労働者インターナショナルフランス支部〔Section Française de l'Internationale Ouvrière〕〔☆9〕から分離して、一九四八年にセネガル民主ブロック〔Bloc Démocratique Sénégalais〕と呼ばれる政党を立ち上げた。この政党は別の政党と合流し、セネガル進歩同盟〔Union Progressiste Sénégalaise〕が成立する。そしてセネガルが独立を獲得する直前、セネガル社会党〔Parti Socialiste du Sénégal〕となった〔☆10〕。

セネガルの社会主義政党の目標は、ネグロ＝アフリカの文化的価値観に基づいた民主的社会を確立することであった。こうした政治哲学は、長年の植民地主義的な人種差別と人種科学に対する答えである。このような哲学の方向性は、フランス領西アフリカにおける独立運動にとって非常に重要なものであり、ひとつの共有されたアイデンティティのもとにブラック・アフリカを統一することを促進した。

政党によるアフリカ社会主義の実現は、サンゴールがベルクソンを経由してマルクスを解釈した結果である。彼のベルクソン的マルクス主義が基盤としていたのは、ルイ・アルチュセールの「科学的な」マルクス読解ではなく、「若いマルクス」との出会いだった。サンゴールは、ベルクソン哲学の仲間であるティヤール・ド・シャルダン〔☆11〕の影響のもとでマルクスの『一八四四年手稿』を読んでいる。アルチュセールは『一八四四年手稿』の哲学と「成熟したマルクス」の間の認識論的断絶を強調したが、サンゴールにとっては『一八四四年手稿』を書いた「若いマルクス」が本当のマルクスであった。

サンゴールによれば、「成熟したマルクス」は、当時の時代状況のもとで初期の考えを科学的実証主義に明け渡してしまった哲学者なのだ。このセネガルの社会主義者がマルクスの著作に見出したものは「疎外の哲学者であって、剰余価値の経済学者ではなかった」〔★13〕。疎外についてのサンゴー

★10 Henri Bergson, *The Two Sources of Morality and Religion*, trans. R. Ashley Audra and Cloudesley Brereton (Notre Dame: University of Notre Dame Press, 1977), p. 103.〔ベルクソン『道徳と宗教の二源泉 改訳』、平山高次訳、岩波文庫、一九七七年、一二六頁。訳出に際しては、既訳のあるものは参考の上、適宜修正を施した場合がある。〕

★11 Ibid., pp. 103-104.〔同書、一二六－一二七頁〕

★12 Diagne, *Postcolonial Bergson*, p. 34.

★13 Ibid., p. 42.

☆9 一九〇五年から一九六九年まで存在していた、フランスの社会主義政党。現在のフランス社会党と区別するために「旧社会党」とも呼ばれる。

☆10 セネガル社会党は独立以来二〇〇〇年まで、セネガルの政権与党であった（うち、一九八〇年まではサンゴールが大統領を務めた）。

☆11 ピエール・テイヤール・ド・シャルダン Pierre Teilhard de Chardin（一八八一－一九五五）は、フランスのカトリック司祭・古生物学者。生命を生み出した宇宙に関心を抱き、進化論的世界観とキリスト教的世界観を総合することを提唱した。主著の『現象としての人間』は一九三九年ごろに執筆されたものだが、進化論はカトリック教会の教義と相容れず、出版されたのは死後のことである。邦訳は以下。ピエール・テイヤール・ド・シャルダン『現象としての人間［新版］』、美田稔訳、みすず書房、二〇一九年。

ルの理解は、植民地化された人々と一般的な人間の条件を彼が同一視したことと深く関係していた。彼は、同時代のマルクス主義が、すべての人間の解放を革命的実践の目標として提示するような本当のマルクス、すなわちマルクスの道徳原則を覆い隠すものだと考えたのである［★14］。

サンゴールはマルクスを読解し、それをベルクソン主義に結びつけることで、疎外の概念を流用した。彼が用いる疎外という用語は、ベルクソンがドイツの機械化を批判したように、外部の対象を効率化するために生き生きとした実体を欠いてしまっている状態にほかならない。このようにして、ベルクソンの生気論とマルクス主義はアフリカで出会ったのである。

ベルクソン的マルクス主義という亡霊から、一九四〇年代半ばにサルトルとハイデガーの間で交わされ、さらには一九六〇年代半ばにアルチュセールとフランス共産党（PCF）の間でも展開された、ヨーロッパにおけるヒューマニズムと反ヒューマニズムの論争をうまく見渡すこともできる。

ハイデガーの『「ヒューマニズム」についての書簡』は、サルトルの有名な講演『実存主義とは何か』〔原題『実存主義はヒューマニズムである』、一九四五年講演、一九四六年出版〕を否定しているが、これは一九三三年以前の著作〔主に一九二七年初版の『存在と時間』〕と一九四五年以後の著作との移行期の仕事だとみなされる。この書簡はハイデガー哲学の転回の中心にあるもので、彼がもともと歴史的現象学の一形態としての現存在に没頭していたところから、あらゆるヒューマニズムを不当な形而上学として否定する、存在についてのより厳密な思索へ移行したことを示している。ハイデガーが一九四六年にこの『「ヒューマニズム」についての書簡』を著したのは、実存主義についてのサルトルの講演に反対するフランスの哲学者ジャン・ボーフレ［☆12］からの依頼によってであった。『「ヒューマニズム」についての書簡』は、出版されてからというもの、ヨーロッパの反ヒューマニズムのもっとも画期的なテクストとされたのである。

〔本連載の前回でも紹介したように〕アルチュセールの場合、より科学的な厳密さを主張して、マルクス主義的ヒューマニズムをめぐる議論に関わっていた。彼の好敵手となったのが、リベラル・ヒューマニズムに傾斜するロジェ・ガロディや、中道を主張するリュシアン・セーヴであった。アルチュセールの「科学的な」マルクス解釈はフランス共産党の指導者たちに驚きを与え、理論的な反ヒューマニストとしてのマルクス読解は彼らの間に波紋を引き起こした。アルチュセールのマルクス理解は議論を呼ぶものとなり、一九六六年三月にアルジャントゥイユに集ったPCFの中央委員会には受け入れられなかった。この会合でミシェル・シモンは、反ヒューマニズムが共産主義者を人間《ヒューマニティ》に関心のない者たちだと悪者扱いするブルジョワの危険な考え方を容認するものだと主張した。

PCFでのヒューマニズム論争の結論は、マルクス主義的ヒューマニズムの再確認となった。三日間の会合ののち、PCFの経済学者たちは、フランスの資本主義の特徴を議論する会議を開催したのだが、彼らによって、その段階は国家独占資本主義にあると定義された。このように、国家独占資本主義に対してマルクス主義的ヒューマニズムを取り戻すことが、一九六八年五月以前のフランス共産党にとっての政治的解決策だったのだ。

こうした背景のなかで、サンゴールの初期マルクスの再読は、ヒューマニズムを復活させるものなのだろうか。

私の考えでは、彼のベルクソン的マルクス主義は、ヒューマニズムとしても反ヒューマニズムとしても捉えられるべきではない。むしろ「より多く生きること〔more being〕」［☆13］の思想、言い換えれば、宇宙論的ポストヒューマニズムの思想である。

彼の生気論的社会主義は、テイヤール・ド・シャルダンによる発生宇宙論、あるいは宇宙生成論の概念を反映している。サンゴールにとって、マルクスの共産主義というヴィジョンは、「物事の成り行きを市場の力の自由な働きに任せないような、イデオロギーの選択あるいは経済システム」以上のものだ。つまり、「『より多く生きること』へ向かって生命を推し進める道徳的な選択」なのである［★15］。サンゴールの言う共産主義は、創造的人間、すなわち芸術家が出現するために、あらゆる疎外を取り除く宇宙的な運動である。したがって、非ヨーロッパ人が自らの疎外から解放されないかぎり、ヨーロッパのヒューマニズムは「より多く生きること」を包摂するに足るものとはならない。こうしたことから、サンゴールがPCFの公式路線をとることは決してなかったのだ。

ベルクソン主義の現実化

ベルクソン主義とアフリカの哲学の交差から、我々はいかにして価値ある洞察を拾い集めることができるだろうか。サ

★14　Léopold Sédar Senghor, *Liberté II : Nation et voie africaine du socialism* (Paris : Seuil, 1971), p. 31.

★15　Diagne, *Postcolonial Bergson*, p. 46.

☆12　ジャン・ボーフレ Jean Beaufret（一九〇七―一九八二）は、フランスの哲学者で、同国にハイデガーを紹介した。ハイデガーはボーフレの問いに答えるかたちで、『「ヒューマニズム」についての書簡』を著した。ハイデガーがこれを出版したのは、一九四七年のことである。邦訳は以下。マルティン・ハイデッガー『「ヒューマニズム」について――パリのジャン・ボーフレに宛てた書簡』、渡邊二郎訳、ちくま学芸文庫、一九九七年。

☆13　サンゴールは「more being」という言葉を「well-being」と対比させて用いている。すなわち彼は、物質的かつ経済的に「よく生きること〔well-being〕」ではなく「より多く生きること〔more being〕」を追求しうるマルクス主義に価値を見出しているのである。もちろんこれは「長生きする」ということではなく、人間の精神的な解放が含意されていると言えるだろう。

ンゴールのベルクソン的マルクス主義は、二つのものの調和的融合を表しているのだろうか、それともそれらの原則を誤って解釈したものなのだろうか。そして、こうした錬金術的融合は、激動の冷戦時代におけるアフリカ思想について我々にどのようなことを教えてくれるのだろうか。

サンゴールの立場は反ヒューマニズムではなかった。とはいえ、「ブルジョワ」のベルクソンと「プロレタリア」のマルクスを結びつける彼の宇宙論的ポストヒューマニズムは、アルチュセールのマルクス主義的反ヒューマニズムと同様に、ヨーロッパのマルクス主義の指導者たちに受け入れられるものではなかった。イランにおけるハイデガーのように、ヨーロッパのベルクソンは、セネガルにおいて異なった現実化を見出した。すべての哲学のこうしたパフォーマティヴな実践はベルクソンに限定されるものではない。マルクスの哲学も例外ではないのだ。

第二次世界大戦中のレジスタンス運動のおかげで、マルクス主義は戦後フランスに強固な地位を築いた。サンゴールも第二次世界大戦中の一九四〇年四月、現役兵として召集されている［☆14］。

ところが、散開した後すぐに捕らえられ、捕虜収容所を経験した。彼はそこでアフリカの農民と出会い、フランスとアフリカの関係を認識し始めた。この経験によって、彼は独立運動に参加し、ベルクソン的マルクス主義を明確化させたのである。サンゴールはソ連とアメリカの双方に対して批判的であった。これらに対する彼の代案は、ベルクソン的精神主義とフランス社会主義の道徳的潮流を融合した民主社会主義を通じて成立する新しい文明だった。サンゴールの独自性は、戦後ヨーロッパにおけるマルクス主義の文脈で考えられるべきである。

マーク・ポスターが指摘するように、「疎外」の概念をめぐるフランスのマルクス主義の変質——ここにはサルトルの実存主義的マルクス主義も含まれる——は本質的に、「公式の」マルクス主義とされていたスターリニズムの教条主義を批判するプロセスであった［★16］。この傾向はフランスのマルクス主義に限らない。ルカーチを含む西欧のマルクス主義者はすでにスターリニズムの「科学的」教義に反して、ヒューマニズム的マルクスを主張してきた。サルトルの実存主義的マルクス主義もまた、彼のスターリニズム批判の延長だったのである。

ソ連はすでに、疎外を中心に据える西欧的・実存主義的マルクス主義のこうした潮流を、冷戦よりも深刻な問題として捉えていた［★17］。一九六八年五月は、フランス共産党とスターリニズムへの哲学的批判が大衆の社会運動に到達した決定的瞬間である。この歴史的出来事がフランス哲学にもたらした非常に重要な課題は、「自発的隷従」という問題に取り組むことであった。一九六八年五月以後のフランスの哲学は、この問題をスターリニズムという「公式の」マルクス主義を超えて解決できるような理論的視座を探求するプロセスだったということは否定しがたい。そのことは、哲学的言語においてこの出来事を表現しようとしたアルチュセールによって示されている。

あらゆる人は哲学者であるというグラムシの前提とは反対に、アルチュセールは「共産主義哲学」の知において見出されうる区別を強調している。アルチュセールの観点では、新しいマルクス主義哲学の目標は、哲学をイデオロギーの受容と同一視してしまうことを打破し、世界の流れや歴史の発展の論理的不可避性についての知を抽出するプロセスを通して「一般理論」を構築することであった。ウォーレン・モンタグが書いた、〔アルチュセールの〕『非哲学者のための哲学』の最近の英語版の序文によれば、「アルチュセールは、哲学とは何であるかという問いを、哲学がどのように作用し、どのように効果を生み出すのかという問いへと置き換えたのである」［★18］。哲学はひとつの実践形式として理解されるべきだという彼の主張は、彼の哲学的言明の実践的な効果を継続的に再評価することを求めている。それは哲学の領域の内部と外部の両方で行なわれる必要があるのだ。

哲学と非哲学の境界を消去しようとするアルチュセールの試みは、ある批評的葛藤を提示している。すなわち、哲学は、こんにちの「理論的実験室」としてはたらきつつ、ひとつの実践として、かつ革命的道具として機能しうるのだろうか、ということである。アルチュセールによる「理論的実験室」の意義は、マルクス主義が実践の哲学を体現するものだという主張にとどまらない。むしろそれは、哲学は自らの領域へと立ち返ることができず、非哲学の領域に向き合わなければならないという認識を強調するのである。

この意味で、アフリカにおけるベルクソン的マルクス主義は、二つの次元の出会いの結果なのだろうか。アルチュセールは、ルクレティウスについての後期の論考のなかで、自らの思想とドゥルーズ――フランスにおけるもう一人のベルクソン的マルクス主義者――を結びつけている。このとき、この手がかり〔アルチュセールとベルクソン的マルクス主義者としてのドゥルーズのつながり〕が意味しているのは、フランスの科学的

★16 Mark Poster, *Existential Marxism in Postwar France* (Princeton: Princeton University Press, 1975), p. 51.

★17 Ibid., p. 68.

★18 Warren Montag, "Introduction: Philosophy for Non-philosophers or Non-philosophy for Philosophers?" in Louis Althusser, *Philosophy for Non-philosophers*, trans. G. M. Goshgarian (London: Bloomsbury, 2017), p. 3.

☆14 サンゴールは一九二八年よりフランス本土で高等教育を受けており、同じように植民地から渡ってきた知識人たちとネグリチュードの思想を形成していた。そのままフランス本土に滞在し、トゥールのリセ（高等学校）などで教師を務めていたが、第二次世界大戦が勃発すると、志願してフランス軍に入隊し、第三植民地歩兵連隊に配属された。

マルクス工義者とセネガルの生気論的マルクス主義者がすでに出会い、別れてしまっているということなのだろうか。この問いの答えは、未来の考古学によって解決されるのを待つばかりである。

原題　Theory and Cold War #5: Bergson and Africa
本連載は本誌のために英語で書き下ろされたものです。

KANDATA INC.

見ないこと、見損なうこと、あるいはインフラストラクチュア　3月1日から9月2日

田中功起　Koki Tanaka

となりで娘がクレヨンで絵を描いている。ぼくのところにやってきて、「そはちゃん、ぼーっとしちゃった」という。え？　ぼーっとしたの？　娘はひとつの作業にのめり込むと、最初から最後までやらないと気が済まない。例えばふりかけの袋を指で切って開けるとき、力がなくてどれだけてこずっても、食べるのをそっちのけで奮闘しつづける。それでもできないと泣き叫ぶ。絵を描くときもそう。だからぼーっとすることなんてあるのかな、と疑う。もしかすると「ぼーっとする」と保育園の保育士の誰かが言ったのを覚えていて、それを使ってみたかったのかな。

子育てをしているといつの間にか時がすぎて、何をするつもりだったのか忘れてしまうことがある。制作のアイデアも展覧会のアイデアも執筆のアイデアも抜け落ちてしまう。なんだか何もかも最初からやり直し。今回のテキストもそう。途中まで書いていたアイデアのメモ書きも、どうしてそれらが繋がると思っていたのか忘れてしまい、展開のさせかたを練り直す。

今回は、最近の関心ごとである一九六〇、七〇年代以降の「制度批判」（Institutional Critique）という美術史上のジャンルと、それをどのように現代的にアップデートできるのかについて書こうと思っていた。しかし予定通りにはいかない。子どもが風邪を引いたり、熱を出したりして、仕事時間は日々の育児時間のなかに完全に埋没した。資料を読んだり、調べたりするためにはある程度まとまった時間が必要だ。二四時間では足りない。一日が三六時間ぐらいあればよいのにと思ったけど、むしろ単に娘と遊ぶ時間が増えるだけかもしれない……。

詳しくは改めて書くとして、少しだけ先回りして要点を記しておく。まずそもそも「制度批判」と呼ばれるジャンルはアートを含む諸制度を分析し、拡張するような批判のアイデアを「作品化」する手法を指す。例えばマイケル・アッ

シャーは美術館の時間を相手にする。通常の開館時間を拡張し、二四時間ずっと展示空間を開放するために、入り口を壊し、砂時計を横倒しにしたような形の空間に作り替える。街路に開放された三角形の部屋を抜けると、何もないもうひとつ別の三角形の部屋があるだけ。奥には出口がないため、観客は入り口に戻ることになる［★1］。美術館の開館時間という制度に対して展示空間をデザインし直すことで問題を提起し、それを作品化するのだ。

あるいはハンス・ハーケによるニューヨークの不動産不正取引についての調査をそのまま展示した作品も、「制度批判」のアートとしてよく知られている［★2］。スラム地域の多くの不動産が同一家族の所有であり、ダミー会社などを使って取引が行われてきたことを公的記録を使って提示するものだ。写真と文字を使っているという点ではコンセプチュアル・アートの手法だけれども、射程としてはジャーナリズムに近い。この作品はグッゲンハイムで彼の個展が企画されたときに、中立的でない、ということで展示を拒否された。結局アーティストと美術館は合意にいたらず、個展はキャンセルされている。これはアートにおける検閲事件のひとつとしても記憶されている。

このように、「制度批判」のアートは美術制度だけでなく、社会制度にも直接的にアプローチし、批判の矛先を向ける。しかし、そもそも「批判」というものは、基本的に批判対象である制度に依存する。つまりこういうことだ。「制度批判」は制度を批判するだけでそれを変えようとはしない。それは、「制度批判」のアートが美術史という制度のなかに、アートにおける新しい形式として登録されたときに、より顕在化すると思う。制度を批判するだけで制度を変えようとはしないアートは、当たり障りがないからむしろ美術館で扱われやすい。なぜなら美術館も、自らの権威や制度に対して懐疑的ですよ、というエクスキューズとして「制度批判」のアートを利用できるからだ。

だから、「制度批判」を批判としての機能を保ちつつ実効的なものとして、現代的にアップデートするには、批判だけでなく、制度そのものを解体し、別様に作りあげるような「仕事」が必要になってくる。むしろ「土台作り」（インフラストラクチュラル・ワーク）が求められる。そしてこれは、この連

★1　この作品のドローイングは以下を参照。空間がどのように開かれたのかがわかる。Michael Asher, *Project at Pomona College Art Gallery*, 1970. URL=https://www.moma.org/collection/works/288842
当時の記録写真は検索するといくつか出てくるが、美術館内から撮影されたものと街路から撮影されたものがある。URL=https://www.pomona.edu/museum/exhibitions/2011/it-happened-pomona-art-edge-los-angeles-1969-1973

★2　Hans Haacke, *Shapolsky et al. Manhattan Real Estate Holdings, a Real-Time Social System, as of May 1, 1971*, 1971. URL=https://whitney.org/collection/works/29487

載で以前にも触れたアネマリー・モルによる「ペイシャンティズム」、つまり患者の身体に合わせて社会のインフラを作り替えていくという考えにも通底する。どちらも問題を批判するだけでなく、土台から実際に作り替えることを目指しているからだ。

今回は、そうした「制度批判」批判に繋がる、もうすこし具体的なところから書いてみたいと思う。


娘の話をつづける。

寝る前は、ベッドで絵本を読み聞かせることが習慣になっている。読んでいる途中で寝てしまうこともあれば、もう一冊、もう一冊と何冊も読まされることもある。たいていは三冊読むと満足する。もうすぐ三歳になるということもあって、数字の「三」が気になっているのか、なんでも「三」にしたいようだ。プチトマトは三個食べたいし、ボール遊びはあと三回したいし、絵本は三冊読んでほしい。

娘の好きな絵本は、不条理で唐突な終わりかたをするものが多い。例えば村山籌子《かずこ》と村山知義による『3びきのこぐまさん』。汽車に乗ったことのないこぐまさんたちはまず屋根に乗り、風邪を引きそうになる。次は網棚に乗る。こんどは床に座ると泥だらけになってしまう。そして、車掌さんに教えてもらいやっと椅子に座ることを覚える……。あるいは透明になる「かくれぼうし」を見つけ、一匹が見えなくなることで困り果てる二匹のこぐまさんたち。それを見たリンゴが、かわいそうだと泣いて木から落ちて「かくれぼうし」に当たり、見えなくなっていた一匹のこぐまさんが現れる話……。また、帰り道がわからなくなったこぐまさんたちは家のにわとりさんに会う。帰り道を教えてもらおうとするが、にわとりさんは代わりに卵を渡して急いで行ってしまう。こぐまさんたちがお腹が空いて卵を食べようとすると、ひよこさんが生まれる。お父さんにわとりの記憶を引き継いでいるひよこさんに連れられて、やっとお家に帰るこぐまさんたち……。

そうした短編が次から次へと展開する。

絵本はときに教条主義的に社会の教訓を語る。

例えばサトシンと西村敏雄による『わたしはあかねこ』。ここでは周囲と違うことが問題になり、その違いを認めようという、同化主義と社会的包摂についての話が平易に語られる。くろねことうさんとしろねこかあさんから生まれたあかねこは、毛色が両親兄弟と違うことから、家族からさまざまに心配される。両親は白いミルクを大量に飲ませ、黒い魚を大量に食べさせることによって内側から毛色の変化を強要し、兄弟は白い粉や泥やペンキによって外側から白黒に変化させようとする。この家では「違うこと」が心配の種にされ、「同じこと」を善とする同調圧力が存在するのだ。あかねこはついに家を出て、あおねこに出会い、本来の自分を取り戻す。そしてレインボーカラーのさまざまな毛色のこねこたちを産む。この絵本の作者はそのように多様性を受け入れようと読者に訴える。

　しかし、興味深いことに、娘は（毛色の）違いではなく、目の形や耳の色、指の数などが同じことに着目し、伝えてくるのだ。もちろん同じ「ねこ」なわけだから毛色以外の身体パーツは同じだ。ぼくはそこではっとする。多様性を主張する裏側でこの絵本が見過ごしていることがある。それは何が共通することなのか、何が共有されうることなのか、という視点である。娘は、この絵本が「違い」について語っていることを理解している。でも同時に、作者の盲点に気づいている。「違い」を受け入れることを強調するあまり、共有可能性が捨象されている。

　これはこれから書いていくドクメンタ15、あるいはアクティヴィズムをめぐる問題にも直結する。差異を強調するあまり共通点が見過ごされる。大義を強調するあまり細部が捨象される。ローカルな社会変革を求めるあまり遠い他者への配慮が欠けてしまう。


　コロナ禍下で立ち上がった、ＩＣＡ京都というアート機関がある［★3］。浅田彰さんがその所長だ。その公式サイトに、キュレーターで批評家のニコラ・ブリオーとの会話の記録がある［★4］。浅田さんほか複数人との、会食前の談話を収録したというものらしい。

　京都芸術大学（旧京都造形芸術大学）にできた「Institute of Contemporary Arts Kyoto」（ＩＣＡ京都）は、「アートの創作・展示・批評・研究がグローバルに展開されるようになった現代にあって、内外の同様なセンターとネットワークを結びながら、そのような交流を具体的に促進する交換台のような役割を果たすべく、２０２０年４月に創設され」た。森美術館の片岡真実さんが立ち上げた大学内の「グローバル・ゼミ」が母体となっており、それを発展的に展開したのがこのＩＣＡ京都だ。「グローバル・ゼミ」ではぼくもゲスト講師をしたことがある。教育機関であると同時に研究機関であり、さらに国内外の関係者が出会うハブにもなるような場所を目指している。実際、「グローバル・ゼミ」があることで、ぼくも多くの国外に住む友人たちと京都で再会することができた。それが京都芸術大学のなかで浅田さんらとひとつになり、ど

★3　ＩＣＡ京都は、二〇二〇年、京都芸術大学（旧京都造形芸術大学）にできたアートの新しい研究機関。浅田彰さんが所長、顧問に森美術館館長の片岡真実さん、そのほか、ジャーナリストの小崎哲哉さん、オルタナティブ・スペースＡＳＡＫＵＳＡのキュレーター大坂紘一郎さん、日系ブラジル人による絵画史を研究する都留ドゥヴォー恵美里さんらが関わっている。URL=https://icakyoto.art/about/message/

★4　浅田彰＋小崎哲哉＋島袋道浩＋都留ドゥヴォー恵美里「ニコラ・ブリオーとの会話」、「ICA Kyoto」、二〇二三年。URL=https://icakyoto.art/realkyoto/talks/87254/

んな展開があるのか、当初のアイデアを聞いたときは期待していた。そしてぼくはこのICA京都のコミッティ・メンバーの仕事を引き受けた。さまざまなアドヴァイスをする、という当初の依頼とは違って、一回だけ行われたコミッティのミーティングにも育児時間との兼ね合いで参加できず、結果的に名前を貸しただけのようになってしまった。

コミッティは継続されるけど、ぼくはこの記事を見たことがひとつの理由でメンバーを辞めてしまった。小さな記事だけれども、批評の倫理に関わる重大なミスを犯していると思ったのだ。まあ、単純にがっかりした。

この記事で主に語られるのはドイツで二〇二二年に行われたドクメンタ15に対する批判である。そもそも飲み屋での放談を記録したような中途半端さも悲しいけれど、より気になるのは浅田さんの批評家としての態度だ。はたして彼はドクメンタ15を現地で見ているのだろうか。彼の語りのなかではそれはどこまでも曖昧なままだ。もちろん展覧会を見ないで書くこともできるだろう。でも、見ないで書くこと（見ないで批判すること）は批評としてはかなり特殊なことだろうから、見ている／いないは開示された上で書かれるべきだと思う。それが批評家としての最低限の倫理だろう。

浅田さんは見ているかどうかを曖昧にしたまま、ブリオーが語るドクメンタ批判に安易に同調する。なぜそれが問題なのだろうか。

まずブリオーが短く語るドクメンタ15の問題点を見てみよう。

彼は、今回のドクメンタ15の問題は、そのキュレーションにあるという。最初は活気に満ちたものに見えたが、会場をめぐるうちに、同じ経験が積み重ねられていくだけで単調で退屈に感じたようだ。それは、プロのアーティストがあまり参加していないことで、参加者たちが作品を発表するときの展示の「作法」を知らないために生じた退屈さだと。つまり全体の見せ方を調整するキュレーションがなかったことを疑問視しているわけだ。

ブリオー　［……］d15［引用者注：ドクメンタ15のこと］にはプロフェッショナルなアーティストではない参加者が明らかに多く、発表のためのコード（作法）を弁えていなかった。自分たちの考えを明確に述べ、自分たちの活動を形にして見せるための方法を知らなかったんです。

島袋　子供みたいに叫ぶだけで。

ブリオーとアーティストの島袋道浩さんの、素人や子どもを蔑むエリーティズムにもぼくは辟易する。けれどもそれだけでなく、ドクメンタが単調だったというブリオーに対して、浅田さんは無批判に同調してこのように付け加える。

浅田　リクリットはこういうまったく異なった作品たちから非同質的なフィールドを生み出し、それを岡山の都市空間に埋め込んで見せた。そのような異質性がドクメンタには欠けていたように見えます。

浅田さんはここで、自身が現地でトーク・イベントに参加した「岡山芸術交流」という問題含みの展覧会［★5］を、ドクメンタと比較して評価している。ただ、この発言だけではドクメンタを現地で見ているかどうかははっきりしない。しかし、別の箇所で以下のように現地で展覧会を見ているようにも受け取れる発言をしている。

浅田　その点、岡山ではたとえばリクリットや島袋が彼らしい「関係的」なことをやる一方、池田のハイテック・アート、あるいは岡山オリエント博物館の静謐な空間にぴったりだったヤン・ヘギュの崇高なサウンド・スカルプチャーのような作品も含まれていた。

［……］

そのような異質性こそ面白いのですが、d15はノイズと不協和音に満ちているようでいてむしろ単調だった……。

ブリオー　d15は不協和音ではなく、むしろ非常に凝り固まったプレゼンテーション制度でした。

もちろん、これも、ブリオーの批判意図をまとめるように浅田さんは話しているだけだから、現地に足を運んだかどうかはわからない。しかし、なぜひと言、「私が現地に行ったとき」とか、あるいは「私は見ていないけれども」と言わないのだろうか。

先に岡山芸術交流についても触れておこう。岡山芸術交流は、作品販売を中心とするいわゆるコマーシャル・ギャラリーの「TARO NASU」とその顧客のひとりであるコレクター、石川康晴氏が、岡山の行政と組んで行っているいわゆる地方芸術祭である。これまでリアム・ギリック（二〇一六年）やピエール・ユイグ（二〇一九年）など、著名なアーティストをディレクターに迎えることで国外からの注目も集めてきた。二〇二二年のディレクターはリクリット・ティラヴァーニャであり、三人ともニコラ・ブリオーの主著のひとつである『関係性の美学』で紹介されたアーティストたちである。

実は、ぼくも一回目のリアム・ギリックのときに参加を打

★5　「岡山芸術交流２０２２」、二〇二二年。URL=https://www.okayamaartsummit.jp/2022/

診された。でも断っている。リアム・ギリックは尊敬するアーティストだし、とてもうれしかったけど、ギャラリーとコレクターによって主導される公的な国際展という枠組みにどうしても違和感があったからだ。実際、一回目は展覧会の大半が石川康晴／石川文化振興財団所蔵の作品で占められており、展覧会を行うことで自身のコレクションを公開し、付加価値を高める意図が透けて見えたし、ギャラリーとコレクターと出展アーティストの取引関係がグレーすぎてなんだか気になってしまった。TARO NASUの所属アーティストが参加しているというのも、インサイダーっぽくて気になった。

でもそれらは三回目の、リクリットによる二〇二二年の回の事情と比べれば些細な問題かもしれない。石川氏はファッション・ブランドであるearth music&ecologyを傘下にもつストライプインターナショナルの元社長である。そしてその社長時代に、社員やスタッフをホテルに呼び出すなどのセクハラ疑惑があり、二〇一八年当時、臨時査問会が立ち上がり厳重注意を受けていた。この問題がニュースになったのは二〇二〇年［★6］。二〇一九年から内閣府主導の男女共同参画会議の議員を務めていたことが、このスクープが公開された理由だと思われる。セクハラ疑惑のあったひとが女性の人権や社会進出に関わる政策に意見を行う会議に参加していることの是非が問われたわけである。二〇二二年の岡山芸術交流はこうした問題が暴露されたあとに行われたものだ。市民からの抗議もあり、ぼくも何らかの対応があるのかなと思っていたら、芸術祭側はリクリットも含めてこの問題をスルーし、何事もなかったかのように開催しようとしていた。

展覧会参加を断ったこともあって、リアム・ギリックにフランスのアルルで会ったときにあいさつをしていた。その流れで、もし石川氏のニュースをリクリットが知らないならば知るべきかなと思い、リアムにリクリットに伝えるように頼んでみた。

結局、リクリットはプレス・カンファレンスでも関連する質問に対してノーコメントを貫いたし、ローカルな問題には関わらないという姿勢なのだろうと思った。しかし、現実を無視する態度を持つアーティストの作ったものに希望なんて持てるだろうか。展覧会を企画するにあたっての、ひとつの現実的な与件としてこの石川氏の問題はある、と捉えるべきだったとぼくは思う。与件が増えることで、芸術祭を成功させるための解を導くのも困難になると思うけれど、だからこそいままでにない独自のキュレーションが発動する可能性もある。「Do we dream under the same sky」（僕らは同じ空のもと夢をみているのだろうか）というのが今回の展覧会タイトルだけど、皮肉である。お前に言われたくないよ。自ら「同じ空のもと」にいることを拒否し（ローカルな問題は関係ナシ）、この現実を排除して自分に都合のいい夢を見ようとしているのはリクリットの方だからだ。だから、ぼくはこの展覧会を見ていない。

見ないという選択には、さまざまな理由がある。遠くで行われている展覧会はなかなか見に行くことができない。育児に時間が取られて展覧会を見に行くことができない。倫理的な判断として、批判的な行為として、その展覧会を見ないということもあるだろう。逆に展覧会を見ることは、その展覧会のテーマを支持する、という表明にもなる。

友人であるライターで翻訳家のアンドリュー・マークルが、以前、ぼくのプロジェクトについてイギリスの美術雑誌『フリーズ』に書いたとき、自身がそのプロジェクトに関わっていることを明らか（ディスクロージャーと彼は言っていた）にして書くよ、と伝えてきた。読者に自身の立場を開示した上で書くことは、読者がどのように内容を判断するのかの手がかりになる。つまり読者による批評性に開かれていることを意味する。これは書き手としてのベーシックな倫理的態度であり、批評性の土台だと思う。

もし見ないで批判するなら、その上でさらに求めるべきは、見ない理由が当の批判に密接に関わっていること。見ないという判断が、見ないで書くというレトリックとして批判の理由に直結するのならより理解できるだろう。

先の浅田さんによるブリオーに乗っかるかたちでのドクメンタ批判は、自身が現地でドクメンタを見ているかどうかという事実を開示せず、なおかつ他者の意見に便乗している情けないものだった。いつもは饒舌な彼の発言がとても少ないのは、彼が展覧会を見ていない可能性を示唆していないだろうか。見ていないものを批判的に語る自身への負い目もあるように読めないだろうか。

そこに不誠実さを見て取るぼくは、単に狭量なのかもしれない。いずれにせよ、この記事での浅田さんの語りにはレトリックもなければ、ロジックもない。批評家としての矜持も感じられない。もっとも、岡山芸術交流をディレクションしたリクリットもやはり、倫理を展覧会制作の与件として、あるいはレトリックとして（それがアクロバティックなことになろうとも）、受け止めることも、工夫して扱うことさえもできなかった。だから、同様に批評家の倫理をないがしろにする浅田さんが評価してしまうのも理解できる。岡山芸術交流を持ち上げて、ドクメンタを落とすという浅田さんのやり方は、展覧会を、作品を、芸術を「見る」ことを見損なっている。

展覧会制作にはさまざまな与件がある。予算もスペースも

★6 「【独自】大手服飾社長が社員にセクハラ　政府会議の議員」、「朝日新聞デジタル」、二〇二〇年。URL=https://www.asahi.com/articles/ASN346VLWN32ULFA00F.html

時間も社会状況も世界情勢も、さまざまな要因はその都度、独自に組み合わされ、それによってときには興味深いアプローチが発見される。展覧会制作としてのキュレーションは、参加するアーティストや展示される作品の「選択」にだけあるわけではない。むしろ制度を取り巻く与件にどのようにアプローチするかという、アーティストたちによる「制度批判」の歴史に連なるものである。最初に触れたように、ぼくは「制度批判」だけでは物足りないと思っている。必要なのは批判を下支えするロジック、制度そのものを作り替えるような別のインフラを構築する仕事だ。

リクリットは、九〇年代以降、ギャラリースペースを開放し、そこでパッタイなどの料理を振る舞い、その行為そのものをアートの実践にしてきた。これは先に書いた「制度批判」の手法を受け継ぐものだ。そのリクリットがキュレーションをするのだから、展覧会そのものが彼の「制度批判」の実践となるようなものであってほしかったと思う。とはいえ、彼は、ローカルなハラスメント問題はとるに足らないと判断したのだろう。あるいはインターナショナル・プレスにはそんな情報は伝わらないから関係ないという権威主義や、その背景となる西欧中心主義的な思想があるのかもしれない、と勘ぐってみたくもなる。

さて、ドクメンタについてのテキストをもうひとつ見ておこう。

友人でもある、美術批評家の杉田敦さんは、見ていないことを早々に開示した上で、その見なかったという選択をひとつの批評的レトリックとして、ドクメンタ15とこれまでのドクメンタの歴史について書いている［★7］。もっとも当初の見なかった理由は「批評的態度」だったわけでなく、コロナ禍に伴う航空運賃の値上がりだったらしい。むしろそうした些末に思える現実的な条件によって現地に赴くことがかなわなかったことをテキストの底辺にすえ、いわば迂回路を通ってドクメンタ15の問題に近づこうとする。

まずはドクメンタ15がどのようなものだったか、簡単に触れておく。インドネシアのコレクティブ、ルアンルパによって企画された今回のドクメンタは、展覧会というよりもさまざまなコレクティブや団体が集結し、知恵や方法を共有するための生きたアーカイブを目指していた。そのためインドネシア語の「ルンブン」（米倉）をキーワードに、ドクメンタ自体が理念的な貯蔵庫になるようデザインされていたと思う。だからこそ展覧会は、自律した作品の連なりである美術（史）やいわゆる「展示」ではなく、ワークショップやプロセスが会場全体に張り巡らされ、ネットワーキングを介した出会いを促すものだった。ガイドブックではさらに、「アートではなくともだちを作ろう Make Friends Not Art」と呼びかけている。ぼくが会場を訪れたときも、ある意味では雑多で自由な、祝祭的な雰囲気があった。

しかしドクメンタ15はそうした人びとの出会いがもたらす祝祭性に包まれていただけではない。むしろこれまでのドクメンタ史上、もっともスキャンダラスなものとなった。前回のテキストでも触れたが、開催前からドクメンタ15は「反ユダヤ主義」的であるという指摘を受けていたのだ。それは政治家も含むさまざまなセクターからの批判と擁護が入り乱れるものとなっていった。

杉田さんはテキストのなかで問題の経緯をできるかぎり詳細に辿ろうとする。

クエスチョン・オブ・ファンディングというパレスチナからの参加グループがいる。その実体はカリル・サカキニ文化センター（KSCC）という文化機関であり、BDS運動に賛同する関係者が多かったようだ。このクエスチョン・オブ・ファンディングの参加に対して、BgAK（反ユダヤ主義に対抗するためのカッセルの同盟 Bündnis gegen Antisemitismus Kassel）というグループが反ユダヤ主義ではないかと疑問を投げかける。これがことの発端だ。

改めてふり返っておけば、BDSとはパレスチナに対するイスラエルの政策に対して抗議するため、ボイコット（boycott）、投資引き上げ（divestment）、経済制裁（sanctions）を呼びかける運動である。これにジュディス・バトラーやスラヴォイ・ジジェクは支持を表明しているし、アーティストを含む文化実践者の賛同者も多い。しかしドイツ議会はナチスの政策を想起させるということで反BDS決議を下す。

イスラエルに対してBDSのような手法で抗議をするのではなく、ドイツ議会のようにホロコーストの反省とイスラエル問題を直結させるのでもなく、何か第三の方法はないのだろうか。そのようなより複雑な反応を示したのが、ぼくがプロジェクトに参加したこともある（以前、この連載でも触れた）世界文化の家（HKW）を含むドイツの公的文化機関の集まりによる共同声明「イニシアティヴGG5・3コスモポリタニズム」だ。杉田さんはそれをこのように説明する。「ここでは、BDSに対する明確な反対の意が示されると同時に、ドイツ議会が採択した反BDS決議を、芸術と科学、研究と教

★7 杉田敦「【特別連載】杉田敦ナノソート2021 #02『ドクメンタを巡るホドロジー（前）』」、「ART iT」、二〇二三年。URL=https://www.art-it.asia/top/contributertop/232708/ なお、杉田さんは以下のように「ホドロジー」について説明している。「古代ギリシア研究における路の学という考え方のことだ。考察され記されたものが重要であるのはもちろんだが、それ以上に、先人たちの旅の経路そのものが、何かを物語っているのではないかと捉える研究姿勢のことだ。自身が置かれている状況のなかで、どこに行き、どこに行かないのか。そうした判断に基づいた結果として示される経路自体が、旅する人物の考えを明らかにするという可能性は小さくない」。

育の自由を保障する、ドイツ基本法第5条3項に反するとして否定している。BDSには反対するが、同時に、反BDS決議にも反対するというのだ」。

クエスチョン・オブ・ファンディングの母体であるカリル・サカキニ文化センターとは何だろうか。「アル・サカキニは、パレスチナの民族主義者で、[……]反ユダヤという立場から、ナチスに対して期待を抱くことさえあったという人物」であるらしい。その人物の名を冠した文化センター、そしてクエスチョン・オブ・ファンディングを杉田さんは次のように疑問視する。

> クエスチョン・オブ・ファンディングという名称は、芸術文化活動の資金援助の在り方を問おうとするルアンルパの構造改革の姿勢を端的に言い表わすものであり、実施主体の名称としてそれを掲げることは理解できないことではない。けれども問題は、その団体の実体が、BDSに共鳴する精神を抱き持つ団体であることであり、過激とも受け取れる行動を示唆する人物の名前を戴いていることなのだ。

クエスチョン・オブ・ファンディングは、いわば西欧中心主義を脱するために掲げられた運営の理念である。資金源に疑問を投げかけ、資金繰りを含む運営そのものを改革していく、そういう考えが示唆されている。ルアンルパはインフラへの批判と再構築を目指すが、同時にそれを体現する団体がBDSを支持し、民族主義者の名前を冠している、というのはちぐはぐな印象を残す。

いずれにせよ、ことの発端はそうした複雑な事情を踏まえての懐疑だった。ルアンルパはシンポジウムを企画するが、直前にキャンセルになる。ドクメンタ15の展覧会がオープンすると反ユダヤ主義的イメージが（クエスチョン・オブ・ファンディング以外の）複数のアーティスト・コレクティブの展示で見つかり、メディアが取り上げることで問題は大きくなり、政治家が反応することで展覧会全体が政治化し手に負えなくなった。

もしドクメンタ15が真のネットワーキングを目指すものだったとすれば、このドクメンタを「反ユダヤ主義」だと指摘する団体やユダヤ人コミュニティの知も「ルンブン」に招くことはできなかったのか、と杉田さんは指摘する。最初の問題を明るみに出したBgAK、あるいはサラ・ヌスバウム・センターやユダヤ人中央評議会やアンネ・フランク教育センターらと問題を共有し、共に解決していくために協働することはできなかったのだろうか。

そして杉田さんは、共有されるべきは、ある意味ではアクティヴィズムが構造的に持つ問題であると指摘する。「自分自身が問題視してきたステレオタイプを、自らもまた生産してしまうということが、往々にして起こりうる」ということだ。ひとつの社会問題に集中するあまり、別の文脈や別の地域、他の領域の問題を単純化して比較したり、表象として使ってしまうことがある。アクティヴィズムが「いまここ」のローカリティのなかで実際の問題を改善しようとすることと、それが国際展のなかで展示されたときに普遍的なものとして扱われることとは相性が悪い。ここでは気にならなかったことがあちらでは気になるというのは、日常生活でもありえる。

先に書いた『わたしはあかねこ』では、多様性を強調するあまり共有可能性が見過ごされた。ひとつの問題に焦点を当てるあまり別の問題を見過ごす。絵本による教条主義的な社会批評にも同様の問題があった。

ローカルな問題と普遍性の相容れなさ。文脈が異なるとはいえ、反ユダヤ主義的イメージがドクメンタ15に展示された複数の作品（それらはいずれも社会批評と社会変革を目指していた）から見つかったというのは、この相性の悪さを見せつける。複数の文脈における複雑な事情に気づくためにはさまざまな人びとの目が必要だ。他者との協働は、口当たりのいいお題目ではなく、自分では決して気づくことのできない複雑な問題に気づくための、必須なプロセスである。

しかし参加者たちによる声明は自分たちの窮状を訴えるだけで「自省的なもの」がなかったと杉田さんはいう。防衛的になるのではなく、問題を共有し、次に繋げていくような、自省からはじまる柔軟な思考が必要だったと。資金の平等な分配や託児施設と展示空間の重ね合わせなどの「運営上の工夫」が、今回のドクメンタを独特のものにしていた。ぼくもそれに同意する。そして本来ならばそれらは「制度批判」を超えて、別のインフラを構築する可能性に繋がっているはずだ。

ぼくはドクメンタに行き、興味深く見たけれど、同時に疎外感も感じた。「ともだち」を作ろうとはいうけど、数日間展覧会を見に来ただけのぼくはどうやって「ともだち」を作ればいいのだろう？　結局、そこではあらかじめ「ともだち」だったひとたちに情報が共有されているだけだった（会期中の夜、会場裏では関係者で集まってカラオケをしていたらしい）。

杉田さんもドクメンタの「ともだちを作ろう」というスローガンを同様に捉えていたようだ。「ともだちにはなり得ない人々が、ともだちになるかもしれない可能性」はとくに模索されていたようには思えないと。つづけて、彼がドクメンタに行かなかった理由をこう記す。

> 排外的なルンブン、排外的なともだち。これらは見るに耐えない。もっともこうした考えにしたところで、確かに、実際に目にしてしまえば、薄らいでいくことになるのかもしれない。肯定的な印象が勝るようになり、許容

するようなことになっていくのかもしれない。運営上の問題だと割り切るように制約された意識で、定型のものとは多少異なる種々の工夫の利点だけに集中することができるのかもしれない。けれども、それは耐え難い。ドクメンタに向かうことを諦めた理由は、これで言い尽くせてはいないだろうか。

会場で感じた疎外感や、ニュースから聞こえてくる運営上の不備や、「反ユダヤ主義」問題へのルアンルパの対応のずさんさ、ぼくは実際、現地で、それらから目を背け、運営上の工夫やコンテンツに含まれるアイデアを読み解く楽しさに没頭した。でもそれは問題の本質に目をつむり、展覧会を表層的に楽しんでいただけである。今回のぼくのテキストは、そうすることで見損なってしまったぼく自身への反省から書かれている。いくら素敵な工夫に満ちたコンテンツが表層を覆っていても、それを下支えする運営にほころびがあれば理想は簡単に崩れてしまう。一度崩れた希望はなかなか再構築するのが難しい。運営と内容は密接に繋がっている。そうぼくも考えていた。この連載でもそう書いてきたはずだ。でも、杉田さんが以下に書くように、ぼくもコンテンツと運営を安易に切り分け、前者を肯定しようとしていたと思う。

> 「……」日本では内容そのものを称賛する意見は数多く見られたが、反ユダヤ主義という批判を正面から検討しようという気配はあまり見られなかった。多くの論調は、運営上の問題と、展覧会そのものが提示しようとしたものを切り分けて考えようという立場に立っていた。その上で、批判を巡る経緯を簡単に辿り、運営上の種々の工夫や、参加したコレクティヴの活動に対して肯定的な印象を述べるというものが多かったような気がする。乱暴に要約すれば、運営に多少の問題はあったものの、コンテンツは素晴らしいということになるだろうか。こうした捉え方は理解できないものではないが、疑問がないわけでもなかった。何よりもまず、それは、本当に切り分けて考えることができるものなのだろうかということだ。

改めてぼくなりにまとめておこう。

ブリオーのようにキュレーションの単調さを批判するだけのエリーティズムでもなく、浅田さんのように見ているかどうかを開示せずにブリオーの話に日和る西欧中心主義／権威主義でもなく、ルアンルパやドクメンタ参加者たちのように「ともだち」の線を安易に引いて閉じるのでもなく、まず自省し、そこから導き出された知を誰かと共有する。答えは出ない。ものごとは複雑で難しい。でもひとつひとつの歩みによってしかこの世界の問題は解決できないのかもしれない。内容と運営を一致させること。言っていることとやっている

ドクメンタ15のメイン会場フリデリチアヌムの一室。モニターの前には「ジャカルタからのライブ配信」（Gudskulはルアンルパが行っているオルタナティブ・アートスクールのこと）と書かれているが画面は真っ暗のままだった。テーブルの手前にはメイン・スローガンの「Make Friends Not Art」の文字が書かれた木版画がある。しかし、この会場は祭の後のような様相で、もぬけの殻。「ともだち」を作ろうにもどこにも見当たらなかった　撮影＝筆者

ことを同じにすること。そんなあたり前のことからしか何もはじまらないと思う。

だからぼくは批判だけではなく、土台を作り直す仕事が必要だと思っている。制度の批判ではなく、土台の制作が求められている。

三月になって、娘は何かのリストをひとつひとつ確認することに興味を持ちはじめた。マレーク・ベロニカの絵本『ボリボン』のなかに、クマのぬいぐるみをさまざまな職業に着せ替えて遊ぶ場面がある。「郵便屋さん、お医者さん、サッカー選手、コックさん、指揮者、アーティスト……」（ちなみに「絵描きさん」を「アーティスト」と言い替えて教えてみた）、そしてそれは絵本を超えて現実のリストにも関わっていく。「うーちゃん（うさぎのぬいぐるみ）、パパ、そはちゃん、ママ、うちばあば、ばあば、大福（飼い猫）……」といったぐあいに。この関係者リスト・チェックは、毎回、そのページにさしかかるとくり返される。最近は、そのリストがものにも及ぶ。扉や布団、影、そして虚空が指差される。リストの拡張は、絵本という形式／制度を壊し、現実へと向かう。現実の確認。ここに誰がいて、何があって、ここはどこなのか、という実質的な土台の確認。娘は自分がこれから生きていくための場所を名指すことで確認している。そして作りあげようとしている。彼女の生のためのインフラがこうして築き上げられていく。

本記事は本紙と「webゲンロン」をまたいで連載しています。
次回は「webゲンロン」で公開予定です。

どこにいく？

@yorozu_official

https://yorozu-official.com

演劇に自由はあるのか、あるいは可視化される孤独の問題

上田洋子 Yoko Ueda

二〇二三年六月二三日、ロシアの政商（オリガルヒ）エヴゲーニイ・プリゴージンと彼の民間軍事会社「ワグネル」が反乱を起こした。民間軍事会社とはその名の通り、民間で傭兵を集めて軍事的な役割を担う会社で、ロシアに複数あるとされる［★1］。中でもワグネルはウクライナ戦争での活動とプリゴージンの巧みな（あるいはしつこい）SNS使いが功を奏して、一気に世界で知られるようになった。メジャーになった、と言ってもよい。

プリゴージン率いるワグネル軍は、ウクライナから戦車の隊列を引き連れてロシア南部のロストフ・ナ・ドヌーに入り、軍事拠点を制圧。そのまま北上して次々に街の制圧を宣言していく。しかし、途中で引き返した。引き返すにあたってプリゴージンは、「ワグネルを解体されそうになったので、われわれは『公正の行進』というデモを行い、モスクワまで二〇〇キロの地点まで来た。その間、身内の血を流すことは一滴たりともなかった。今後は身内の血が流れる可能性が出てきたので撤退する。ロシアの血は流さない」と宣言した［★2］。

反乱の詳細については政治や軍事の専門家が議論しているのでそちらに任せるが、いくつか気になったことがある。ひとつはプリゴージンが用いた「公正の行進 марш справедливости」（マルシ・スプラヴェドリヴォスチ）という表現である。「マルシ」といえば、軍事用語では「行軍」という意味があるが、同時に、デモやパレードの行進にもこの同じ「マルシ」という言葉が使われる。二〇一二年にはモスクワで「一〇〇万人の行進 Марш миллионных」という反プーチンデモがあった。クリミア侵攻直後の二〇一四年三月には、同じくモスクワで「平和行進 Марш мира」という反戦デモがあった。二〇〇五年から行われている右派による「ロシアの行進 Русский марш」という愛国デモもある。考えてみれば、なんらかの要求を掲げたり、意思を誇示したりしながら行う行進には、結果を勝ちとるための闘いという側面もあるので、いくら平和的に行われていても「行軍」と変わらないのかもしれない。

「行進」による意思表明は、ロシアでしばしば行われてきた。

思えば、独ソ戦の戦勝記念日の、祖父母の肖像を掲げた顕彰パレード「不死の連隊」も行進だ。歴史的に考えると、「十字行」というロシア正教の行進がある。聖人のお祭りや復活祭に、イコンを掲げる聖職者たちに続いて信徒たちが教会や聖なる場所まで練り歩くのである［図1］。

もうひとつは行進の動画である。ワグネルのモスクワへの行進ないしは行軍の情報は、おもにSNSで拡散された。効果的な動画や写真、プリゴージンの威勢のいい言葉がクローズドのSNSでテンポよく公開され、インターネットメディアはリベラルも保守もこぞってそれを拾い上げ、地図の資料を作るなどして読者・視聴者に伝えた。もっとも、行軍の全容が数で示されること、つまり実際に戦車が何台出動し、ワグネル二万五〇〇〇人のうちのどれだけが参加しているのかが明らかにされることはなかったように思う。それに、ウクライナ国境からロストフ・ナ・ドヌーまでの約一四〇キロの道のりをどう進んできたのだろうか。数百人か数千人の部隊と戦車の隊列が進軍してきたならば、ロストフ・ナ・ドヌーに着くまでに見つけられて報道されてもよさそうではないか。プリゴージンがSNSにいい感じの投稿をして紡ぎ上げた物語を、人々は鵜呑みにしすぎたのではないだろうか。

プリゴージンはIRA（Internet Research Agency）という情報会社を持ち、長年にわたって世界中にフェイクニュースを流してきた。物事を大きく見せて人々の好奇心を煽り、常識的な判断を壊していくことなど、彼にはわけないことだっただろう。巧みなSNS使いは、今回の戦争の行方を左右する力を持つ。それはウクライナのゼレンスキー大統領を見ていても明らかだ。ところが、反乱の二カ月後、プリゴージンは飛行機事故であっさり亡くなってしまった。暗殺説が濃厚だが、過剰なパフォーマンスは命取りとなったように思われる。

図1　イリヤ・レーピン《クルスク県の復活大祭の十字行》1880–83
Илья Ефимович Репин. Tretyakov Gallery
出典＝ https://commons.wikimedia.org/w/index.php?curid=1212670
Public Domain

★1　"200-300 тысяч рублей каждому". "Важные истории" расследовали, как российские олигархи поставляют армии РФ наемников для войны в Украине. // Настоящее время. 03.08.2023. URL=https://www.currenttime.tv/a/vazhnye-istorii-rossiyskie-oligarhi-postavlyayut-armii-rf-naemnikov/32530791.html

★2　«Получается, в России появился человек, у которого есть власть над Путиным». Чем был мятеж Пригожина, кто в нем выиграл и какие будут последствия? // Republic. 26.06.2023. URL=https://republic.ru/posts/108882

Facebook の反戦詩人

話は今年の五月四日まで遡る。日本ではゴールデンウィークの最中である。わたしは家でPCに向かい、ある論考を書いていた。資料も電子書籍で読んでいたのでずっとPCと睨めっこで、ときどきTwitter（現X）やFacebookで箸休めをする。そんなとき、詩人で演出家のジェーニャ（エフゲニヤ）・ベルコヴィチが家宅捜索を受けたのち拘束されたというニュースが流れてきた［図2］。戦争が始まって以来、Facebookはロシアでは遮断され、VPNをかませないとアクセスできなくなったので、ロシアからの投稿は圧倒的に減ってしまったが、それでもまだ少数のアクティヴなユーザーが残っている。ベルコヴィチはそのひとりだった。

彼女は戦争開始後も、以前と変わらず日々なんらかの投稿をしていた。わたしはコロナ禍の時期に、彼女が演劇の検閲に関するオンライン討論に参加しているのを視聴したことがあった。自分の意見を明晰に語る、感情が豊かで媚のない振る舞いに好感を抱いたのを覚えている。おそらくこのときに彼女に興味を持って、友達申請ないしはフォローをしたのだろう。彼女のアカウントは五月の初めに削除されてしまっており、もはや確認のしようもないのだが。

図2　ジェーニャ・ベルコヴィチ
出典＝https://commons.wikimedia.org/wiki/File:Evgeniya_Berkovich.jpg
Valera N. Trubin, CC BY-SA 4.0, via Wikimedia Commons

ベルコヴィチは戦争開始後も投稿を続けただけでなく、相変わらずマイペースで率直な発言をしていた。あるときは、書き上げたばかりの詩が発表される。かと思えば、日常について。たとえば思い立ってスキンヘッドにした話。娘たちが言うことを聞かなくて、本当にしんどいという話。彼女は障害を抱える女の子ふたりを養女として引き取って家族にしていて、ふたりのことをとても大切にしているのだが、ときに親としてのふるまいより自己愛を優先したくなって揺らぐ気持ちを率直に書いていた。そうした日々の投稿の中に、戦争を厭う発言が交ざっていった。

わたしは彼女の勇敢さに魅了され、同時にその無防備さに心配でピリピリしながら、投稿を追いかけていた。そして、こんなあからさまな反戦表明が許されているのだから、ロシアもまだ捨てたものではないと、勝手に一縷の望みを託していた。

とくに印象に残る作品があった。詩の主人公はセルゲイ。愛称はセリョージャ。おそらく、一九八五年生まれのベルコヴィチと同世代なのではないだろうか。ある飲みすぎた夜、彼の元に死んだはずの祖父が現れて、「セリョージャ、話があるんだよ」と呼びかける。続きの一部を引用しよう。

できれば、かわいい孫よ、
フェイスブックにわしのことを書かないでくれないか。
どんな文脈であれやめてほしい、ゼットの文字があろうがなかろうが。
［……］
わしの名で勝利の話をするのはよしてくれ。
［……］

それに、［……］
パレードにわしを担ぎ出さないでくれんかね。
頼むよ、［……］
連隊なんて、飽き飽きなんだよ。［★3］

これは、先に「行進」に言及した際に触れた、独ソ戦戦勝記念日の「不死の連隊」についての詩である。この、「不死の連隊」のことは、本誌でも何度も取り上げてきた。それがどれだけロシア社会に根づき、年中行事となって、愛国的アイデンティティの基盤を形成しているかは、『ゲンロン13』に訳出された、アレクサンドラ・アルヒポワ［★4］ら人類学者たちによる論考「祝祭になる戦争、戦争になる祝祭」とその解題を参照してほしい。独ソ戦の勝利、すなわちナチスドイツに対するソ連の勝利は、プーチン政権下で、「ロシア（ソ連）こそがヨーロッパをファシズムから救った」と読み替えられた。そして、ソ連崩壊後、冷戦に敗れて自信を失った人々のアイデンティティ回復に用いられた。「不死の連隊」は二〇一二年に、戦勝記念日をたんなる象徴的なお祭りではなく、実際に戦争で戦ったひとたちを思い出す日にしたいという市民たちの草の根運動として始まり、いまやロシア全土で一〇〇〇万人以上の人々が参加するようになった。

ベルコヴィチの詩は、そんなロシア人の心の行事に対して、「ちょっと待って」と疑問を投げかける。果たしてわれわれの祖父母は、不死の連隊に駆り出されることを喜んでいるだろうか、と。彼らは戦争で苦しんだ。ドイツで戦って捕虜に

★3　この詩はネット上の複数のサイトに記録されている。たとえばжемчужИна というユーザーの、逮捕から五日目の二〇二三年五月八日のブログサイトを参照。URL=https://neznakomka-18.livejournal.com/821996.html

★4　著者のひとりであるアルヒポワは、二〇二三年五月二六日に法務省から「外国エージェント иностранный агент」、つまり国外から金銭をはじめとするなんらかの援助を受けている個人に指定された。理由は、「外国エージェントが作成した資料を、不特定多数の人々向けに作成したり拡散したりし」、「ロシア政府と軍人の活動について疑わしい情報を拡散し、また特別軍事作戦に反対した」ことだった。

なり、解放されて喜んだのも束の間、祖国に帰って拘束され、収容所に送られた者も少なくない。健康や、身体の一部を失ったひともいる。なにより、従軍したひとは、誰もが過酷な戦場で過ごし、友や同僚を失った。

　彼らは戦場で、自らの意に沿おうが背こうが、ひとを殺さねばならなかった。詩の中の祖父は言う。戦勝パレードに駆り出さないでくれ、と。戦争はうんざりなんだと。彼だって、戦争に「好き好んで行ったわけじゃない」のだ。

　この詩は二〇二二年五月一一日、ウクライナとの戦争が始まった年の戦勝記念日の二日後に発表された。九月一四日には、元モスクワ芸術座の人気俳優、アナトリー・ベールイが、独立系メディア「ドーシチ Дождь」（雨）の YouTube チャンネルの反戦詩朗読番組「ロシアの教訓」で、この詩を朗読した［★5］［図3］。ベールイは二〇二一－二二年の劇場シーズンを二二年の夏に終えたあと、反戦表明とともに芸術座を辞め、国外に出ていた。ドーシチもまた、この戦争をきっかけに国外に拠点を移していた。

図3　ベルコヴィチの詩「パレードに担ぎ出さないでくれないか」を読むアナトリー・ベールイ、TVチャンネル・ドーシチ「ロシアの教訓」シリーズより
«Я был бы рад, если бы ты не носил меня на парад». Уроки русского: Женя Беркович / Телеканал Дождь. 2022/09/14.
出典＝ https://www.youtube.com/watch?v=saiAFmgZ-Yg&t=1s

　ベールイは鈴木忠志がモスクワ芸術座で演出した『リア王』（二〇〇四年）で、タイトルロールを演じていた。わたしは静岡と利賀の公演で字幕を担当し、通訳も補佐していた。鈴木演出作品の演技は、慎重にコントロールされた身体の動きと発声法を用い、リアリズムの演劇とは少し異なる。ベールイは自分に求められているものを把握し、訓練を積んで、エネルギーの緻密なコントロールのもと、幻覚を見る狂気のリア王を演じた。あの感動は忘れられない。そんなベールイが、祖国から離れ、モスクワ芸術座からも離れて朗読するベルコヴィチの詩は、先の見えなくなってきていた戦争に疲弊し切ったわたしの心に強く訴えかけた。動画が公開された二〇二二年九月一四日は、ロシアで部分動員が宣言される一週間前である。

『爽やかな鷹のフィニスト』

　今年の五月四日に話を戻そう。この日、最初にベルコヴィチについての情報を目にしたのは、彼女の母で人権活動家のエレーナ・エフロスの投稿だったように思う。すでに書いた通り、ベルコヴィチが家宅捜索を受けてそのまま拘束されたということだった。同時に、彼女のアカウントが消えていることが話題になっていた。そういえば、毎日のように流れてくる彼女の独り言をその日も前日も目にしていなかった。その数日前だったと思うが、彼女は自分ならドンバスの子どもたちを養子にするだろうか（彼女は「する」と言うのだが）、と思考する投稿をして、炎上していた。

しばらくして報道が出た。ベルコヴィチには「テロリズム擁護」という、あり得ない嫌疑がかけられていた。二〇二一年の演出作品、『爽やかな鷹のフィニスト **Финист, ясный сокол**』が問題になったという。同作の劇作家スヴェトラーナ・ペトリイチュク［図4］も同じ容疑で拘束された。

依然として情報が錯綜する中、多くのひとは、拘束の原因はベルコヴィチの率直な発言や反戦詩だろうと考えた。わたし自身もそうだった。五月六日には彼女らの当面の処遇を決める審議があったが、障害のある娘を育てている、祖母の介護をしているなどの家庭の事情は情状酌量につながらず、七月まで、約二カ月の勾留が決められた。その後、勾留期間は一一月までに延長されている。この事件は「演劇事件 **Театральное дело**」と呼ばれるようになった［★6］。

『爽やかな鷹のフィニスト』は、ペトリイチュクが二〇二〇年、「リュビーモフカ **Любимовка**」という若手劇作家育成フェスティバルで発表した作品である。ベルコヴィチが自身の劇団「ソソの娘たち **Дочери СОСО**」で上演したバージョ

図4　スヴェトラーナ・ペトリイチュク
出典＝https://commons.wikimedia.org/wiki/File:Светлана_Петрийчук.jpg
Nemever, CC BY-SA 4.0, via Wikimedia Commons

★5　«Я был бы рад, если бы ты не носил меня на парад». Уроки русского: Женя Беркович. // Телеканал Дождь. 14.09.2023. URL=https://www.youtube.com/watch?v=saiAFmgZ-Yg&t=1s

★6　この事件は「第二演劇事件」と呼ばれる場合もある。第一演劇事件にあたるのは、二〇一七年、文化省の助成金をもらって成立していた演劇の若手育成プロジェクト「第七スタジオ」が予算の不正使用を問われ、主宰者の演出家キリル・セレブレンニコフらが拘束された事件である。セレブレンニコフは同年八月から二〇一九年四月まで自宅軟禁にあり、最終的に有罪判決を受けた。実際に多少の経理上の不備はあったようだが、それにしても過剰な措置で、上演された公演に対して「公演がなかった」など、理不尽な非難がなされたこともあり、今回の事件と同じく文化の弾圧だと考えられている。セレブレンニコフは風刺的な作風が特徴で、以前から政権や社会を批判する作品を作っていた。

ンが、リュビーモフカの公式YouTubeチャンネルで無料公開されている。要所要所に音楽を用いた演出で、俳優たちのエネルギーとアンサンブルが素晴らしい。英語字幕もあるので、ちらっとでも覗いてみてほしい［★7］［図5］。

主人公はイスラム国に向かったロシアの女性たちだ。ネット上でジハードの戦士と知り合った彼女たちは、戦士に誘われるままにイスラム教に改宗し、一度も会わないままオンラインで結婚式を挙げ、呼ばれるがままにイスラム国へ行ってしまう。わたしはこれまで知らなかったのだが、そんな事件が実際に起こっていたそうだ。

戯曲にはドキュメンタリー演劇の手法が用いられており、せりふは、実際にイスラム国へ行ってテロリストと行動をともにした女性たちの裁判での供述記録から構成されている。その証言によると、サッカーファンのフォーラム（ミクシィのグループや5ちゃんねるのスレッドのような、興味を同じくするひとのネット上での集まり）で知り合って、メッセージのやり取りだけでバーチャルに付き合うようになって、気がついたら彼はイスラム国に行っていた、などというケースもあるそうだ。

図5　『爽やかな鷹のフィニスト』の一場面
出典＝ https://www.youtube.com/watch?v=Dr0iYOJPp0Q

ロシアは多民族国家で、チェチェンやダゲスタンなどの北コーカサス諸国やタタールスタンなど、イスラム系の民族は少なくない。だから、結婚に際して女性あるいは男性がイスラム教への改宗を求められることはあるだろう。それに、イスラム国の戦士になったロシアの男性たちは実際にいたし、アルカイダやカフカス首長国など、ロシア国内でテロ活動をしていた組織もあった。そもそも一九九九年から二〇〇一年頃までは、第二次チェチェン戦争に関連して、モスクワやサンクトペテルブルクでも毎年のようにテロが起こっていた。だから、テロの問題はロシアにとって身近だった。

ペトリイチュクはこの戯曲で、見ず知らずの男性とネットで知り合って、会いもしないまま結婚してしまう女性たちを悲劇のヒロインとして描いているわけではない。彼女たちにはそれぞれ孤独な環境があった。殺伐とした家庭環境で、誰からも優しい言葉をかけてもらったことがなかったり、なにもない田舎で生まれ育って、将来の展望がまったく持てなかったり、いわゆる非モテでコンプレックスを持っていたり。テロリストたちは優しい愛の言葉でそこにつけ込んだ。似たような状況はどこの国にもある。日本でも数年前に、国際ロマンス詐欺に引っかかって巨額のお金を貢いでしまった女性のことが報じられていた。孤独は、人間を追い詰め、愚かにする。それがこの戯曲で語られていることだ。

孤独は、ペトリイチュクの創作に通底するテーマである。彼女の描く主人公たちは、孤独をなんとか誤魔化して生きている。そのせいで、夫を自殺に追いやったり、息子をアルコール依存症に追い込んだり、知ってか知らぬか犯罪に加担したりする。『フィニスト』で描かれているのは、孤独によってひとが愛にどんな幻影を見てしまうかであって、イスラム国の是非ではない。

ベルコヴィチ版『フィニスト』は二〇二二年に黄金のマスク国家賞を戯曲部門と衣装部門で受賞している［★8］。さらに小劇場演劇部門や演出部門でもこの賞にノミネートされていた。黄金のマスク賞はロシアで最も権威のある舞台芸術の賞であるので、この作品はすでに国のお墨付きをもらっていたことになる。しかも、上演には文化省の助成も出ていたという。それが戦時になると、そんなことはお構いなしに、「テロを擁護」し、国家に損害を与えたとして断罪される。その状況を目の当たりにして、衝撃を受けた。

もちろんこの状況は、ひどい拷問の末、無実のひとに「外国のスパイ」などの嫌疑を無理やり認めさせて、銃殺刑や収容所送りにしたスターリン時代よりはましかもしれない。しかし、政権の意にそぐわない行動をすると、遡及的に過去の行為が悪だとされて罰せられるなら、国民には表現の自由などいっさいないことになる。過去の芸術作品にいまの基準を当てはめて罰することができるのならば、社会の倫理的な規範の変化を利用して、気に入らない作品をキャンセルすることができる。こうして考えてみると、過去に遡及していまの倫理を適用してハラスメントを断罪したり、銅像を倒したり、小説や映画の筋を修正したりするキャンセルカルチャーの手法が、政権側から逆手に取られているのかもしれない。

戦争が始まってから、デモや反戦運動などで理不尽に拘束された人々が無数にいる。反戦を唱えた歌手や音楽グループは、ロシア国内で公演ができなくなった。反戦の大学人や学校教師は多くが職を追われた。もっとも、それらの場合は理不尽ではあれ理由は明確で、かつ罪状とそれに対する罰は非対称ではあれ直結していた。しかし、今回は違う。おそらく、ベルコヴィチは戦争推進の体制派からすれば目障りな存在だった。逮捕のために、反戦の詩や言葉ではなく、戦争とまったく関係のない、過去の作品が持ち出された。ベルコヴィチだけでなく、とくに反戦活動で目立っていたわけでは

★7　Спектакль «Финист Ясный Сокол» // Независимый фестиваль Любимовка. 09.05.2023. URL=https://www.youtube.com/watch?v=Dr0iYOJPp0Q

★8　URL=https://www.goldenmask.ru/spect_2294.html

なかった原作者のペトリイチュクもともに逮捕された。

もしも拘束の直接の理由が反戦詩だったなら、反戦詩人の逮捕が世界で広く報道されて、ベルコヴィチの詩も広く流通しただろう。逮捕によって、そのひとたちの反体制的な芸術が世界で圧倒的に高く評価されてしまうという、かつてプッシー・ライオット事件［★9］で犯した過ちを、政権側は繰り返さなかった。

告発

報道によると、ベルコヴィチとペトリイチュクの逮捕の直接のきっかけは、二〇二一年五月つまり初演後間もない頃に、ナショナリストの政治運動体である国家解放運動（НОД）のウェブサイトで公開された告発記事であるそうだ［★10］［図6］。しかし、二年前の告発が急にいまごろ効力を発したというのだから、この時期になったのがたまたまというのは、にわかに信じがたい。

そもそも彼女たちが拘束された五月四日は、五月九日の戦勝記念日の直前である。人々がベルコヴィチの「不死の連隊」に自分を担ぎ出さないでくれと頼む祖父の詩を思い出さずにはいないときだ。彼女もまた新しい反戦詩を書くかもしれない。ベルコヴィチを拘束して、戦勝記念日に反戦の訴えができないようにするには、ギリギリのタイミングだったと言っていい、というのは考えすぎだろうか［★11］。現実には、ドイツを拠点にするペトリイチュクが帰国したタイミングでもあったのだが、果たして理由はそれだけだろうか。調べてみたところ、『フィニスト』事件の立件は四月一〇日で、ちょうど戦勝記念日まで一カ月を切った時期だった。

それはさておき、国家解放運動の告発の内容を読んでみよう。

告発は、「西側はロシアに対するイデオロギー戦争をさまざまな方法で仕掛けているが、そのひとつに演劇がある」という一文から始まる。「悪いのは西側、ロシアは対応してい

図6　国家解放運動による『爽やかな鷹のフィニスト』告発記事
出典＝ https://www.n-kurs.ru/articles/articles/kak-finist-yasnyy-sokol-stal-terroristom?ysclid=l92kuc7gvn907576882

るだけ」という、最近ではプーチン大統領のあらゆる演説に登場するあのロジックだ。これに戯曲のあらすじが続くのだが、四段落目から急に雲行きが怪しくなる。引用しよう。

イスラム国＊〔★12〕の戦闘員や募兵官たちは、芝居では正しきヒーローとして描かれる。彼らは「高尚な」目的のためなら殺しもできる真の男である。女性に対して思いやりがあり、誠実で、女性や子どもを気遣い、酒も飲まず、否定的に言及されるロシア男性とは異なっている。〔★13〕

事実、芝居は四七歳の女性がロシア男性全般について、彼らは「批判し、助言し、罪悪感を感じさせる」のばかりが上手いと否定的に語り、日々の辛さを吐露するところから始まる。彼女は夫のある身だが、ロシア系シリア人の男性とネットで知り合う。彼は常に彼女を気遣ってくれる。彼女は彼の「よく眠れた?」という言葉にすら感動してしまう。いままでそんな言葉をかけられたことがなかったというのだ。ここで描かれているのは、悪意のある男性が甘言を弄して寂しい女性を騙し、女性のほうは寂しさのあまり自分を騙して、その欺瞞に乗ってしまう様子である。もちろんそこに「正しきヒーロー」像などない。だいたい現代社会において、「『高尚な』目的のためなら殺しもできる真の男」が正しきヒーローであり得るだろうか。この戯曲でイスラム国の戦士たちは、決して理想化されていない。

国家解放運動は、女性に対しても同じような攻撃をする。

芝居ではヒロインのひとりが裁判官を演じた。彼女は

★9　プッシー・ライオット事件とは、同名の女性パンクグループが、二〇一二年、プーチンが大統領に返り咲いた大統領選の直前に、モスクワの救世主ハリストス教会でプーチンおよびロシア正教のキリル総主教を批判する歌を歌い、ネットで拡散して拘束された事件。参加者のうち二人が二年の懲役刑となった。

★10　Донос на Беркович и Петрийчук написала ультраправая оэганизация НОД // DOXA. 05.05.2023. URL=https://doxa.team/news/2023-05-03-teatr

★11　ちなみに、二〇二三年の戦勝記念パレードは安全のために例年よりかなり縮小され、先述の「不死の連隊」は中止された。五月三日にクレムリンにドローン攻撃があったことを思い起こせば、それもやむなしだろう。他方、現在の戦争で亡くなったひとの肖像を持って参加するひとが現れるのを恐れた、というメディアの分析もある。

★12　引用中の「*」は注記を示す。イスラム国はロシア国内で「テロ組織」として禁じられているため、名を挙げる際には必ずその旨注記を付さねばならない。これは近年では、政府が外国の手先で潜在的なロシアの敵とみなし、「外国エージェント」に指定した人々の名前を挙げる際に、必ずそのひとが外国エージェントである旨の注記をつけねばならないのと同じ「注意喚起」（あるいはレッテル貼り）である。

★13　Как «Финист Ясный Сокол» стал террористом. // Национальный курс. 26.05.2021. URL=https://www.n-kurs.ru/articles/articles/kak-finist-yasnyy-sokol-stal-terroristom?yclid=l92kuc7gvn907576882

幇助の罪に問われたテロリストの妻に対し、「夫フィニストと友人たちの靴に、殺された者の血がついているのを見たでしょう。それを見たあとも殺人者への愛を語るなんてことがどうしてできるのです」と言う。ヒロインのマーリユシカは自分が誰を愛するかは個人的なことであると無作法に答える。［……］［この作品では］妻たちのテロリストへの愛はありふれた物質的なものではなく高尚なものであるのだと強調されていた。［★14］

孤独を抱えたヒロインたちは、優しい言葉をかけ続けてくれた戦士たちに一縷の希望を託して愛を捧げる。この引用で言及されているマーリユシカは、裕福な家庭に育ったが、父にも母にも愛されなかった。そして、ネットで知り合ってバーチャルに結婚した夫の言うがままイスラム国にやってきて、夫や夫の友人の戦士たちの世話をして暮らし、子どもをもうける。ジハードのために、夫から爆弾ベルトを常に装着させられもする。一度ロシアに帰国したが、裁判のあと、もう一度イスラム国へと向かう。芝居では、こうした彼女の行動は「愛」なのか、それとも幻想なのか、そもそもひとはなぜ「愛」の幻想を抱くのか、という問いが投げかけられる。テロリストへの愛それ自体が肯定されることはない。

この戯曲はロシア民話のタイトルを借りており［★15］、作中のイスラム国の男性は「フィニスト」、女性は「マーリユシカ」と、民話の肯定的主人公たちの名前で呼ばれるが、国家解放戦線にはそれも気に食わないようだ。見知らぬ遠い国へ去ってしまった男性を女性が追いかけるという民話によくある筋に、現代の現象を重ねて普遍化するこの仕掛けは、戯曲として秀逸である。こうした仕掛けは演出の幅を広げる。それに、厳しい現実を直接観客に突きつけるのではなく、あえてワンクッションを挟むことで、その問題をひとの心にじわじわと浸透させ、考えさせることにつながる。しかし、保守的な見地から悪意を持って見れば、これは民話の「悪用」と捉え得るのだ。

告発にはほかにも、好色な司祭が登場するのはロシア正教への敵愾心を煽る目的だとか、司法を悪く言っているとか、ロシア民謡や民族衣装の美しさが悪用されているとか、論点をずらして、芝居に描かれた現実と自分たちの理想のロシア像とのずれを悪として批判する言葉が続く。これらはふつうに考えれば「いちゃもん」に過ぎない。しかし、緊急時には、国を揺るがす「社会の敵」を排除するために、こうしたいちゃもんがあたかも根拠があるかのように利用されてしまう。

破壊学

『フィニスト』がテロを擁護する作品であるという容疑の妥当性については、「専門家」による「鑑定」が行われていた。

鑑定を行なったのは、ロマン・シランチエフら三人の「破壊学者」である。

「破壊学 деструктология」という言葉はわたしも今回初めて耳にした。ロシア語のWikipediaによると、これはもともと宗教学者であるシランチエフが二〇一八年に考え出した新しい「学問」で、「ロシア国民の安全に対する脅威に真剣に対抗すべく要請された」ものだそうだ。一．時間と金銭の喪失、二．健康の喪失、三．参加者の生命の脅威、四．過激派やテロ組織や宗教セクトへの勧誘をもたらすものを、破壊学は脅威として科学的に（？）判断するという［★16］。つまり、破壊学の方法論を用いれば、被告が国家の破壊分子であるかどうかを科学的に鑑定でき、裁判などでも利用できるらしい。二〇一九年にはモスクワ国立言語大学に「破壊学研究所」が設置され、シランチエフはその所長となった。そこでは言語学、心理学、宗教学、政治学、社会学の観点からの鑑定方法が教えられ、さらに上級専門コースの修了者には国家からの証明書が授与されるという。

もちろん、と言ってはなんだが、破壊学は多くの学者から非科学的であると指摘されている。しかしこうした学問は、誰かに都合が良いから存在するものだ。国立大に研究所を設置できたからには、どこかで政権とつながりがあるのかもしれない。少なくともベルコヴィチとペトリイチュクの演劇事件では、破壊学は政権あるいはその周辺にとって都合の悪い人々の活動を妨害する役割を担ったと言える。

シランチエフらの「鑑定」の主要な部分が独立系メディア「メドゥーザ」で公開されている。とても長く、また読んでいると心が荒むので、興味のある方には自動翻訳などで読んでいただくとして、ここでは一箇所だけ紹介しておこう。

［イスラム国同様のテロ組織がもつ］暴力の神学が依拠する、団結のための主要な考えとなっているのは、あらゆる国家権力の暴力的対立に不可分な原因として、イスラム教徒が受けた屈辱があるというものだった。

★14　同前。

★15　民話『爽やかな鷹のフィニスト』の物語は次のものである。ある家に三人姉妹がいた。末娘のマーリユシカは親孝行で、この家の家事も引き受けている。年老いた父親は、街に行くたびに娘たちに欲しいものを尋ねる。上の娘たちはドレスやスカーフといった贅沢品を頼むが、マーリユシカはいつも「鷹のフィニストの羽根」が欲しいと言う。あるとき父は羽根を見つけてマーリユシカに持ち帰る。家族が寝静まったあと、マーリユシカが羽根に話しかけると、王子フィニストが現れる。夜を娘と過ごした王子は夜明けとともに鷹になって飛び去る。鷹は毎夜通ってくるが、怪しんだ姉たちの計略で四日目に追い返され、遠い国に帰ってしまう。娘は彼を追って行き、魔女バーバ・ヤーガの助けを借りて困難を切り抜け、フィニストを見つけ、めでたしめでたしとなる。

★16　Деструктология // Википедия. URL=https://ru.wikipedia.org/wiki/Деструктология

この、対立の不可分な原因としての屈辱という基本的な考えのもとに、演出家E・ベルコヴィチの芝居速記録内テクストである所与の資料にも見られるラディカル・フェミニズムのイデオロギーは成立している。

［……］

女性は常に屈辱を受けてきたという考えに基づくラディカル・フェミニズムのイデオロギーは、悪意のないものではまったくない。破壊学の科学は、このイデオロギーを獲得したせいでテロ行為の意図的な準備と遂行がなされた事実を確認している。それが、クラスノヤルスク地方で、ある女性市民が、ラディカル・フェミニストのアンドレア・ドウォーキンの著作を読みすぎた挙げ句、彼女の名を名乗るようになり、武器を持って幼稚園を襲撃し、男児を全員殺そうとした事件である。［★17］

シランチエフは、イスラム国のテロリズムを、唐突にラディカル・フェミニズムと結びつける。論理の飛躍を隠蔽するのは、ロシアのラディカル・フェミニストが起こしたという事件である。調べてみたところ、二〇二二年の三月に一九歳の女性が実際に起こしたものだった。

クラスノヤルスクのポリーナ・ドヴォルキナは子どもの頃から両親と仲が悪く、早い時期から男性一般に対して憎悪を抱くようになった。一八歳の頃にアメリカのラディカル・フェミニスト、ドウォーキンの著作を読んで、「ドヴォルキナ」（ドウォーキンのロシア語読み）に改名するほど心酔してしまったという。ドヴォルキナが、女性はあらゆる意味で男性の犠牲になっていると考えるドウォーキンに感化されて男児を殺そうとしたのは本当だ。ただし、詳しい記事を見ると、武器を持って幼稚園に来たものの、彼女自身は発砲しないままに終わったようだ［★18］。さらに重要なことに、彼女は幼稚園を襲撃する前に自分の父親を殺していた。つまり、男児だけを狙った猟奇的な事件ではなかったのだ。シランチエフはそこには意図的に触れずに、ラディカル・フェミニスト一般には理念のために不特定多数の男児の殺害を試みる潜在的な脅威があるかのように歪曲している。

報道を見る限り、どうやらドヴォルキナも、ペトリイチュクの作品の登場人物と同じような孤独を抱えていたように思われる。もちろん殺人や殺人未遂は大きな犯罪であるが、その背景には、たった一年で獲得したイデオロギーよりももっと深いものがありそうだ。いずれにせよ、このクラスノヤルスクの事件をもって、「ラディカル・フェミニズムは潜在的なテロの温床である」という論理を作ることができないのは明らかだ。今回の「破壊学」の鑑定は、SNSの無責任な暴言によくあるような、ミソジニーを丸出しにした短絡的な意見に見えるのだが、それが裁判において権威として機能してしまうところが、いまのロシアの残念な特殊性である。いまの、ではないのかもしれないが。

女性形《フェミニチヴ》の要求

それにしてもなぜここで突然フェミニズムが出てきたのか。ベルコヴィチはフェミニストを公言している。他方、ペトリイチュクの作品はほとんどが女性の孤独をテーマにしているが、フェミニズムを強く打ち出しているわけではないように見える。公の場での発言が少ないから可視化されないだけかもしれない。

もっとも、問題はじつはそこにはない。シランチエフらが問題視しているのは、たったひとつの単語である。事件からは少し脱線するが、背景を説明しよう。

ベルコヴィチは自分の職業を **режиссерка**（レジショールカ、女性演出家）だと言う。レジショールカは、**режиссер**（レジショール、演出家）の女性形だ。近年までは演出家は男女ともに「レジショール」だった。それをあえて、女性を表す語尾であるところの **ка** をつけた新しい言葉を用いているのだ。ロシア人なら誰でも一瞬でこの語の意味を理解するが、とはいえ多くのひとがその語感に違和感を抱くだろう。ベルコヴィチはインタビューや略歴でも「レジショールカ」を用い続けてきた。だから今回の報道でも、リベラルメディアでは本人の意向に沿って「レジショールカ」が用いられる。他方、タス通信などの政府系や保守系のメディアでは、伝統的かつ一般的なロシア語である「レジショール」が使われている。

こうした、職業などを表す名詞の女性形をフェミニチヴという。ほかにも、ロシア人、モスクワ人、東京人といった国や地域などの所属を表す言葉にもフェミニチヴがあり、昔から一般に用いられている。そもそも、ロシア語では牡猫は **кот**（コート）牝猫は **кошка**（コーシカ）と、動物でもオスとメスで呼び分けがされる。話者に対して自分の性を明確にすることを求める言語なのである。

フェミニズムの世界的な流行の中、プッシー・ライオットのような国際的に有名なフェミニストグループも現れ、ロシアでも若い女性を中心にフェミニズムが広がっていく。フェミニズムの運動の中で欧米では、「ジェンダー・ニュートラル」な言葉が志向されて、職業名から性が消されていった。

★17　«Медуза» публикует «экспертизу» по делу об «оправдании терроризма» в спектакле «Финист ясный сокол». В этом документе утверждается, что «радикальный феминизм» так же опасен, как «Исламское государство» // Meduza. 05.05.2023. URL=https://meduza.io/feature/2023/05/05/meduza-publikuet-ekspertizu-po-delu-ob-opravdanii-terrorizma-v-spektakle-finist-yasnyy-sokol

★18　Стреляющая феминистка: запутанная история Полины Дворкиной // Ren.tv. 14.07.2023 URL=https://ren.tv/blog/andrei-dobrov/1122085-polina-dvorkina

英語でbusinessman / businesswomanがbusinesspersonになったことや、steward / stewardessがcabin attendantになったのがわかりやすい例だ。日本語でも、たとえば看護婦は看護師、保母は保育士と呼ばれるのが慣例になった。しかしロシアでは、真逆の運動が起こる。男性形しかない職業名にも女性形を作って、それを用いようというのだ。たとえばврач（ヴラーチ、医者）にはврачиня（ヴラチーニャ）、профессор（プロフェッソル、教授）にはпрофессорка（プロフェッソルカ）、автор（アフトル、著者）にはавторка（アフトルカ）といった具合だ［★19］。医者や教授に関しては、フェミニチヴの使用はほとんど普及していないように思うが、著者に関しては、二〇一九年にアフトルカの使用をめぐって議論が起こった。ジャーナリストやエッセイストら、ものを書く職業のひとが、フェミニズム運動と親和性があるからかもしれない。このジャンルでは女性が活躍しており、国内外のリベラルメディアの書き手にはフェミニストを自称するひとも多い。

「アフトルカ」「レジショールカ」といった言葉については、わたしも、とくに最初はかなり違和感があった。わざわざ女性を示す語尾をつけて、自分が女性であることを明確にするなんて、なぜ必要なのかと思ったのだ。同じ言葉のほうが対等でいいではないか、と。しかし、ロシア語には文法上の性があることを考えると、フェミニチヴが欲しくなる理由もわからなくはない。男性名詞は男性形で受けるから、「ベルコヴィチは」という代わりに「演出家は」と言うと、режиссерが男性名詞なので、述語も男性形を取るのが文法上正しいことになる。自分が女性なのに、言語の上で男性として扱われるのに違和感を感じることはあり得よう［★20］。言葉は人々の慣習と緊密に結びついている。言葉から慣習を変えようという考え方は当然生まれ得る［★21］。同時に、いつも使っている言葉だからこそ、変えたくないという層もいる。

フェミニチヴは一九世紀末から二〇世紀初頭、都市文化が発達して新しい職業がどんどん生まれていた時代に発展したという。ニュートラルな形として男性形で女性をも表すようになったのは、むしろその後のソ連時代だそうだ。現状では、ソ連時代のニュートラルな形としての男性形のほうが多くのひとにとって慣れ親しんだものであるようだ［★22］。

キャンセルカルチャーとソ連の亡霊

ベルコヴィチとペトリイチュクが逮捕され、事件が話題になるにつれて、「レジショールカ」という言葉は独り歩きした。ＳＮＳでは「レジショールカ（笑）」といったニュアンスのコメントや、そんな言葉はロシア語にはない、という意見も多く見られた。五月一七日にはリベラル反戦亡命知識人で外国エージェントにも指定されているロック・ミュージシャンのアンドレイ・マカレーヴィチが、『プロフェッソルカ』

『ポエトカ［詩人］』『レジショールカ』みたいなおかしな言葉を生んでしまうなんて、母語の音に恐ろしく鈍感で、犯罪的なのでは。みなさん大丈夫？」とFacebookに投稿し、多くの反響を呼んだ［★23］。こうして、どんどん話が逸れていって、わかりやすく議論しやすいフェミニチヴの話題が、本来行われるべき議論をかき消した。

今回の「演劇事件」で、社会やメディアが議論すべきは、かつて評価されていた芸術作品を現時点の価値観から遡及的に断罪することはどこまで正当なのかという問題であるはずだ。隣国との戦争によって、国家が一丸となって守らねばならないものができた、だから過去に国家として肯定したものも否定して、現在の価値観に従属させる、というのが、「演劇事件」で露呈した現在の文化政策の「歪み」である。しかし、この考え方は、これまで蹂躙されてきたマイノリティの

★19　врачиха, профессорша という、「女のくせに」的なニュアンスで用いられる「女医」「女教授」にあたる言葉は昔からあった。

★20　ロシア語では、ドストエフスキーとドストエフスカヤ、チェーホフとチェーホワなど、姓で男女がわかる場合も多い（いずれも前者が男性、後者が女性）。男性を示す姓は子音、女性を示す姓は母音のаあるいはяで終わるのが基本の形である。ベルコヴィチ Беркович は子音で終わっており、文法上は男性の形だが、ニュートラルな性を示す姓である。режиссер Беркович（演出家ベルコヴィチ）と書かれている場合、本人を知らなければ男性だと思われる可能性は大いにある。あえて「レジショールカ」を用いる背景には、男性だと誤解されるのを避けたいという意図があると考えられる。なお、彼女が戦争開始後もSNSで日常を綴り続けたのもフェミニストの反戦運動の手法に則っているが、詳細は機会を改めたい。

★21　「メドゥーザ」が運営するメールマガジン「シグナル」によると、フェミニチヴ推進派としては、職業における男女を明確にすることによって、その職種における男女の割合を可視化し、女性の地位向上に貢献しようという意図があるという。ついでながら書いておくと、ロシアでは女性の所得は男性より三〇－三五％少ないそうだ。#194. Режиссерка. Разве это по-русски? // Сигнал. 20.06.2023. URL=https://us10.campaign-archive.com/?e=833b47272a&u=ff4a009ba1f59d865f0301f85&id=428018740d

★22　たとえば言語学者のスヴェトラーナ・ブィルコワは、二〇二一年にフェミニチヴとは何かを分析しつつ、それが現れることや言語が変化することは肯定しながらも、ロシア語の秩序から疑問を呈している。Авторка, блогерка, стримерша – как феминитивы приживаются в русском языке. // Донской государственный технический университет. 04.03.2021. URL=https://donstu.ru/news/intervyu/avtorka-blogerka-strimersha-kak-feminitivy-prizhivayutsya-v-russkom-yazyke/

二〇一九年には政府系のニュースサイトであるリアノーヴォスチでも取り上げられるが、ブィルコワと同じく現象としては肯定しながらも、懐疑的であった。Как это по-русски. Редакторка, авторка, режиссерка. Новые феминитивы русского языка. // Риа новости. 10.02.2019. URL=https://ria.ru/20190210/1550594873.html

さらに、一九五一年生まれの著名なポストモダン作家で文芸批評家のタチヤナ・トルスタヤもフェミニチヴには懐疑的である。Татьяна Толстая: «Слова «авторка» в русском языке нет и, надеюсь, не буде-». // Србака.ru. 30.01.2018. URL=https://weekend.rambler.ru/other/39015916-tatyana-tolstaya-slova-avtorka-v-russkom-yazyke-net-i-nadeyus-ne-budet/

★23　URL=https://www.facebook.com/makarevichav/posts/pfbid02kE7dPBSRP6RLxQU6PaU3xgfURyurAwpoza6KLdpkLyu5BGtv1pp2woNa2pebdUB9l

権利を回復するために、過去に社会とその一員である自分が肯定していたものを否定して、新しい価値観に従属させるキャンセルカルチャーと根本的に変わらない。「新たな価値観のために過去を位置づけ直す」ことへの倫理的正当性が是認されてしまっている以上、その「新たな価値観」がどのようなものであろうと——戦争における自国の勝利を最優先し、その障害を排除するというナショナリスト的で狭量なものであろうと、人権問題であろうと——他者の過去は常に粗探しの対象となり、政治的な追い落としのために便利に使われ続けるだろう。しかし、そもそも間違えないひとがこの世界にいるだろうか。ましてや、未来に間違いになるかもしれない行為をすべて予測して未然に防ぐことなど不可能だ。『訂正可能性の哲学』で東浩紀が示している通り、ルールは変わっていくものなのだ。

　プリゴージンの乱が起こり、ワグネルの部隊がじわじわとモスクワに向かっているという報道が流れる中、在外のリベラルロシア人の中からプリゴージンを応援する声が上がっていたのには驚いた。プリゴージンのワグネルはこれまでもウクライナ紛争に加担してきたとされている。二〇二二年の開戦後は、監獄を回って囚人を徴兵し、ワグネルを強化してウクライナで戦った。ロシア軍の食事周りもプリゴージンの会社が請け負い、また、先述の通り情報戦の会社も運営している。プーチン憎さのあまり、戦争を糧とし、暴力を誇示するプリゴージンを推すのは狂気の沙汰としか思えない。もちろん、自分がロシア人であるからこそ、絶望も大きく、またどんな形であれ現状で打破したいという願望もあるのだろう。それにしても彼らは目の前の状況を憂うあまりに、長期的な視野を持てなくなっているように見える。

　ロシアでは、「演劇事件」に限らず、告発や密告がどんどん行われるようになった。独立系インターネットメディア「メディアゾーナ」は、「どん底の住民。ロシアには何百人もの告発『専門家』がいる——彼らとの談話」という記事で、告発をいわば生き甲斐にしている人々にインタビューをしている[★24]。このひとたちは日々SNSを巡回し、検索を駆使して、ロシア軍に対して「名誉毀損」をしたり（反戦運動はもちろんだが、いまウクライナとの間で起こっていることを「戦争」と呼ぶだけでなぜか名誉毀損になる）、反体制的な言動をしたり、あるいはその兆しがあったりする人々を見つけて密告あるいは公に告発する。彼らは、政権やその下部組織から報酬をもらっているわけでもなく、あくまでも「善意」で告発しているそうだ。いまの状況に条件反射をして、他者を陥れて自分はスカッとするという、SNSで炎上を煽っている人々とまったく変わらない行動原理なのだろうか。もっとも、長期的な視野が持てない時期だからこそ、目の前の敵を見つけて告発して排除し、安心したくなるのかもしれない。

ペトリイチュクの戯曲が孤独な人々を扱っていることはすでに書いた。彼女らのもうひとつの特徴は、自信や希望を持てないことである。愛の幻想を追ってイスラム国へ行ってしまった女性たちは、自分に自信がないからこそ、甘い言葉に乗ってしまった。ほかにも、国境の街から毎週中国に渡り、中国人の若い男性と会って、言葉が通じないながらも交流することをささやかな生き甲斐とする、無自覚の麻薬の運び屋の中年女性（『火曜日は時短の日』）、教師にセクハラの濡れ衣を着せて、意地を張ったまま彼を自殺させてしまうティーンエイジャー（『悪いのはワインスタイン』）、人生がつまらなすぎて、せめて若い頃に失敗したバンドを再結成しようとするも、やはり失敗する男性（『彗星G』）と、ほぼすべての戯曲に、行き場のない人生の虚しさが満ち満ちている［★25］［図7］。彼らは小さな嘘で自分を騙し、彼らなりのより良い人生の幻想の中でなんとか孤独をやり過ごそうとするが、その嘘はしばしば犯罪とつながっている。

今回の戦争は、そんな孤独な人々の姿を可視化しているようにも思う。人生に希望が持てなくて、ある人は自ら志願して戦争に行き、ある人は告発や密告に勤しむ。志願兵の家族からは、ウォッカばかり飲んでいるなら戦争に行ったほうがいい、という声すらあった（もちろん戦地で行方不明になった息子を必死で探している母親たちもいる）。金儲けに取り憑かれている人々も、同じ孤独に苛まれているのかもしれない。

ソ連崩壊から三〇年以上が経過したいまも、国を失い、生活も人生の価値観も一から立て直さざるを得なくなった恨みと喪失感からまだ癒えていないひとが少なからずいるのだ。彼らは、西側の新しい価値観をいち早く獲得して押し付けてくるリベラルの人々のことも、ポストソ連の社会状況を客観視して、問題を飾ることなくクローズアップして戯曲や文学や音楽にする芸術家たちのことも受け入れられないのだろう。そもそもソ連崩壊後の三〇年あまりの歴史のなかで、人生に希望を抱くことができるひとの数は、とくに増えていないのかもしれない。そんな状況が、戦時下の歪な社会の中で目立つようになった。

図7　スヴェトラーナ・ペトリイチュク『トゥアレギ』（Freedom Letters, 2023）

★24　Кто обитает на дне. В России сотни «профессиональных» доносчиков — «Медиазона» поговорила с несколькими из них. // Медиазона. 14.04.2023. URL=https://zona.media/article/2023/04/14/na_dne

★25　Петрийчук С. Туареги. Freedom Letters. 2023.

論考

失われた抒情と穴が開いたレンコン状の月

梅津庸一の近年の作品

能勢陽子 Yoko Nose

僕は芸術界の絶対の自由《フライハイト》を求めている。従って、芸術家のPERSOENLICHKEITに無限の権威を認めようとするのである。［……］人が「緑色の太陽」を画いても僕は此を非なりと言わないつもりである。

——高村光太郎「緑色の太陽」一九一〇年［★1］

二〇二二年、六本木にあるタカ・イシイギャラリーで開催された梅津庸一の個展、「緑色の太陽とレンコン状の月」（九―一〇月）の作家ステートメントは、高村光太郎の有名な芸術評論「緑色の太陽」の冒頭部分の引用から始まる。

人は案外下らぬところで行き悩むものである。所謂日本画家は日本画という名に中てられて行き悩んでいる。所謂西洋画家は油絵具を背負いこんで行き悩んでいる。

「緑色の太陽」は、明治も残すところ二年となった一九一〇年に、雑誌『スバル』に発表された。それは美術が写実から表現へ、職人芸としての絵師から個性を重視する芸術家へと移り変わろうとする時期の、若き芸術家の気概を反映した声明であった。タカ・イシイギャラリーの個展タイトルの前半は、ここからきている。

後半の「レンコン状の月」は、梅津によると中学生が主人公のラブストーリー『月がきれい』や、V系バンドPlastic Treeの曲に登場する月に触発された言葉だという。そして私はこの言葉から、光太郎の「緑色の太陽」より前の一八九〇年代半ば頃、英語教師をしていた夏目漱石が、「I love you」を訳すには「我君を愛す」より「月が綺麗ですね」とすべきであると語ったという、これもまた有名な逸話を思い出した。漱石と生徒の間で、本当にこのようなやりとりが交わされたかどうかは定かではない。しかし、直接的でない抒情的な表現の方が日本人らしくて良いというこの逸話は、私たち日本人に好まれてきた。

「I love you」の媒体となる漱石の抒情的な「月」と、作家の個性の表明としての光太郎の「緑色の太陽」——二〇年の開きもないこの間に、日本人の感情や感覚の急激な変化があった。浪漫の媒体であった月は、もはや恋や恥じらいを言外に伝えるものではなくなった。詩や小説だけでなく、絵画や彫刻、音楽などの芸術全般を覆っていた抒情は徐々に影を潜めて、それとともに芸術はどんどんと私たちの生活から遠ざかっていってしまった。日々の機微に起きる感情は、私たちの生活と芸術を繋げていたのだった。代わって、芸術家の比類なき個性が称揚されるようになるが、それは〝現代美術〟へとまっすぐに続いていく。

私には、梅津は今も、生活者と芸術家としての自意識、そして美術制度と芸術への愛の間で引き裂かれつつ葛藤しながら、もはや時代遅れになった〝抒情〟を追い求めているようにみえる。もちろん梅津は、決してナイーブな作家ではない。美術共同体パープルームの運営や展覧会のキュレーションを通じてしばしば美術制度に対する批判を行いながら、極めて戦略的に自らを位置付け、活動を展開している。それでもその根底には、芸術への愛と制作の真摯な動機がいつも透けてみえてくる。現代美術が手放したかに思える抒情は、様々な芸術ジャンルを介して、誰もが生活のなかで触れ、感じ、生を豊かにするものであった。近年の梅津は、私たちの生活になじみのある陶芸やしばしば本の挿絵として使われる版画を媒体に、それを摑み直そうとしているように思われる。

「緑色の太陽」と「必死の時」

ここで再び高村光太郎に戻りたい。光太郎は「緑色の太陽」で、かつて高橋由一［★2］や岡倉天心［★3］にとって国家的事業であった美術を、国や社会からは独立した、より個人主義的で理想主義的なものとして謳いあげた。その内容から、西洋の美術がほぼ同時に流入し始めた当時、「日本の芸術はいかにあるべきか」が盛んに議論されていたことがわかる。光太郎はこのように述べている。

僕は生れて日本人である。魚が水を出て生活の出来ない如く、自分では黙って居ても、僕の居る所には日本人が居る事になるのである。と同時に、魚が水に濡れているのを意識していない如く、僕は日本人だという事を自分で意識していない時がある。［……］

作家をして、日本人たる事を忘れさせたい。日本の自

★1　『高村光太郎全集第四巻』、筑摩書房、一九五七年、二三、二五頁。
★2　高橋由一（一八二八－九四年）　江戸生まれの洋画家。日本で初めての洋画家とされる。
★3　岡倉天心（一八六三－一九一三年）　東洋美術史家、思想家。東京藝術大学の前身である美術学校創設に深く関わり、のち校長になった。

然を写しているという観念を全く取らせてしまいたい。
そして、自由に、放埒に、我儘に、その見た自然の情調をそのまま画布に表わせさせたい。［★4］

光太郎によると、作品にことさら日本的感性を刻印する必要はない。結局、「どんな気儘をしても、僕等が死ねば、跡に日本人でなければ出来ぬ作品しか残りはしない」［★5］というのである。「緑色の太陽」には、しばしば〝地方色〟という言葉が登場する。当時、日本の芸術の色は、伝統に根差した〝薄墨色〟が良いとされていた。それに対して光太郎は、真っ向から「緑色の太陽」を掲げたのであった。それは国家や伝統に縛られない、芸術家の自由の表明であった。

梅津は、個展「緑色の太陽とレンコン状の月」のステートメントを、「『人は、そして芸術家は国家に規定されるのか？』という根本的な問いを造形言語のレベルから検討し可視化したい」と結んでいる。そして、光太郎の語る国家に縛られない芸術家の自由に共感しながら、改めて現代における日本の芸術を問い直すのである。

梅津はその活動の初期から、近代以降に西欧から流入した美術や美術制度と自身の存在を、日本人としての自らの身体を介した独自の仕方で探ってきた。フランスの画家ラファエル・コラン［★6］の《フロレアル》（一八八六年）の野原に横たわる少女や黒田清輝［★7］の《智・感・情》（一八九九年）の立位の女性に自身の裸体を代入した《フロレアル（わたし）》（二〇〇四－〇七年）や《智・感・情・A》（二〇一四年）は、そうした関心に基づいている。そこで梅津は、自らが見られる対象になって絵画におけるジェンダーの役割を攪乱しながら、相反するはずのナルシシズムとコンプレックスを同時にさらけ出す。

コランに師事した黒田や和田英作［★8］といった洋画家たちが描いた当時の日本人が、腰の位置が異様に高く量感があり、着物の裾から長い手足が伸びた姿で描かれていることに、違和感を覚えたことはないだろうか。その不自然に理想化された日本人の身体を、梅津は華奢でややO脚気味の自身の身体に置き換えて描く。それは、美術予備校の時点で我が身に染みついた西洋由来の絵画技法の歪《いびつ》さを逆照射し、一〇〇年以上前に光太郎が提起した芸術と国家との関わりを、我が身に重ねて別の深度から問い直す。

芸術家が、生まれ育った国の文化的特色や歴史的・社会的背景を作品に反映すべきかどうかという問いは、現在まで引き継がれている。自らのアイデンティティや出身国の歴史を含めた背景を責任とともに積極的に引き受けるのか、それとも視覚芸術は作家の個人的背景を超えた普遍的な価値を持つものとするのか。世界中で「脱西欧中心主義」や「脱植民地主義」を掲げた展覧会が開催されている現在、〝地方色〟は、ときに非西欧圏を出自とする者の戦略にもなる。そして、この問いに対する梅津の応答は、その初期から極めて独特である。梅津は、〝地方色〟を自らの作品におけるわかりやすい記号として用いることなく、自らの身体や風土に繋がる、より複雑な問題として引き受ける。

ここでもう少し、「緑色の太陽」以後の光太郎について見ておこう。「緑色の太陽」が発表された一九一〇年は、日本が大逆事件で国民を圧し、韓国併合を行なってアジアに乗り出した年でもあった。「緑色の太陽」で、光太郎は芸術と国を切り離して捉えることを主張していたはずである。ところがそのおよそ三〇年後、光太郎は自らの詩作によって若者たちが戦場に赴くことを鼓舞するようになった。

一九三七年の日中戦争勃発から一九四二年のシンガポール占領までに書かれた詩三七篇を集めた『大いなる日に』（一九四二年）には、「必死の時」という詩が収められている。その詩は若者たちに、今まさに〝歴史的現在〟を生きている者として、死を美なるものとして感受することを促した。以下、その一部を引用する。

《フロレアル（わたし）》2004-2007年

必死の境に美はあまねく、
烈烈として芳ばしきもの、
しづもりて光をたたふるもの、
　その境にただよふ。
ああ必死にあり。
その時人きよくしてつよく、
その時こころ洋洋としてゆたかなのは

★4　高村、前掲書、二四、二七－二八頁。
★5　同書、二九頁。
★6　ラファエル・コラン（一八五〇－一九一六年）フランスの画家。黒田清輝、久米桂一郎、和田英作らの師として日本の近代洋画に影響を与えた。
★7　黒田清輝（一八六六－一九二四年）洋画家、政治家。パリでラファエル・コランに師事。東京美術学校の西洋画科発足時に教員となり、日本洋画に影響を与えた。
★8　和田英作（一八七四－一九五九年）洋画家。日本では黒田清輝に、パリではラファエル・コランに師事した。
★9　『高村光太郎全集第二巻』、筑摩書房、一九五四年、三三七頁。

われら民族のならひである。［★9］

日米開戦が始まった時には六〇歳に近づいていたが、それでも光太郎が若者に与えた影響は絶大だった。光太郎の詩は、他の芸術家の誰よりも若者たちの情熱を鼓舞した。

戦後光太郎は、「わが詩をよみて人死に就けり」と、自らの詩作を悔いて七年間山村に籠り、自耕自炊の独居生活を送った。〝個人〟と〝芸術〟及び〝国家〟をめぐる光太郎の態度は、「緑色の太陽」とおよそ三〇年後の「必死の時」では、真逆のようにみえる。個性を重んじたはずの「自己のために」は、すんなりと「お国のために」に移行し、しかもその間の葛藤や分裂はあまりみられなかった。しかしそれは光太郎に限ったことではなく、この時期に創作活動を行なった多くの小説家や詩人、美術家、哲学者が同様に辿った道であった。一九一〇年代の社会の転換期に芸術家たちが向かった人間中心主義的な個性重視は、西欧の個人主義とは異なる情動を孕んでいた。それは、〝個人〟に向かうようで、むしろ感情により人々を無意識下で束ねて煽動する、暗い衝動を秘めていたのだった。美術批評家の椹木野衣は、こう述べている。

白樺派的ヒューマニズムは、けっして西洋個人主義のようなわかりやすいものではない。むしろ、西洋の個人と比較したとき、きわめてわかりにくいものを持っている。それは、このヒューマニズムが、欧化された芸術観や技術を隠れ蓑に、後に生命主義と呼ばれる不合理性を抱え込んでいたからだ。［……］

諸説あるだろうが、こうした群集的ナショナリズムは、成熟した近代主義的ナショナリズムとはむしろ対立しながら、ある意味、後の太平洋戦争を支える、捨て身の感傷的基盤を形成していくことになる。［★10］

椹木がここで「生命主義」の例として挙げているのは、岸田劉生［★11］や速水御舟［★12］、そしてむしろ「内面性をまったく感じさせない」［★13］竹久夢二［★14］であるが、ここに同じ時代精神を持つ者として光太郎も加えることができるだろう。

梅津についての論考の多くを光太郎に割いたのは、そこに梅津が長く向き合ってきた近代日本の芸術が抱えた夢と矛盾を、端的にみることができるからである。浪漫的で内向的な夢は、その溢れんばかりの情動とともに、ある暗さと屈折を孕んでいた。そして梅津はその危険をよく知っているがゆえに、自らの作品においてその暗い力を脱力させようとしているのではないか。戦争とはあまり縁がなさそうな梅津の作品にも、その影がちらりと窺われるのである。

夢想と戦争

ワタリウム美術館で開催された梅津の個展「ポリネーター」（二〇二一年九月－二二年一月）には、先述の近代絵画のなかの女性裸体像に扮した自画像や近年始めたばかりの膨大な数の陶芸作品に交じって、一九四一年一二月八日未明の真珠湾攻撃に出撃して亡くなった、梅津の大叔父にあたる梅津亘夫《のぶお》の肖像画が、飛行機のドローイングとともに数点展示されていた。同展には、陶器の《パームツリー》がいくつも並んでいたが、この椰子の木は亘夫の最期の地となったハワイに紐づくものである。

個展タイトルの〝ポリネーター〟は、〝花粉媒介者〟を意味する。梅津独自の用語としての〝花粉〟は、作者から鑑賞者への芸術の伝播や制作への誘いを〝受粉〟に準《なぞら》えたものである。屹立する椰子の木は、〝花粉〟を放出する男性器を連想させる。しかし、すっくと伸びあがった椰子の木のなかには、くにゃりと倒れたり折れ曲がったりしたものも交じっている。梅津は、大叔父の死を個人から遊離した集団的な行為に回収させないため、最期の地となったハワイを象徴する椰子の木のいくつかを、くにゃりと倒したり、折り曲げたりしているのではないだろうか。

外見が似ているという梅津の脳裏には、真珠湾攻撃で命を落とした亘夫が本当のところどんな思いを抱いていたのかということが、幾度となく去来したはずである。といって、他の作品のなかにわずかに交じる亘夫の肖像画や戦闘機のドローイングは、戦争そのものを主題にしたり、過去の過ちを糾弾しようとしたりするものでもないだろう。それはあくまで、個人と芸術と国の関係を、自身の問題として捉えようとした結果である。靴下だけを履いて立つ、やや情けない姿をした梅津の肖像画の隣にも、やはり折れ曲がった《パームツリー》が置かれている。その倒れていたり曲がっていたりする椰子の木は、個人の死に対して国家が与える英雄的な価値を骨抜きにするための、一種の装置のようにみえるのである。

ワタリウム美術館での「ポリネーター」は、鮮やかに塗られた壁に過去の絵画やドローイングが所狭しと掛かり、台座の上にややくすんだパステルカラーの陶器が並ぶ、四〇歳を

★10　椹木野衣「空《そら》から空虚へ」、『美術手帖』二〇〇五年七月号、一九－二〇頁。

★11　岸田劉生（一八九一－一九二九年）洋画家。パリの洋画に影響を受ける画家が多いなか、北方ルネサンスや浮世絵などに注目し、独自の油絵を描いた。

★12　速水御舟（一八九四－一九三五年）日本画家。日本画に写実を取り入れ、独自の画境を開いた。

★13　椹木、前掲論文、二〇頁。

★14　竹久夢二（一八八四－一九三四年）画家、詩人。抒情的な挿絵や装飾で人気を博した。

前にした若い作家の半ば回顧展的な内容であった。そして、陶器の《パームツリー》と同じくらいの頻度で登場していたのが、大小の楕円が二つ並んだ《花粉濾し器》である。この縦長の二つの円は、今も梅津の臀部に残る蒙古斑の形をしているという。期待とともにふんだんに拡散したはずの〝花粉〟の受粉を、蒙古斑型の濾し器が阻む。ナルシシズムを孕んだ溢れんばかりの美術への愛や夢の放出を、自身の身体的コンプレックスが拒む——なんという自己撞着だろう。

　梅津の芸術に向けた熱い夢は、一九一〇年代の若き芸術家たちの近代的自我の芽生えとともに湧き上がった、内なる生命の躍動にも重ねられる。しかし梅津は、そこに危険が潜んでいることを知っている。だから、成人した作家の臀部に今も残る蒙古斑という、このうえなく恥ずかしいはずのコンプレックスを盾に、自ら芸術の〝受粉〟を阻むのである。そして、梅津の芸術は、安易に実を結ぶことなく、受粉を願いつつ果たされることのない愛と夢が、堂々巡りをしながら会場に甘く漂う。

「梅津庸一展　ポリネーター」より、梅津亘夫の肖像など　Photo by Fuyumi Murata

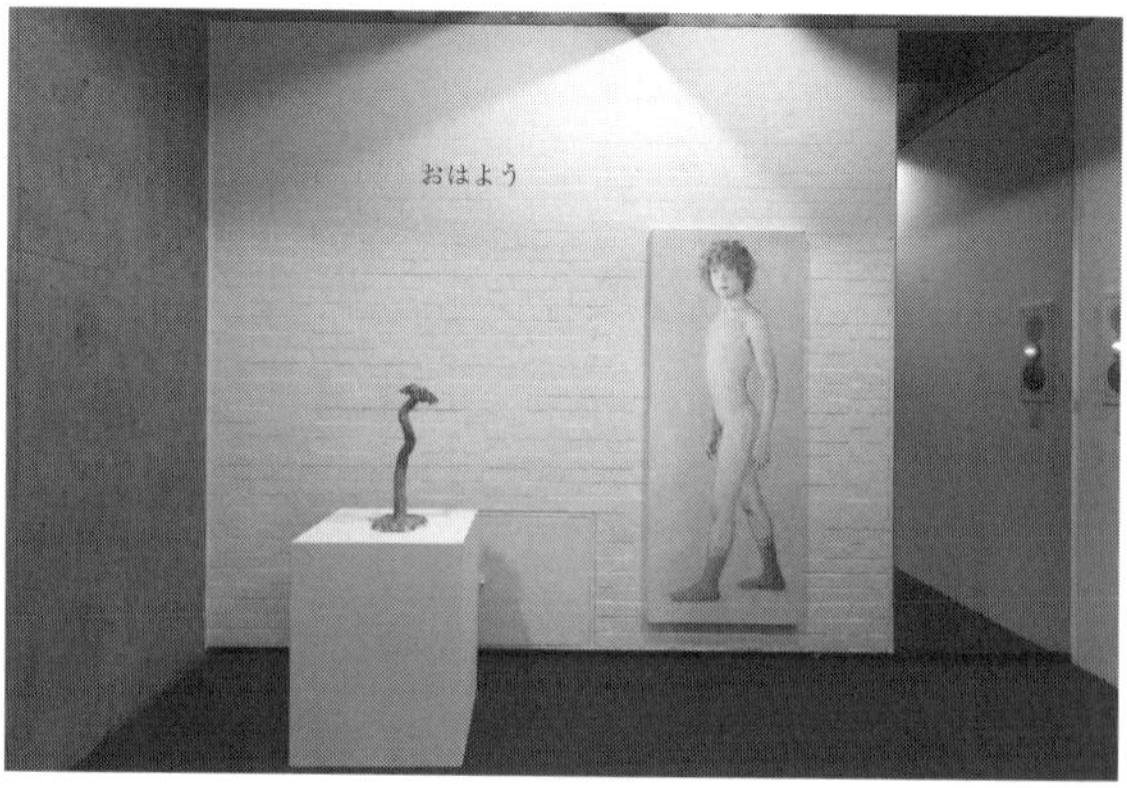

同展より、靴下を履いた梅津の肖像とパームツリー　Photo by Fuyumi Murata

穴の開いた月

二〇二一年のワタリウム美術館の「ポリネーター」（九月－二二年一月）、二〇二二年のタカ・イシイギャラリーの「緑色の太陽とレンコン状の月」（九－一〇月）、二〇二三年のKanda & Oliveiraの二人展「上田勇児・梅津庸一　フェアトレード現代アート産業と製陶業をめぐって」（一－二月）と、コロナ禍のなか相次いだ展覧会で、梅津は夥しい数の陶芸作品を展開した。疫病により止まってしまったかのような世界で、独り信楽に籠って旺盛な作陶を始めたのだった。

　梅津の陶芸は、人々が日々の生活で使うような、いわゆる雑器ではない。一〇〇円ショップで購入した容器やフライパンが土台の型取りに使われており、そのうえに自在な形態が立ち上がる。陶芸家ならまずやらないだろう、構造的に無理がありそうな空想に溢れた形態は、チープな日用品の型から、生活の用に供さない、まさに〝芸術〟を立ち上げようとしているようにみえる。

　陶芸は、梅津に身体で直に味わう新たな制作の喜びを与えただけでなく、これまで問うてきた近代以降の日本の芸術の問題に、別の角度と深度から向き合わせるものであった。絵画は近代以降個人主義へと向かったが、陶芸は前近代的な芸道に通じる、職人的な価値観が残された分野であった。個としての芸術家というより地域の無名の職人が尊重される陶芸は、一筋の歴史に収斂される美術に対する、オルタナティブになりうるものであった。しかしその陶芸も、柳宗悦［★15］らが提唱した民藝運動により、地方性と民衆性が高く評価され、新たに「発見」されることになる。

　一九二六年に、柳宗悦、河井寛次郎［★16］、富本憲吉

★15　柳宗悦（一八八九－一九六一年）民藝運動の提唱・推進者、宗教哲学者、思想家。日用品に芸術的価値を見出した。

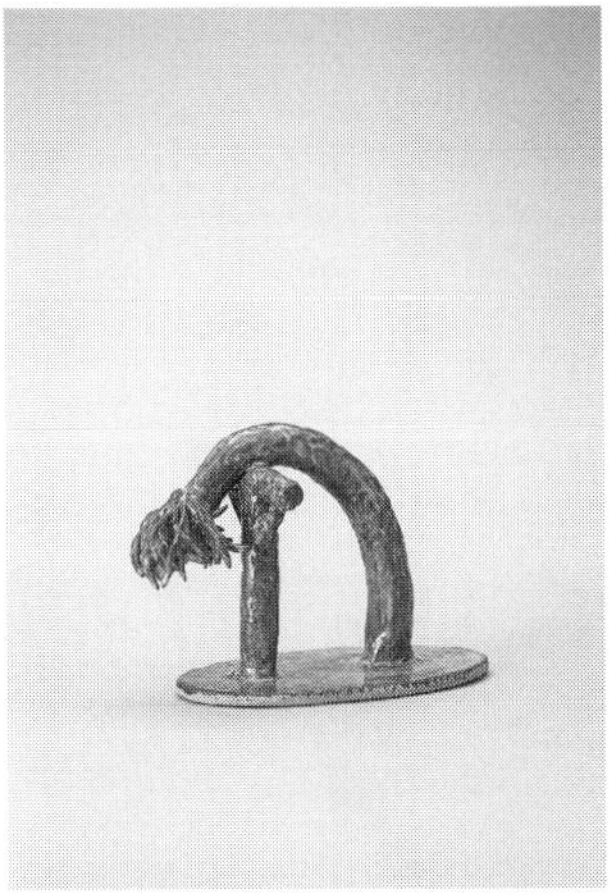

同展より、《パームツリー》シリーズ
撮影＝今村裕司

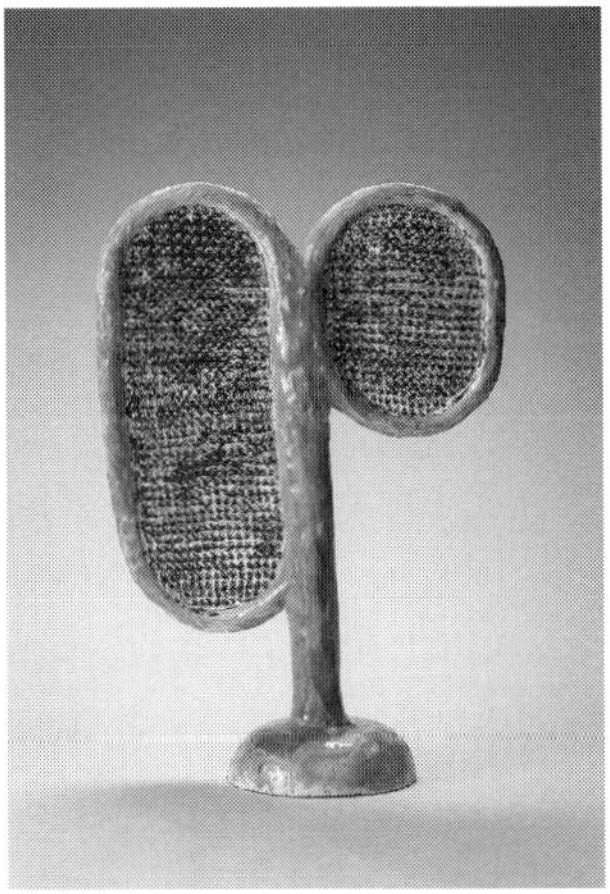

同展より、《花粉濾し器》シリーズ
撮影＝今村裕司

［★17］、濱田庄司［★18］の連名で書かれた『日本民藝美術館設立趣意書』は、こう宣言している。

のみならずそこにこそ純日本の世界がある。外来の手法に陥らず他国の模倣に終らず、凡ての美を故国の自然と血とから汲んで、民族の存在を鮮やかに示した。恐らく美の世界に於いて、日本が独創的日本たる事を最も著しく示しているのは、此「下手もの」の領域に於いてであろう。［★19］

〝純日本〟たる伝統が意識されるのは、異なる文化や技術が流入し、それが変容しようとする、まさにその時である。大正期、機械による日用品の大量生産と流通技術の発展による陶芸の衰退のなかで、陶工たちの手による衒《てら》いのない「下手《げて》もの」が見出されたのだった。こうして、中央の美術に対して地域ごとの多様性を持つオルタナティブでありえたはずの陶芸は、真正なる日本文化として位置付けられることになった。陶芸の材料になる土は、各地の〝自然〟とそこで暮らす人々の身体に流れる〝血〟に結び付けられ、日本人の内奥に深く繋がる文化とされた。それは、これまで梅津が扱ってきた西洋と日本の異種混交として歪に展開した洋画の対極にあるようで、並行した捩れを抱えている。

「梅津庸一展　ポリネーター」より　Photo by Fuyumi Murata

人々の生活とともに各地で栄えた陶芸は、近代以降西洋に倣って展開した洋画に比べ、芸術の制度や個としての芸術家に対する無名の職人、高尚さに対する飾らなさにおいて、まったく別の可能性を秘めているようにみえる。しかしそこにもやはり、別のシステムやルールがある。

梅津は、時代とともに衰退していく窯業の生々しさのなかに身を置きながら、地域の人々と関わりその全体を愛しつつ、夢想的で詩情溢れる陶芸作品を制作する。素材も媒体も常に拡張し続ける現代美術において、陶芸、それに梅津が最近始めた版画［★20］は、どちらもむしろオーソドックスな媒体と言える。しかし、時代遅れにさえみえるそうした分野に、現代美術が置き忘れてきた憧れ、焦燥や孤独、情けなさといった、甘い文学的感性が宿る。梅津の作品は、アイデンティティや政治的メッセージがわかりやすく記号化された、どこかつるりとした現代美術のなかで、生活の機微における私たちの感情を掬い取る。

この現代において、直接的な「I love you」の代わりに「月が綺麗ですね」と語るような抒情は、特に現代美術の世界においてはほぼ失われてしまった。それを嘆くかのように、梅津の月の形をした陶器には、レンコンのように無数の空虚な穴が開き、涙のように釉が流れ落ちている。g

図版提供＝梅津庸一

★16　河井寛次郎（一八九〇－一九六六年）　陶芸家。民藝運動に関わった。
★17　富本憲吉（一八八六－一九六三年）　陶芸家。民藝運動に参加するが、のちに決別する。
★18　濱田庄司（一八九四－一九七八年）　陶芸家。益子焼の復興に関わった。
★19　民藝品を公開・展示、調査・収集する民藝美術館の設立計画のため、柳・河井・富本・濱田の四名で発表した趣意書。日本民藝館監修『用の美〈上巻〉　柳宗悦コレクション──日本の美』、世界文化社、二〇〇八年、一一頁。
★20　蔦屋書店（銀座）の「遅すぎた青春、版画物語（転写、自己模倣、変奏曲）」（二〇二三年四月）、NADiff a/p/a/r/t の「プレス機の前で会いましょう　版画物語　作家と工人のランデブー」（二〇二三年五－六月）で版画作品が展示された。

エッセイ

園芸とは超越の飼い慣らしである

川原伸晃 Nobuaki Kawahara

二〇世紀初頭に活躍したチェコの作家カレル・チャペックはSF文学『ロボット』などで有名だが、実は園芸業界からも多大なリスペクトを集めている。それはチャペックがライフワークとしていた園芸の日常を綴った一冊『園芸家の一年』の存在による。同書は多くの園芸家が抱く喜怒哀楽のすべてが軽妙洒脱に描かれた園芸エッセイの不朽の名作だ。出版から約一世紀が経つが、今もなお多くの園芸家から「聖典」として親しまれている。園芸では腰を曲げて行う中腰作業が多く、背中の痛みが作業の大きな障害になる。あまりに園芸を愛しているチャペックは「なんのために園芸家には背中があるのか」「なぜ園芸家は無脊椎動物に進化しなかったのか」というようなことを冗談交じりに述べている。園芸という営みは、「ロボット」という言葉を世に広め、約一世紀前にAI（人工知能）の到来を予測していた稀代のヴィジョナリーをも「骨抜き」にしていたようだ。

「園芸」という言葉を耳にしても、忙しい現代人は自分には関係がないと興味を閉ざしてしまうのではないか。時間にゆとりのある心の優しい人々が楽しむ牧歌的で平和な趣味——そんなイメージが先行するからだろうか。もちろんそのような一面もあるだろう。しかし本当の「園芸」はとても知的な営みで、人間社会を考える上での示唆に富んでいる。それは多くの現代人が興味を持つに値する文化なのだ。「culture」（文化）の語源が、ラテン語の「cultura」（栽培）であるように。

このエッセイでは、まず園芸家として日々商売を営むぼく自身の活動を紹介する。そして植物との関わりのなかで常々感じる「超越としての植物」に言及する。さらに園芸を「超越の飼い慣らし」と定義することで、人間がより良く生きるための植物との新しい関係の在り方を考えてみたい。

「プランツケア」の哲学

そもそも「園芸」とはなにか。最初に簡単に説明しておこう。

人間が栽培する植物はまず「農作物」と「園芸作物」に大別される。「農作物」は、米や麦などの主食になる植物がその大半を占め、飼料用や工業用の作物が脇を固める。そして

「園芸作物」は、野菜・果樹・花卉《かき》の三つだ。花卉とは花や草木のことで、ぼくの専門は「花卉園芸」になる。花卉園芸（以下、園芸）は、ガーデニングからいけばなや盆栽まで、観賞を目的とした人間の植物との営み全般をさす。切花を花瓶に生けるのも鉢植えに水遣りをするのもすべて園芸だ。

ぼくは一九一九年創業の園芸店の四代目として生まれ育った。いけばなからガーデニングまで園芸全般のスキルを持ち、園芸家でありながら華道家やフラワーデザイナーとしても活動している。近年、特に意欲的に取り組んでいる対象のひとつが「観葉植物」だ。ぼくは二〇〇五年に観葉植物専門店「REN」をオープンした。このエッセイでも議論の中心となるのは「観葉植物」である。無数にある観賞用の植物のなかから、観葉植物に絞って専門店を作ったことには理由がある。それは観葉植物が人間の暮らしに最適化した、最も普遍的な植物だからだ。暑すぎもせず寒すぎもしない亜熱帯性の気候で自生する観葉植物[★1]は、一般家庭の室内で誰もが手軽に育てることが可能である。そして本来の生命力を発揮できるならば、ほとんどの観葉植物に決まった寿命はない。

東京・三田で著者が営む観葉植物専門店RENの店内の様子　著者提供

観葉植物本来の持続可能性を引き出すために、二〇一八年にRENが始めたサービスがある。それが、業界初の観葉植物ケアサービス「プランツケア」である。健康診断・出張・植え替え・一時預かり・引っ越し・下取り・再生・リサイクルなど、人間が植物を安心して育てるためのあらゆるサービスを手掛けているのだ。なんとなく植物を買ってはみたものの、変化や不調にどう対応したらいいのか分からない。そんな悩みを抱える人々に向けたものである。プランツケアは、他店で購入した植物にも対応している。

実はこれまでの園芸店には、観葉植物のアフターケアという考え方は存在していなかった。庭園であればケアのプロである庭師がいる。ではなぜ観葉

★1　実は観葉植物には明確な定義はなく、ぼくは「亜熱帯性植物」と定義している。熱帯性植物や多肉植物や着生植物が含まれる場合もある。

植物には今までケアサービスがなかったのだろうか？　それは、多くの園芸店が「植物を売るプロ」ではあっても、「植物をケアするプロ」ではなかったからだ。これはペット業界で例えるならば、ペットショップがあるのにペットクリニックがないというような異常な状況だ。救えたはずの命は数知れず。ぼくはこの歪《いびつ》な慣習へのカウンターとして「プランツケア」を始めた。正しくケアをすれば、観葉植物は人間よりも長く生きるのだ。

「プランツケア」という命名に至るには一〇年以上の歳月を要した。植物購入後のアフターサービスそれ自体は、二〇〇五年のREN開業と同時に開始している。売りっ放しを前提とする園芸業界に反旗を翻し、植物の永年サポート保証に取り組んだ。そして購入者の様々な悩みに応えているうちに、だんだん健康診断・出張・植え替え・一時預かり・引っ越しなどのサービスが誕生していった。しかしこのときにはまだ、これらの「植物ケアのサービス群」に名前はなかった。

リーマンショックから3・11を経て日本社会の見通しが急速に悪くなる一方、多くの人々が自然回帰を求めるようになった。そのなかで植物にも注目が集まるようになった。「ロハス」や「サステナブル」のブームに後押しされるように、植物ケアが社会現象になっていく兆しがあった。そしてぼくは、この「植物ケアのサービス群」に名前を付けることで、期待の受け皿としてより有効に機能するのではないかと考えるようになった。命名に悩み、参考になりそうな本を読み漁るぼくの心を捕らえたのはこの一節だった。

「ケアが世界に意味をあたえる」

これは哲学者の広井良典の言葉だ。広井は『ケアを問いなおす』（ちくま新書）のなかで、ハイデガーの『存在と時間』を引用してこう述べている。「ハイデガーによれば、人間が生きる世界を世界たらしめるものが、『気遣い』である。「客観的な『世界』がまずあって『気遣い』があるのでなく、『気遣い』によってこそ世界は価値を与えられ『意味』をもったまとまりとして立ち現れる」。そしてこの「気遣い」は英語にすれば「care」（ケア）となるため、「ハイデガーは『ケアが世界に意味をあたえる』、『世界を世界たらしめるのは、ケアである』と言っている」というのだ［★2］。

ぼくはこの言葉の強度に一撃KOされた。観葉植物には人間によるケアが欠かせない。そして、人間が観葉植物をケアすることによって、人間が生きる世界に意味が与えられる。ぼくたちのサービスを名付けるのに、「プランツケア」以外の選択肢があり得るだろうか。こうして、二〇一八年に正式に命名して今に至る。

超越としての植物

ぼくは、植物が人間の生を凌駕した「超越的生命」であると考えている。園芸の家系に生まれ育ち、植物のケアと向き合い続けた職業人生は二〇年を超えた。「人間が植物に生かされている」と感じた経験は幼い頃から枚挙にいとまがない。こんなことを真顔でいえば、一昔前なら「変わった人」枠に収められていたことだろう。しかし近年になってようやく時代が追いついた。喜ばしいことに、「人間が植物に生かされている」という主張を擁護する声は、今では少なくないようだ。

イタリアの植物学者ステファノ・マンクーゾは、アレッサンドラ・ヴィオラとの共著『植物は〈知性〉をもっている』(NHK出版)のなかで、植物も動物と同じかむしろそれ以上の感覚を持って世界と対峙していることを、様々な研究結果から示している。マンクーゾらはそれらの帰結として、植物は問題を解決するための「優れた知性をもった生物だ」と断言する。

イスラエルの植物学者ダニエル・チャモヴィッツも、『植物はそこまで知っている』(河出書房新社)で、植物が多くの感覚に加え「記憶」すら駆使して、いかに世界の複雑さを「知っている」のかを解き明かしている。またジャーナリストのマイケル・ポーランは、『欲望の植物誌』(八坂書房)で、リンゴ、チューリップ、マリファナ、ジャガイモがいかにして人間を「利用」し今日の繁栄を遂げたのかについて情熱的に語り、同書は全米でベストセラーとなった。さらには、ユヴァル・ノア・ハラリも『サピエンス全史』(河出書房新社)のなかで「人類が植物を栽培化したのではなく、人類が植物に家畜化されたのだ」といった主張をしていることはよく知られている。

基本的な植物の生理にも触れておこう。前述の通り、まず大前提として、ほとんどの植物にはそもそも寿命という概念が存在しない。地球上で最高齢の植物はアメリカのユタ州に生えるポプラだとされている。諸説あるが、数万歳ともいわれ、群生する約四万本の幹がひとつの根系で繋がっているそうだ[★3]。ここまでの規模になると、もはや人間の思考ではその全容を捉えることは不可能で、「いち植物」というより「地球の一部」として理解すべきだろう。そしてさらに驚くべきは、このポプラだけが前代未聞の異常値を叩き出しているのではないということだ。

★2 広井良典『ケアを問いなおす──「深層の時間」と高齢化社会』、ちくま新書、一九九七年、三一–三二頁。
★3 『ナショナル ジオグラフィック日本版 二〇一七年二月号』、日経ナショナルジオグラフィック社、七五頁。

一年草（一年以内に発芽・開花・結実し、種子を残したら枯死する植物）などを除き、私たちの身近に生きている観葉植物も盆栽も森の樹木なども、ほぼすべてが「不死」なのだ。どの植物もこのポプラのように数万年を生きるポテンシャルを秘めている。さらにいえば、植物の超越性を語る上で「不死」はほんの序章に過ぎない。

次に、植物の超越性をすんなり理解するためのキーワードとして紹介したいのが、「無限分割性」と「分化全能性」だ。まず前者の「無限分割性」だが、多くの植物は実際に無限に分割することが可能だ。園芸の技術でいうと、これには「株分け」や「挿し木」が該当する。切り離されたそれぞれの株は、やがて根付いて別々の生を始める。付け加えると、分割回数にほぼ上限はない。

そして後者の「分化全能性」とはすなわち、どの細胞もあらゆる種類の細胞に分化可能であるということだ。園芸の技術では「葉挿し」や「根伏せ」と呼ばれるものが該当する。要するに、葉だろうと根だろうとあらゆる部位は、土に挿しておいたら、それぞれがひとつの植物に育っていくのだ。動物では受精卵だけが持っているこの機能を、一部の植物は葉や茎から根っこまで、ほぼ全身に有している。そしてこのようにして増殖する植物は同一遺伝子、つまりクローンだ。以上の理由から、生物学の世界では植物に「個体」という概念を当てはめて考えること自体が適当でないとすらいわれている。

最高齢のポプラ　出典＝ https://commons.wikimedia.org/wiki/File:FallPando02.jpg
Public Domain

動物と植物の優位性を比較するときに必ず挙がるのが、植物は動けないから動物には劣るという論点だ。なるほど、文字通り動くからこそ「動物」であるのだが、本当に植物は動けないのだろうか。

ぼくは全くそのようには思わない。植物は生存に有利な環境を自ら選び、そこへ向かって「移動」する。たとえば、日本人には馴染み深い竹を想像してほしい。竹林は地下茎で広範囲に繋がっている。そして、ある環境が生存に不利だと判断すれば、その環境の地上部を枯らして、より生存に有利な環境にある地下茎から芽を出すのだ。あるいは種子だ。成熟した種子は実に様々な手段で「旅」への支度をする。たとえば、カエデの果実は風に運ばれやすい独特な形状をしている。「翼果《よくか》」と呼ばれるプロペラの羽のような果実が種子をより遠くまで運ぶのだ。あるいは野バラなども捕食者にとってより魅力的な色彩へと果実を変化させる。たしかに動物のそれと比べれば植物の歩みは遅いかもしれない。しかしこれらが「移動」ではないとどうしていえるだろうか。

もう少し種子の話をしよう。植物生理学者の嶋田幸久は『植物の体の中では何が起こっているのか』（ベレ出版）で、種子の「眠り続ける力」に言及している。「年代の信憑性には疑問が残る」と前置きしながらも、一万年前のマメ科の植物の種子がカナダのユーコン川沿いから、三〇〇〇年前のエンドウの種子がエジプトのツタンカーメンの墓から、二〇〇〇年前のハスの種子が千葉県の検見川遺跡から、それぞれ発掘されたことを紹介している［★4］。そしてこれらの古代の種子たちは、水をやると発芽し開花もしているそうだ。驚くべきことに種子にも数千年以上の寿命があったのだ。

そのようにみれば、先に「一年」草として紹介した植物もまた「不死」と呼べるのかもしれない。というのも、前述の通りそもそも植物は「個体」としての生に全く依拠していない。多様な環境を生き抜くためには、より短命で素早い世代交代が可能な一年草のような種の方が有利だ。もし望ましくない苛烈な環境なら、種子の形でやり過ごすことだって数千年程度なら可能である。このようにして自らに都合の良いタイミングを選び、なおかつ環境に最適化した子孫が矢継ぎ早に誕生するのが「一年」草の真の姿なのだ。

一年草は儚い一年の生を全うしているのではなく、自らの寿命をあえて短くし、頻繁な環境適応によってシステムとしての生命維持に邁進している――そのように捉えることもできるだろう。その意味で、ぼくにとっては、植物とは生物ですらない「不死なる生命システム」と表現する方がしっくりくる。植物という生物が「知性」を持つのではなく、植物という生命システムが「知性」そのものであり、人間が勝手にそのシステムのなかに「命」を感じているだけなのかもしれない。

生態学で植物がどのようなものとして考えられているのかについても言及しておこう。生態系のなかの生物は「独立栄養生物」と「従属栄養生物」の二つに大別される。独立栄養生物は自らエネルギー生産を行うことが可能な生物である。光エネルギーや化学合成エネルギーを利用して無機物から有機物を生産する、いわば自給自足で暮らしている自立した生物群で、植物や藻類と一部の微生物などがこれにあたる。他方の従属栄養生物は自らエネルギー生産を行うことが不可能な生物だ。従属栄養生物は、独立栄養生物が生産した有機物

★4　嶋田幸久、萱原正嗣『植物の体の中では何が起こっているのか』、ベレ出版、二〇一五年、二二三頁。

を獲得することで生きているのだ。要するに他者からの支えに依存している生物群で、すべての動物と大半の微生物などはこのタイプだ。もちろん人間もこちらである。ならば、果たして人間がいつの日か植物から「独立」を勝ち取り、「従属」の日々から脱却するときは訪れるのだろうか。

フランスの哲学者フロランス・ビュルガは『そもそも植物とは何か』（河出書房新社）で、現象学を用いて植物を考察している。ビュルガは、植物は分割可能で主体性がないことから「時間を経験しない」、また、植物には寿命が存在しないことから「時間に限定されていない」と論じる。そして、時間を経験せず、時間に限定されていない「植物は『時間を超越した存在』なのだ」と喝破する。

植物は人間の生を凌駕した「超越的生命」である。そう考えるぼくの根拠がお分かりいただけただろうか？　これらをもってしても植物が「超越」でないのなら、一体なにが「超越」だというのだろうか。

超越の飼い慣らし

もし明日、植物が地上から消え去ったら、人間の生活は数週間ももたないだろう。いや、もしかすると数か月はもつかもしれないが、それ以上は無理だ。あっという間に、高等動物は地球上から姿を消してしまう。反対に、私たち動物が消えたら、植物は、これまで動物に奪われていた領土を、わずか数年で完全に取り戻すにちがいない。さらに一世紀も経てば、人類数千年の文明の痕跡は、植物によって完全に覆いつくされてしまうだろう。この説明だけで、生物学の観点からは植物と人間のどちらが重要なのか、すぐにわかるはずだ。［★5］

『植物は〈知性〉をもっている』のマンクーゾとヴィオラは、同書でこのようにも語っている。つまり生物学的にみても植物が人間を超越していることは自明なのだ。では植物が「超越」だったとして、人間はこのまま指をくわえて植物に「従属」するしかないのだろうか。

そこで園芸だ。園芸は英語で「horticulture」である。語源はラテン語の「hortus」（囲まれた土地）＋「cultura」（栽培）だ。農業（agriculture）の語源が、「ager」（土地）＋「cultura」であることと比較すると、園芸のアイデンティティは「囲い」にあるといえそうだ。

ぼくは園芸をこう定義する。「人にとって都合よく自然を制御する技術」。よく混同されることもあるのだが、園芸と手つかずの自然の保護活動とは似て非なる営みである。生花を花瓶に活けることも、植物を鉢に植えることも、自然から隔絶された「囲い」への移行であるからだ。とりわけ植物の生け捕りを可能とした「鉢」は園芸最大の発明だろう。鉢植えの園芸史において欠かせないのは「盆栽」だ。

盆栽の起源は中国だ。唐の時代（七世紀頃）にはすでに、植物を鉢植えで育てる趣味があったといわれる。盆栽は中国で正式には「盆景」と呼ばれる。人々は文字通り、盆の上に小さな景色をみようとしたのだ。園芸史における盆栽の際立った独自性は「長寿」だろう。よく知られているように数百年生きる盆栽は数多あり、最高齢の盆栽は一〇〇〇年を超える。このような盆栽が日本に伝来したのは遅くとも鎌倉時代（一二世紀頃）だとされている。そして日本人の宗教観と職人気質な国民性が相まって、盆栽はその後日本で中国以上の発展を遂げた。今では日本こそが盆栽大国として世界中から称賛されており、日本文化を語る上でも欠かせない存在となっている。

人間は鉢をもってしてはじめて、超越たる植物を制御可能にするのだ。前述の園芸の定義をパラフレーズすればこうもいえるだろう。

「園芸とは超越の飼い慣らしである」

すでに述べた通り、ぼくは「超越の飼い慣らし」の社会実装として観葉植物に白羽の矢を立てた。しかし多くの読者にとって観葉植物と「超越」には距離があるように思えるのではないだろうか。「観葉植物の寿命は数年だろう」という実感が大半だと思う。そうだ、大切なことを失念していた。「超越」の本体とは何なのか。植物の超越性について語るためには、まずこのことを説明しておく必要がある。

盆栽　東京都目黒区の松竹園にて著者撮影

植物を「超越」たらしめるのが「不死」であることに異論は少ないと思う。では、植物の健康寿命を決定づけるのは何かというと、それは「土壌」だ。植物はもし地上部が枯死しても、根と土壌さえ健全であれば何度でも再生する。その意味で、植物の本体は地上部ではないと、ぼくは考えている。地下部の根と土壌こそが本体であり、さら

★5　ステファノ・マンクーゾ、アレッサンドラ・ヴィオラ『植物は〈知性〉をもっている——20の感覚で思考する生命システム』、久保耕司訳、NHK出版、二〇一五年、六二頁。

にいえば土壌に蠢く微生物こそが影の支配者なのだ。どういうことだろうか。

アメリカの地質学者デイビッド・モントゴメリーは『土と内臓――微生物がつくる世界』（築地書館）で、土壌と内臓の健全性は、いずれも微生物によって支えられていることを説明している。「腸内フローラ」という言葉が一般化したように、腸内環境のためにマイクロバイオーム（微生物叢）を整えることの重要性はよく知られている。同様に、土壌もまた微生物の働きが核となっているのだ。実は私たちが植物の根だと思っている部分の大半に微生物が共生している。根はそれ単体では栄養素の吸収が十分にできない。だから、根と共生する微生物や他の土壌微生物の働きが不可欠なのだ。たとえば、根と共生する「菌根菌」は菌糸で土壌から栄養素を吸収し植物に供給する。また必須栄養素のひとつである窒素も土壌微生物が分解してくれないと植物が直接吸収することはできない。人間が植物に直接栄養を与えることはほぼ不可能なのだ。直接的に植物を育てているのは微生物であるとすらいえるだろう。人間にできることは微生物にとって快適な環境を整えることとくらいだ。

そして、この微生物を育むために欠かせないのが土壌有機物である。微生物の餌となる土壌有機物は「腐植」と呼ばれる。要は、落ち葉などの植物が腐ったものだ。一般に、肥沃な土壌とは腐植に富んだ土壌のことをさす。腐植の欠乏が土壌微生物を減少させ、植物の健康を大きく損なう。だから、植物の健康寿命を決定づけているのは土壌なのだ。「観葉植物の寿命は数年なのではないか」という問いの回答がここにある。残念なことに、世の多くの園芸店は土壌の重要性への理解が十分ではない。特に衛生面などを理由に腐植が忌避される傾向すらある。肥沃さを欠いた土壌に植えられた植物が短命なのは必然だろう。また、販売する側が腐植を忌避するのだから、一般に誤解が広まるのも無理はない。

最後に、微生物の超越性にも言及しておきたい。肉眼では観測不能な微生物の世界は、宇宙のようにそのほとんどが謎に包まれている。一円玉大の土壌には、一億個・数万種の微生物がいるといわれる［★6］。土壌を軽く一握りしただけで、そこには全人類を凌駕する数の微生物がひしめきあっている。そしてなにより驚愕するのは、現代の科学をもってしても微生物の実に九九％は未解明だということだ。高度に発達した最新の蛍光顕微鏡をもってしてもたったの一％しか顕在化していないというのだ［★7］。前述のハラリは『ホモ・デウス』（河出書房新社）で、人間は疫病を克服しつつあると高らかに謳い上げた。微生物を一％しか理解できていなかった人間はコロナ禍から何を学べただろうか。

植物の生は、人間の生を超越した多様で未踏な生態系のなかに複雑に埋め込まれている。これだけ超越しているにもかかわらず、人間が「飼い慣らす」ことができる存在が植物以外にあるだろうか。哲学的に、人間の成熟には超越的他者の存在が欠かせない。宗教や国家などのかつてそれらを担っていた「大きな物語」が瓦解したポストモダン社会で、園芸がその役割を担う可能性をぼくは信じている。縄文杉や最高齢のポプラを拝むために、旅に出かける必要はもうないのかもしれない。なぜなら家に帰ればいつもそこに「超越」がいるのだから。❻

★6 藤原俊六郎『新版　図解　土壌の基礎知識』、農山漁村文化協会、二〇一三年。
★7 染谷孝『人に話したくなる土壌微生物の世界——食と健康から洞窟、温泉、宇宙まで』、築地書館、二〇二〇年。

創作

Tsukasa Saruba
猿場つかさ

第6回ゲンロンSF新人賞受賞作

海にたゆたう一文字に（前篇）

解題　大森望

巨大な彗星〝海掃き〟の衝突によって陸が海に呑まれ、文明が崩壊したあとの世界（おそらく遠未来の地球）。海は〝神の使い〟と呼ばれる海濔《くらげ》に埋めつくされている。主人公のアヤは海濔船に乗り組む〝海筆使い〟。鯨の骨と髭でできた海筆を使って海面に字を書き、海濔とコミュニケートして、彼らを自在に操ることができる。

――そんな魅惑的な設定で幕を開ける猿場つかさの本編「海にたゆたう一文字に」は、第六回ゲンロンSF新人賞受賞作の大幅改稿版。改稿に念が入りすぎてゼロから書き直したようになるのはこの賞の受賞作では珍しくないが（過去の受賞作の「超・SF作家育成サイト」掲載版と『ゲンロン』掲載版を読み比べればよくわかる）、今回はついに、改稿に時間がかかりすぎて完成が間に合わず、本誌掲載は前篇のみということになってしまった。前代未聞の椿事だが、作品の質を上げるためということでご理解ください。すみません。

さて、ゲンロンSF新人賞も今回で第六回を数え、（いわゆる公募新人賞ではないとはいえ）新人SF作家の登竜門としてそれなりに定着してきた。櫻木みわ、天沢時生、麦原遼、高丘哲次、斧田小夜、藍銅ツバメなど、過去の受賞者・最終候補者が活躍していることもあり、回を重ねるごとにSF界および文芸出版業界からの注目度が高まっているようだ。

あらためて説明すると、株式会社ゲンロンが主催する「ゲンロンSF新人賞」は、四万八〇〇〇字（四〇〇字詰原稿用紙で一二〇枚分）以内の（広義の）SF小説を対象とする新人賞。受賞作は『ゲンロン』に掲載されたのち、単独の電子書籍として《ゲンロンSF文庫》から刊行される。ただし、一般の公募新人賞とは違って、対象となるのは、「ゲンロン 大森望 SF創作講座」受講生が最終課題として提出した作品のみ。一年間におよぶSF作家養成プログラムを経て、いわば卒業制作として書かれた作品の中から、年間実績も加味して最終候補作および受賞作が選出される。

第六回ゲンロンSF新人賞選考会は、菅浩江、伊藤靖（河出書房新社）、東浩紀（ゲンロン）の三氏に大森を加えた四人の選考委員が受講生の前で討議するかたちで行われた（その模様は、過去の選考会も含め、YouTubeでいまも視聴できる）。それ

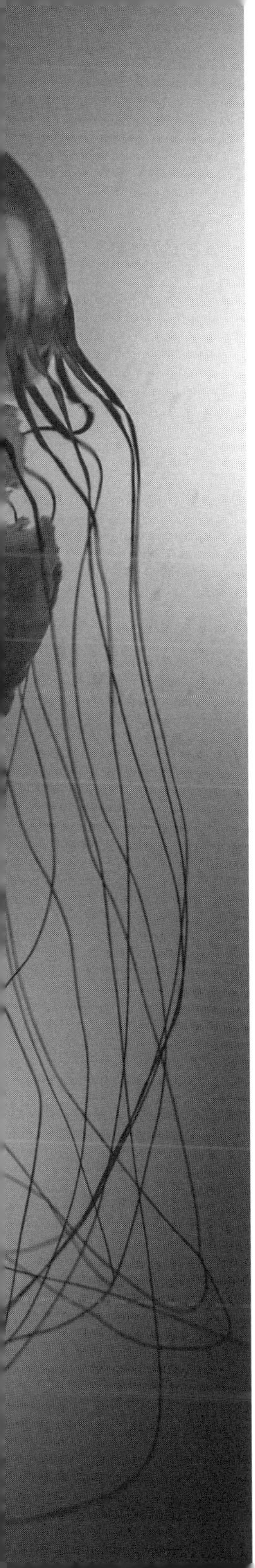

以外にも、SF創作講座にゲスト講師として登壇された方々のうち何人かが、候補作すべてを自主的に読んだうえで、事前投票に参加している。ゲスト編集者は、集英社・田中玲遠、東京創元社・小浜徹也、竹書房・水上志郎、早川書房・井手聡司の四氏が参加。そのうち三人が本編に最高点をつけ、合計点でも全候補作のトップだった。田中玲遠氏は「個々の描写が世界観を構築するために機能していて、読んでいるうちに着実に確実に物語世界に誘われていく」「書き手としての力、物語世界の構築力で言えば候補作の中では一番」とコメントしている。ゲスト作家では、新井素子、円城塔、法月綸太郎、藤井太洋の四氏が参加。こちらは一作だけに絞って投票するシステムだが、四氏の中では法月綸太郎氏が本編に投票。「起伏に飛んだストーリーと水を得た魚のような世界観の充実はもちろんですが、それらの美点以上に、観念的になりがちな言語SFに身体性とアクションを宿らせた筆力を買いました」と高く評価している。

　四人の最終選考委員の中でも、伊藤靖氏を除く三人が最高点をつけ、一次投票はトップ。公開選考会では、「上田早夕里《オーシャンクロニクル》シリーズと設定が似すぎているのでは」「異世界ファンタジーなのか遠未来SFなのかよくわからない」などの問題も指摘されたが、海筆使いや瀰字の魅力、シスターフッド小説としての面白さが評価された。選考委員のコメントをいくつか引用すれば、「たった一文字でひとりの人生のすべての出来事を表せるという禁字の設定に、テッド・チャン『あなたの人生の物語』を思い出した」「伏線がちゃんと回収されていて、山場をつくろうとする努力が見える」（菅浩江）、「見たことのないビジュアルを見せてくれて、候補作の中でもっとも新しさを感じた」（伊藤靖）など。

　その後、別室での最終審査に移っても、とくに異論はなく、そのまますんなりと受賞が決まった。この「海にたゆたう一文字に」が全面的な改稿を経てどう生まれ変わるのか、電子書籍化を楽しみに待ちたい。

　著者の猿場つかさは、茶道裏千家（講師）兼ソフトウェアエンジニア。ゲンロンSF創作講座に五期から参加し、第五回ゲンロン新人賞にも「その感情雨《あめ》が降るまで」で最終候補に残ったが惜しくも落選。第六回の今作で雪辱を果たした。過去の提出作品は「超・SF作家育成サイト」で読めるので、興味のあるかたはぜひ。また、『小説すばる』二〇二三年八月号に陶芸SF「長い鰭で未来へと泳ぐ」を寄稿、すでに商業誌デビューを果たしている。

Image by Wirestock / iStock

創作

海にたゆたう一文字に（前篇）

猿場つかさ Tsukasa Saruba

1

凪の訪れと共に、海の上は静寂に包まれる。風が引き起こすものは、動きも音もすっかり失せてしまって、水面はよく磨かれた藍銅の鉱石みたいに平たく広がっている。のどやかな朝の光の流す白金《しろがね》色の条《すじ》は綺麗だけれど、その中にいる船の周りはべたついた熱に包まれていた。

光の帯の中に、一匹の神の使いがたゆたっている。赤土を焼いたような暗い赤色をしたその海瀰《くらげ》は、大人の男性の右腕くらいの径の傘から何百もの長い手を伸ばしている。傘も手も他の海瀰に比べるとはるかに強い猛毒を孕んでいて、毒針にひと刺しされたら、身体が裏返るほどの激しい痺れのあと、瞬きを三回しないうちに死に至ってしまう。

危険な海瀰であるにもかかわらず、痛めつけることは固く禁じられている。神の使いは、このムロウの海域を守護する巨大な海瀰、神体の端切れだと言われるからだ。その地下洞窟が神体の棲む海底に繋がるというムロウの本島が、ちょうど船尾の先に見えた。その島には神体を祀る社が建てられていて、本殿の屋根を飾る銀彩の輝きは遥か沖合に浮かぶ船からでも眩しかった。社ではムロウの海域を支配する瀰教《でいきょう》の司祭たちが日夜、神体に祈りを捧げている。

船の舳先で、アヤは肩にかかった薄茶色の髪を掻き上げて結んだ。眩しい光の中で、汗ばんだ首筋を小布で拭うと、その手で日を遮りながら、一重で切れ長の目を細めて視線を落とした。普通ではない数の神の使いがたゆたっていた。見据えたものを捉えて離さない意志の強さを持つ瞳に、赤黒い神の使いの列が点々と映っている。その列は光の条を左に外れて、少し遠くに見える岩の向こうへと伸びていた。

神体の手が海上を薙ぎ払う現象、神体の屠りの痕跡だった。海瀰の列に乱れがないから、まだ新しい痕跡に見えた。心臓が高鳴り、不安と興奮の混ざり合いが自分の身体を巡るのを、アヤは感じた。この先に酷い光景が待ち構えていることは分かり切っていた。けれど、急がなくては。気まぐれな風なんてなくても、わたしたちの海瀰船《くらげぶね》は進むことができるのだから。

アヤは海筆を手に取った。それは背丈の半分ほどの長さで、鯨の骨と髭で作られている。足元の船に意識を向けて、穂先を水面に浸した。〈櫂、速く〉と海に瀰字《でいじ》を書いて命じると、船は激しい蠕動《ぜんどう》で応じた。船底に折りたたまれていた千もの触手が、広がって一斉に水をかいて、大鯱《おおしゃち》ほどの長さの船を疾走させる。

赤い海瀰たちに沿って進むと、朝日の条からは逸れていく。進むほどに海瀰の数は増えて、暗く赤い色合いは厄災の気配と共に濃くなっていく。不意に五年前の記憶が疼いて蘇る。天高く打ち上げられ、屠られた船は原型を失う。ちぎれるか、ひしゃげるか、肉も物もそのどちらかになって水に打ち付けられるころ、あとからやっと轟音が追いついてくる。誰の目にも、赤黒い残像が残るばかり。

避けようのない圧倒的な量の感覚が思い出され、ぞっとした。それでも、〈止まれ〉と命じることはない。瀰字の道の高みに至るためには、もっと神体のことを知らなくてはいけない。その高みに至ることができれば、親友のスズとふたりで追い求めているものに近づけるはずだから。

〈跳ねろ〉、アヤはとっさに水面にそう書いた。船の手が水を打つと船体は跳ね上がり、突如進路に浮かび上がってきた巨大な海瀰を避けて着水する。その揺れで、船尾で眠っていたスズが目を覚ました。突然の揺れで起こされたから、不満そうな顔で目を擦っている。月も星も隠す分厚い雲に覆われた夜闇のような漆黒の髪が、胸の辺りまで垂れている。前髪に隠れかけた深い二重まぶたの下の双眸は左右違う色をしている。淡い茶色の左目は父親譲りで、右目は真昼の浅瀬みたいに透き通っている。昼と夜が同じ身体に同時にいるみたい。スズを見て、アヤはそう思うことがある。

ほら見て、と言ってアヤはスズの肩を叩いた。スズはようやく目を見開いて、口を開いた。眠いせいか、いつもの跳ねるような声ではなくて、低くこもるような声だった。

「珍しいね。神の使いたちがほとんど流されてない。神体が屠ったのは、昨日の夜か、早くても夕方かな」

「夜中だと思う。厭な音を聞いた気がして、目が覚めたんだ」

「私には聞こえなかったな。君は耳が良いから羨ましいよ。今ならまだ朝だから、見つかるかもしれないね」

　生き残りか、それとも、屠りを呼び寄せた原因か、どちらの意味だろう。どちらかといえば、後の方を見たいと思う、そう口にしてしまうのが厭で、アヤは唇を結んで頷いた。おはようくらい言ってよ、焦ってると瀰字を書き損じるよ、スズがからかうように言った。スズは心を乱しがちなわたしの悪い癖をよく知っている。そう思って、アヤは海筆を構え直した。

　もう一度、行く手を阻む海瀰を避け終わると、屠りの現場にたどり着いた。緩やかに動く空気が肌を撫でた。凪が終わりを告げている。

　屠られた海瀰船の残骸は酷い有様だった。けれど、アヤをぞっとさせる屠りの瞬間の禍々しい気配はもうなかった。一目見るだけで、生き残った者がいないのが分かった。船として組み上げられていた大小様々の海瀰は千切れ、潰れ、百以上の白濁した残骸になり果てていた。元々船首から船尾までは小さな鯨ほどの長さ、三十人は住んでいたのだろう。一見しただけでは、死体は遠くへ薙ぎ払われたか、沈んだのか見当たらなかった。

　船だったものの間をゆっくりと縫って進むと、匙と椀、手鏡、椅子と机が周りに浮かぶ大きな残骸に、仰向けの男の死体が絡まっていた。首と下肢があらぬ方向に曲がっている。死んだことに気がついていないような表情の顔を見て、アヤは哀れみ、それから少し安堵し、ほっと息を吐いた。五年前に別れるまで、共に暮らした者ではなかったから。

「よかった。ゲンカの船団の人じゃなかった」

　ゲンカ、スズの父親であり、ふたりが育った船団の長の名前をアヤが口にすると、スズは露骨に嫌そうに、どうでもいいという顔をする。スズはどんな屠りの跡でも、動じないでいる。人の生き死になんて興味がないと言わんばかりの冷静さに、アヤは戸惑うこともある。

「そうだね。知らない海筆使いだね。海筆を握りしめたまま死んでるよ。この人が屠りの原因をつくったのかな？」

「分からない。スズはどう思う？　知らない瀰字の気配とか、何か感じることある？」

　辺りを見回したスズは目を閉じて、胸に手を当てて深く息を吸った。

「神体を刺激するような字の感じは、しないかなあ」

「そう。じゃあ、禁字とか、屠りの原因についての手がかりはなしってことか、残念。やっぱり、どう考えても、屠りの数が多すぎる」

　屠りは元々ほとんど見られなかったのに、一年ほど前から明らかに数を増やしていた。アヤは胸元から海図を取り出すと、ムロウの本島と、南東と南西の外れの島と、太陽の位置関係を確かめて割り出した現在位置に墨で点を打った。中心に描かれたムロウの本島の他には陸地はほとんどなく、手頃な大きさの島があったとしても、切り立った崖が人の侵入を阻んでいる。そういう島は、海鳥や山の獣のゆりかごになっている。

　ムロウから南の方に二ヶ月ほど行けば、南の民が住む別の海域に出る。とはいえ、とても気まぐれな海を抜けるのは難しく、ムロウの海と南の海を行き来する船団の数は、一年の間に片手で数えられるほどしかいない。遥か北に僅かに人が住んでいるという話は聞いたことがあるけれど交易はなく、他の方角もあまねく海に満たされている。

　地図の上の屠りを表す点は、どこかに偏ることなくムロウの海ほとんど全域に広がっている。その無差別さに怯える人々は、神体が狂い始めたのだと噂していた。

「スズ、棺を作ってくれる？　この人をきちんと弔ってあげたい。こんなに大きい海瀰船を組み上げられるくらい、腕のいい海筆使いだったんだろうね」

　任せてよ、とスズは嬉しそうに答えると、船尾の寝床から自分の海筆を持ってきた。それから、手頃な大きさの緑色の海瀰に目をやると、無心に落書きをする子供のように、穂先を水に浸して軽やかに振った。その動きに、書き損じることへの恐れはまるでなかった。わたしもこんな風に、楽しそうに書くことができたなら、アヤは思った。

　スズの海筆の軌跡は、すぐに青白く光り輝いた。海筆使いを還す棺を象るその瀰字に、ついさっき見やった海瀰が手を伸ばして応じた。たった一拍か二拍の間に海瀰はその姿を変えてしまう。その変化の速さは、元よりその形だったかのように思えるほど。丸い傘は卵状になって、分厚く柔らかい殻に隔てられた内側に、人の身体が納まる珠状の空間がぽっかりと口を開く。その口の左右に一枚ずつ、束になった手が弔旗のように揺らめいている。

　こんなに早く海瀰に形を伝えられるのは、ムロウの海でスズだけだった。

「アヤ、その死体を棺に入れるのは、君に任せるよ」

　スズに促されて、アヤが瀰字を書くと、棺は蠕動して亡骸の脇へついた。今度は〈摑め〉と命じると、棺の手がいくらか伸びて、亡骸を持ち上げて中に収めた。それから、口の左右に揺らめく旗を丸めて、胴より下を赤子を寝かせるようにそっと包んだ。〈沈め、眠れ〉、最後にそう書くと、卵形《たまごがた》はゆっくりと水底へ姿を消した。

　その技が海瀰と共に永く海をたゆたって、未来へと引き継がれますように。祈りの文句を唱え終わったアヤが顔を上げると、一隻の船がこちらへ向かってくるのが目に入った。

「瀰教の祈船《いのりぶね》が来る。間が悪いな。スズ、あいつらに勘ぐられると面倒だから、もう行かないといけない。しっかり摑まっていて」

祈船を動かすのは瀰教の司祭たちだった。彼らは祈りを通じて、神体や海瀰と交信する。けれど、それがどういうものであるか、アヤはまだ知らなかった。一つだけ知っているのは、同じように海瀰を船にするけれど、彼らは祈りの力を、厳しい修練によって神体に近づいた正しい心の中にだけ存在するものと考え、瀰字のように水面の上の形におこすことを酷く嫌うということだった。

アヤは船の方角を変えると、速やかにその場を後にした。しばらくして元いた方を見ると、祈船は屠りの現場の辺りに留っていた。もし怪しまれて追いかけられても、この距離があれば問題なく逃げきれる。

逃げ始めてからずっと、スズは船端に背中を預け、目を閉じて天を仰いでいた。アヤが心配して声をかけると、スズは薄目を開けて、大丈夫だよ、と反応した。

「あれだけ真新しい屠りの跡ならと思ってさ、禁字の気配を探ってみたけど、全然だめだったよ。集中してたからさ、だいぶ疲れちゃったな」

「わたしも探ろうと思っていたけれど、逃げるので精一杯ででききなかった。ああもう。今回は何か収穫があると思ったんだけどな。瀰教がああやって屠りの跡を調べているってことは、絶対何か隠していると思うんだけど」

「あいつらの社に行ってさ、正面突破でもしてみようかね。君に囮を頼もうかな」

冗談はやめて、とアヤが返すと、スズは半分本気なんだけどな、とあくびをしながら答えた。そのあと、今度は頭を垂れてうとうととした。近頃、スズは前よりもよく眠るようになった。どこか身体が不調なのかと聞いても、首を横に振るばかりだった。昔から身体が弱かったけれど、五年前に船団を追われて、ふたりきりで禁字を探し始めてからというもの、その弱さが少しずつスズを蝕んでいるように見えた。

――禁字。世界の海がもっと低くて、たくさんの陸地があった頃、ムロウに離宮を構えていた王族が作らせたといわれるまぼろしの文字集のこと。禁字とくくられる文字は、たった一文字で、ひとりの王子が生まれてから死ぬまでの全ての出来事をその意味に込められるという。巨大な意味を持つその字は、神体の神秘に繋がるとも言われているから、瀰教は禁字について調べることを戒めている。

五年前のあの事件の日に、自分たちは一番に禁字に近づいていたのだと思った。スズの乗る船は屠られて、アヤはそれを目の当たりにした。運良く、それこそ神体の気まぐれか、スズは生き残った。あの衝撃の風、音、目の裏から背骨の間に異物が入り込むような感覚、そういうものがみんな、記憶の底にこびりついている。

痕跡を見るたびに心がざわめくのに、屠りを追うのをやめられないのは、あの日から、わたしはおかしくなっているからなのだろう。アヤは思った。心を鎮めようと、甘い花の香りのする藻茶を探したけれど、切らしているのに気がついた。火の回りの道具や干し草、それから真水の残りも心許なかった。手に入れなくてはいけない。アヤは、ムロウの本島に向けて舵を切った。

夕闇が宵闇へと変わるころには、本島が握り拳ぐらいの大きさの黒い影に見える沖合にたどり着いた。切り立った頂上の向こうの空に、白い彗星が尾を引いていた。彗星の美しくきらめく夜には、人々はそれがまた海に落ちてこないよう願う。そのために、今宵は多くの海瀰船が沖合にとまっていた。

はるか昔、〈海掃き〉と呼ばれる巨大な彗星が海に落ちた。大津波が起き、地殻は動き、陸はまるで形を変えてしまって、上昇した海に文明はすべて飲まれてしまった。海はそれ以来、目に見えない小さいものから、鯨三頭分より大きいものまで、無数の海瀰で満たされている。貴重な木よりも頑丈な船の素材である海瀰は、乏しい陸からはじき出された人々の寄る辺だった。

世界のどこでも、海は海瀰で溢れているらしい。少なくとも、南の海はそうなのを、そこから来た少年に聞いた。彼は五年前、あの事件の少し前に言った。うまく社に忍び込めたら、青い煙を焚いて合図する。結局、その煙は立たなかった。

ここからなら、煙が立つのがよく見えるのに。その夜アヤはそう思った。翌朝に青い煙が立ち上るのを見るとは夢にも思っていなかった。

ムロウの本島で一番大きな港に船をつけたのは、昼前の祈りの時間を告げる喚鐘《かんしょう》の高い音が響き渡る時だった。桟橋で釣りに勤しむ老人たちも、海の物と陸の物を取引する商人の様子も、一見すると普段と代わり映えしないように見えた。

ふたりが船を降りると、辺りの者たちの視線が集まった。これ以上平穏を乱したくないとでも言いたげで、空気はぴりぴりとしていた。桟橋の近くに立ち並ぶ納屋の向こうに目をやると、声を出し人を呼ぶ者と、その声に従って、街の中心部へ駆けていく者たちが見えた。アヤは何かが起こっているのだと確信した。

朝方、青い煙は確かに立ち上っていた。沖合の船の者たちがそれを見上げていると、あっという間に消えてしまった。煙の主は誰で、どうして焚いたのだろう。分かっているのは、その色の狼煙を使うのは南の民だということだった。

「ケウなのかな。五年ぶり。また会えるなんて嬉しいね」

かつての友人の名前を出して、スズは無邪気に笑った。

「もしそうだったら、わたしも嬉しい。でもね、ケウなはずがないと思う。だって、生きているわけないんだから」

「君は悪い方にばかり考えるね。私はずっと、生きてるだろうなって思っていたよ。それに、社に忍び込むのに成功していたなら、私たちの知りたい秘密を手に入れてるかもしれないからさ」

何が起きているのか確かめるために、ふたりは街の中心へと向かった。石畳の道を行くと、硝子製の壺があちこちにあるのが目に入る。中に祀られた小さな海瀰が色とりどりの蛍色《ほたるいろ》をしている。夜になると足元を照らすその光は、瀰教を信じるムロウの人々の、海瀰のように生まれ変わり続け永遠に生きたいという願いだった。

社に近づくほどに人が溢れていく。臙脂色の法衣を着た若い女の司祭の周りに人だかりができていて、道は塞がっていた。彼女は質問攻めにあっていた。神体の様子がおかしいのはその男のせいか、と問う声が聞こえ、その男を今すぐに処刑しろ、どうして社に匿うのだと、アヤとスズの前にいる男が怒鳴るように言った。

ふたりの背後から鎖帷子のじゃらじゃらという音が聞こえた。港の方からかけてきた瀰教の兵士たちが、大声を出して人の海を強引に割り進もうとした。押し分けられた人々が蹴り飛ばしてしまって、祈りの証の硝子壺が割れる高い音と悲鳴が聞こえた。アヤはスズの手を摑んで、人だかりが戻ってしまう前に兵士たちのあとに続いた。抜けた所で、子供を抱いた母親が司祭に毒抜きを求めていた。身体の内を爛れさせる毒を持つ海瀰に刺された子供は白い唇をしていた。助けの声が人混みにかき消されたままでは、やがて死んでしまうだろう。それでもふたりが抜けると、人だかりは元通りに戻ってしまった。

人々や兵士たちの話す声に耳をそばだてると、青い煙を立てたのは社に忍び込んだ男で、すでに捕らえられたらしかった。

兵士たちの背中に付き従い人混みをかき分けると、社の正面の広場にたどり着く。兵士たちは広場の脇で待つ仲間の元へ駆けて行った。社の門の前あたりで、大勢の男たち女たちが、侵入者の男の処刑を求める声を上げるのが聞こえた。本殿の門に向かって、海瀰の形が彫刻された檜の大柱が何十本も並んでいる。人々が群がっているから、前の方の柱の足元はまるで見えなかった。ふたりの後ろから、野次馬たちが続々と歩いてきて、人だかりに合流していった。社の門の前には鉄紺色の服を着た上級の司祭たちが立っていて、その前を兵士たちに守らせながら、群衆に対し冷静に状況を伝えていた。

海瀰の毒を恐れてか、水路際は人が少なかった。ふたりはそこから前に向かって分け進んだ。興奮が興奮を呼んで、あらっぽい男たち同士が取っ組み合いを始めそうになり、人だかりは後ろの方へと引いた。それを見たひとりの司祭が落ち着くようにと声を張り上げた。若い男だった。アヤとスズと同じ、十七か十八くらいの歳に見えた。目立たない顔をしていたけれど、どんな場所でもよく通りそうな耳馴染みの良い声をしていた。

これだけの騒ぎに、司教は出てこないのだろうか？　アヤは思った。同じことを思う人々が、シウン司教はまだなのか、とか、シウン司教なら男をすぐに処刑するはずだとか、口々に喚き立てた。一年以上姿を見ていないことを心配する年寄りの話し声も聞こえた。

とにかくその男を連れてこいと、敬虔な信徒にだけ与えられる海瀰の刺繍の入った青い帽子を被った女が司祭に言った。中で協議する。老いた司祭のひとりが肩をすくめて、呆れ顔で本殿に入っていった。ケウが連れてこられるかもしれない。アヤは息を飲んで、スズの手を握りしめた。もし連れてこられたら、確かめられる。そのことばかり考えていた。

ケウのことに気を取られていなければ、黒い頭巾に顔を隠した者が忍び寄るのに、気がつかないはずがなかったのに。背後から急に忍び寄ってきたその黒頭巾は、スズを羽交い締めにした。それを見た兵士たちは駆け寄ってきて、よくやったと黒頭巾に言った。アヤはスズを助けようと抗ったけれど、引き離された。

「何のつもり？　スズを離せ」

アヤは叫んで、兵士に摑みかかろうとしたけれど、振り払われた。スズは怯えた目をして、羽交い締めを解こうと身体をよじった。

「女、黙っていろ、すぐに終わる。ユア司祭、この女から大きな意味の字の反応がありました」

兵士にユアと名を呼ばれ、なんだと、と返したその司祭は、先ほど声を張っていた良い声の司祭だった。兵士がスズの拘束を代わると、黒頭巾は司祭の元へと走った。司祭は黒頭巾の両手を握って、何かを聞くように目を見開いて頷いた。スズの背中を改めるように、と兵士に命じた。

「離してよ。触らないで」

背後から上衣《うわごろも》の首元を摑まれたスズは声を上げた。手を強引に振りほどこうとすると、力に負けて布が破れる音がした。肩から腰までが裂けた。白い薄手のさらしが巻かれていた。兵士のひとりが小刀を這わせると、さらしは簡単に切れた。色白の地肌が露わになった。

地肌に書かれているものを見て、アヤは目を疑った。それはどう見ても、青黒い色をした文字だった。それぞれが意味をもつ幾つもの複雑な形が組み合わされていて、自然にできた痣にも、だれかが彫った文身《いれずみ》にも、どちらにも見えなかった。屠られたときの傷を隠したいからといつもさらしを巻いているスズの背中を見るのは初めてだった。

けれど、書かれている文字を、わたしは知っている。アヤは思った。でもどうして、身体になんて書かれているのか。文字に見入ると、時間がぐわんと曲がって、遅くなるように感じた。兵士も司祭も、近くの人々も、みんなその文字を見ていた。スズを取り囲んでいた兵士たちが、気を失って力なく倒れた。不思議なことに、見ている全員の時間が止まってしまったようだった。

「見ないで」

身が自由になったスズはそう叫ぶと、手を取ってアヤを引き寄せた。耳元に口を近づけると、逃げるね、あの場所に、必ず行くから、そう囁いた。スズは腰に携えた海筆を水路の上に書き流した。水路に棲む海瀰たちは瞬時に四角い足場へと形を変えた。その上を跳んで、スズは街の東側へと走っていった。

スズはすぐに息切れしてしまうだろう。逃げるための時間は、わたしが囮になって稼がないといけない。アヤはスズがいた場所に立ち、海筆を構えて気を張った。老いた司祭がスズを指さして、しわがれた声を絞り出した。

「あの文字を見たか、禁字の類《たぐい》の可能性もある。女を追うんだ」

命じられるとすぐに、兵士たちは水路にかかる小橋に向けて駆け出した。

「行かせるか」

アヤは宣言するように言った。人ほどの大きさの海瀰に宛てて、〈跳ね回れ〉と書いた。それは石畳の上を跳ね回った。広がった手に触れれば痺れるから、牽制には十分だった。〈飛べ〉、スズが足場にした海瀰に宛て書くと、それは跳んで、小橋を横から殴った。鈍い音と共に、橋の中ほどが崩れ落ち、水面には大きな波紋が広がった。

ふたりの兵士がそれに怯むこともなく、長刀を抜いてアヤに詰め寄った。瀰字を書く隙を見出せずに、右足が水路に浸かった。刹那、焼けるような痛みがふくらはぎに走った。海瀰の手の一本が毒針を刺していた。その海瀰に跳ねろと命じて、ふたりの兵士を跳ね飛ばした。

右に気配を感じ、脇腹を狙った長刀の一閃を海筆で受け止めた。海筆は弾かれて、回転しながら社の方へと飛んだ。からんと落ちる音が聞こえたけれど、拾いに走るには遠すぎた。

一か八か、アヤは人混みの薄い所を狙って、無我夢中で走り出した。誰にもぶつからずに広場を抜けることができた。右足が地面につくたび、刺されたふくらはぎが痛んだ。その痛みは少しずつ強くなっていった。

目抜き通りから逸れて、食堂や裁縫店の並ぶ一角に向けて曲がった所で、アヤは物陰に隠れた。振り返って見ていると、追ってきた兵士たちは見当違いの方向に行ってしまった。それに続く別の追っ手の気配もないようだった。深く息を吐いて呼吸を整える。スズは無事だろうか。あの場所、とスズは言った。それが示すのは、かつてスズと一緒に瀰字を練習した秘密の場所で待ち合わせようということなのだろうと、アヤは思った。

その場所へは、浜辺の孤児院の裏から岸辺を進むとたどり着くことができる。途中には海瀰を足場にしなければいけない場所がいくつかあるから、普段は決して人の訪れない小さな浜だった。街の声と匂いの濃い方から薄い方へ、アヤは抜けて行った。石壁に跳ねる若者の声がした。香辛料の匂いや、酒の匂い、たくましい女たちの吸う烟草の匂いが混ざり合っていた。

大きな石造りの住宅の裏の急な石段を降りると、孤児院から子どもたちの高い声がするはずだった。それなのに、耳に入るのはさざなみの音ばかりだった。茂った藪を抜けると、その理由が分かった。孤児院はすでになかった。崩れた建物が潮風に晒されていた。打ち捨てられた壁の内にも外にも、その上にまで、干からびた神の使いの死骸がいくつも転がっている。何があったのだろう。日陰になった壁によりかかりながら、アヤが辺りを見回していると、藪を踏み分ける音がした。男がひとり、ゆっくりと歩いてきた。

「海筆使いのきみ、そこにいるんだろう？　ここは、近くで起こった屠りのせいで、こんな酷いことになった。大量発生した神の使いが降り注いだんだ。押しつぶされた子どもたちは、誰も悪くない。ただ運だけが悪かった」

聞き覚えのある声だった。広場で群衆を説き伏せていたユアという司祭だった。誰もが着る長袖の白い上衣を着て、手袋をしていた。鉄紺色の法衣の印象が強かったから、つけられているのに気がつかなかった。

「捕まえるならどうぞ。あなたがお望みのことを、わたしは決して答えないけれど」

歩み寄ってくるユアに、アヤは強気にそう言った。この男ひとりであれば、ゆうに巻ける。そう思って力を入れた足は、響くように痛んだ。

「そう怖い顔をしないでくれよ。他に誰も連れてきちゃいない。瀰教の人間としてじゃなくて、ひとりの海筆使いとして来たんだ。これ、きみの落とし物を返すよ」

ユアが差し出したのは、確かに広場で失った海筆だった。奪い取るように柄を摑んで、アヤはそれがどこも傷むことなく戻ってきたことに安心した。けれど、どうして？　自分に対して、敵意よりもむしろ親しみ、歩み寄ろうとするかのような目を向ける男のことを、アヤは訝しんで身構えた。

「何なの？　瀰教の司祭が、自分のことを海筆使いって言うなんて聞いたことがない。祈りで海瀰とやりとりするあなた達に瀰字が必要とは思えないけれど」

「僕みたいなのは異端とするのが主流だ。司教のシゥン、いや、シゥン様なんかも、海筆使いを毛嫌いしてる。僕はそうじゃないがね。どちらの道も、海瀰と共に世界を自由に操ろうという高みに繫がっているなら、どちらからも登ればいい。僕はそう考える。まあ、やってみると、道の差が大きいことも分かるわけだが。君は片方の道から登っている。恐らくは禁字を目指して。あの黒髪の子の背中の文字は、君が書いたのか？」

スズの背中にあの文字を見たとき、巨大で膨大な意味が海蛇のように頭に這入ってくるのを感じた。あの文字を、わたしは確かに知っている。けれど、書くことはできない。スズとは親友で、スズのことなら何でも知っていると思っていたのに、スズがあの文字をいったいどうやって背中に表したのか、まるで分からなかった。アヤは言いようのない悔しさと不安に駆られた。

「違う。わたしの腕じゃ、あれを書くことはできない」

「あの文字の意味の大きさは、禁字を思わせた。禁字は神体の神秘と、そしておそらくは屠りに関係していると僕は思っている。屠りのせいで、僕はこの場所の仲間を失った。屠りを繰り返したくない。だから、僕は屠りの原因を突き止めたい。なにか分かったら教えてほしい。しかし、その足は酷い刺されようだな。そのまま放っておくと、明日には肉が溶けるかもしれない」

男は優しい声でそう言うと、アヤの右脚の前にしゃがみ込み、右の手袋を外した。その手は、指先から手のひらの中ほどまでが、海瀰のように透明だった。

アヤはとっさに足を引こうとした。けれど、力を入れるのすらままならなかった。五本の透明な指先がアヤの爛れたふくらはぎに貼りついた。焼けるような痛みが内から外へ噴き出すのを感じた。男の手が離れると、すでに痛みは消えていた。火傷のような跡だけが残されていた。

「毒抜きをした。アヤ、君の腕前はかねがね聞いてる。僕はユアだ。また会いたい。次は腕比べでもさせてもらいたいものだね」

ありがとう、そう言うか迷っているうちに、ユアは去ってしまった。しばらく呆然とそこに立ち尽くし、あとから誰も来ないのを確かめてから、岸辺をひっそりと進んだ。尖った岩と、形を変えた海瀰の上を跳び、アヤはスズとの約束の浜に立った。

そこは記憶と違わず、とても静かだった。打ち寄せた流木と小石の重なりが時の経過を示していた。アヤはスズの背中の文字を思い浮かべる。

――私のこと、忘れないでね。

スズがはじめてあの字のことを教えてくれたとき、寂しそうにそう言ったのを覚えている。あれはおそらく、スズ自身を表す文字だ。背中に見た文字の形を、できる限りはっきりと思い出そうとした。それから、前に何度か、書き方を教えてもらった時のことを思い出しながら、神経を研ぎ澄ました。ゆっくりと呼吸を繰り返して、波打ち際に立って背筋を伸ばし、海筆を構えた。

五年前、あの事件のあと、スズの字をいつか書けるようになると約束したのに。わたしはずっと、書けない、その事実から逃げ続けている。はじめてスズと言葉をかわした素晴らしい日のことから、ふたりで共に過ごした今までの全て、全部をうまく思い出すことができれば、あの字を書くことができるのだろうか？

そう思いながら、アヤは穂先で水面を撫でた。文字と一緒に記憶が浮かび上がる心地がした。恐れないで書くためには、最初に一文字を書いた時のことを思い出せばよかった。

2

十一年前の夏、アヤは初めて瀰字を書いた。七歳になったばかりだった。その歳で書くのは、他のどんな奴よりも早いと褒められると、拾い子の自分の本当の歳は分からないから、なんてひねくれたことを言った。海に生きる子供たちは、大体は十歳ぐらいの時に一度は海筆を持たされて、瀰字を書く才覚があるかどうかを見極められる。最終的に海筆使いになれるのは、百人の船団だったら、多くても七人くらいだった。

　スズの父親、ゲンカの船団はちょうどそれくらいの大きさで、八隻の海瀰船を従えていた。船団で暮らし始める前のことを、アヤは思い出せなかった。まだ言葉も満足に話せない幼子のとき、大きな海瀰の傘に乗って、海をたゆたっているのを拾われたのだという。ゲンカが名付けようとしたけれど、自分のことを指さしながら、アヤ、アヤと言っていたから、それが名前になった。

　拾われたのだから、誰よりも船団の中で役に立たなければいけない。そうでなければ、自分の居場所はなくなってしまう。誰かに必要とされなければ、自分なんて無価値なのではないか。一刻も早く海筆使いになりたい。物心つくころから、アヤはずっとそう言っていた。

　七歳の時に、早すぎるから無理だ、と大人たちが笑うのを押し切って、初めて海筆を持たせてもらうことになった。ゲンカは軽いお試しのつもりだったのに、アヤは覚悟を決めていた。自分にまるで才覚がなかったら、そのまま海に飛び込んで沈んでやろうと、穿いていた下衣《したごろも》に、拾った骨や鉄くずを詰めていた。それに気がつかれて、ゲンカに首根っこを掴まれ、耳がちぎれるくらい怒鳴られた。けれど、アヤは怖がる素振りひとつ見せなかった。

　ゲンカは船団で一番腕の立つ海筆使いを呼びつけて、両手を合わせて深く頭を下げた。頬に切り傷を持ち、ごつごつした岩のような体つきのゲンカは時に乱暴で腕っぷしも強くて恐れられていたから、物腰の低いその様は近くにいた者たちを驚かせた。

「フェイ。アヤに海筆を教えてやってくれ。もし才があるなら、誰より厳しくしてやってくれ。才がないなら、他のことをやらせて、何かしらで船で一番になれるようにしてやりたいから、すぐに教えてくれ。後は頼む。俺は泣かないがきは苦手なんだ」

　そう言って、そそくさと立ち去るゲンカは涙ぐんでいた。

「ゲンカを泣かせるなんて、やるじゃん。あたしの名前はフェイ。アヤちゃん、よろしく。じゃあ、ついて来なよ」

　フェイの伸ばした手をアヤは掴んだ。以前から憧れていたその人の指先はとても暖かかったけれど、身体は緊張で貝みたいに固くなった。脚、ぴんと張った背中、すらっとした首元まで、フェイの身体は渡り鳥のようにしなやかに見えた。船首の下の空間に降りると、海面は近く、海に面した小部屋が幾つかあった。談笑していた三人の海筆使いは、アヤを見るとあの幼いアヤが遂に海筆を習うのだ、目を丸くした。誰もいない小部屋に入ると、部屋の真ん中には丸く水が張られていた。中には小さな海瀰たちが揺らめいている。試し書きをするために、海瀰を捕らえておく生け簀なのだと、フェイはアヤに言った。

　差し出された海筆はアヤの背丈ほどの長さだった。アヤがそれを受け取ると、フェイは口を開いた。

「乾いた感覚はしない？　身体から水分とか力が吸い取られてる感じ。しないなら、いい感じだよ。海筆を持ったぐらいで乾くやつは、海筆使いには向かない。ちなみにね、ゲンカは昔、下らないことで喧嘩をした時、あたしを海筆で殴ろうとした。で、持った瞬間に失神した。笑えるじゃん。あいつは本当に才能ない。でも、立派に船長やってるの」

　場を和ませようとフェイはわざとらしく笑ってみせた。けれど、アヤは気の張った顔のままだった。フェイが次の言葉をかけあぐねていると、アヤは勝手に海筆を水に浸そうとした。

「待て待て。気が早い。でも、その意気やよしだね。何か、書きたいものがあるの？」

「わたしの名前を、書こうと思って」

「書くのは勝手だけど、瀰字じゃないと海瀰には伝わんない。いい？　これから、〈珠〉の書き方を教える。誰でもまずは形を表すやつから入るんだ。海瀰が丸くなるのを、頭に思い浮かべられる？」

「大きさは、これくらい？」

アヤが両腕を広げて示すと、フェイは首を振った。

「はじめは手で握れるくらいの大きさにしとけ。アヤちゃんが思い浮かべたそいつには傘がある。傘から三十本くらい、手が生えてる。そいつを優しく握り込んで珠にする。傘が曲がって、手がみんな内側に入る。いい？　じゃあ、あたしが二回、ゆっくり書くよ。見ててね」

　自分の海筆を手に取ると、フェイは穂先を水面につけて、手首を捻って、七分くらいの弧を書いた。その線につなげて、弧の中心にむけて、五本、整然と並ぶ流線が記された。それが二度繰り返される。二つの軌跡は青白く光って、水の上で瀰字になった。小さな海瀰が二匹、その瀰字を身体に取り込んだ。そしてそのまま、二つの端正な珠になった。

「あたしの書く速さは真似しなくていいよ。ゆっくりでいいから、やってみ」

　フェイに言われて、今度はアヤが穂先を動かした。筆で触れると、水面が光る。ただそのことが、とてもうれしくて、ずっと見ていたいと思った。七分の弧の真ん中へ向かう五本の流線が書き終えられたとき、フェイのよりはだいぶ不恰好で、端正な珠には遠かったけれど、一匹の海瀰がなめらかな球状の形に変わっていた。やった、と声を漏らしたアヤは、頬をほころばせた。

「やっと笑ったね。その楽しさ、忘れんなよ。今教えたのは、初歩の初歩、表形瀰字《ひょうけいでいじ》だ。絵みたいなもので、書いた絵の形に海瀰が変わると思えばいい。別の種類の字もある。これから、貼り合わせたり、動かしたり、もっと楽しくなるけど、はじまりの楽しさは、何にも代えがたいよ。それと一つ、あたしとの約束。どれだけ濔字が上手になっても、ひとを攻撃するのには使わないこと、そういう時代は、かなり昔に終わったんだ」

その日から、アヤはフェイを師匠と呼んで慕った。フェイはこそばゆいからやめろと言ったけれど、ふた月も続けるとそう言わなくなった。食事、烟草、寝床、ムロウの街での買い物など、どこに行くにもついて行って、暇さえあれば濔字を教わった。ゲンカはそんなアヤを見て、よく喋るし、よく笑うようになったと嬉しそうにした。フェイの言葉を借りれば、濔字と意味の関係を記す字典を頭の中で編み上げるかのように、海濔への命令を磨き上げていくこと、アヤにとっては、それが何よりも楽しかった。

矢のように日々は過ぎていって、学ぶことは尽きなかった。十歳になるころには、アヤはフェイの弟子の中で一番の書き手になっていた。それでも、追いつこうとすればするほど、師がどれほどの高みにいるかを思い知らされるばかりだった。ムロウの海筆使いの間で、フェイはその名前をよく知られていた。

フェイはよく、頭の中の字典を腐らせるな、と言った。若い頃、古の筆聖《ひっせい》の域を目指していたから、字典みたいに濔字に詳しかったし、書くこともできた。飛べ、沈めなど、動きを表す表動濔字、光や闇、数などの概念を示す表意濔字、考えや感情を表す表考濔字。名前は挙げれば数十及ぶものの、フェイはどの種類の濔字でも万遍なく書くことができるのではと思わせるくらいだった。

船団がムロウの本島に立ち寄る時はいつも、フェイは桟橋で他の船の海筆使いから助けを求められていた。ある日フェイは港で、修理を依頼された船をアヤに見せた。船として組み上げられていた五十もの海濔はすでにほどけて、元に戻りはじめていた。

「こうなっちゃうと、あたしにも直すのは難しい。あそこ、傘の中が赤くなっているの、分かる?」

フェイは船尾の一部だった海濔を指した。線状の赤黒い何かが、枝分かれを繰り返しながら広がっていた。もし脈打っていたら血液の流れにしか見えなさそうだった。けれどそれは固まっていて、石のように静かにしている。傘の端ではすでに、死の兆しである白濁が始まっていた。アヤが頷くと、フェイは続けた。

「あれは索《さく》だ。濔字を食らうと太る。索は太りすぎると壊れて、海濔はそれ以上意味を受け止められなくなって死んでしまう。だから、なるべく索の強い海濔を見つける方がいい」

「師匠が大きな海濔を見つけると嬉しそうにするの、そういうことなんですね」

フェイが小さな男の子のようにはしゃぐ様を思い出して、アヤは笑った。フェイの方は笑い返さずに、いたって真面目な面持ちのままだった。

「索が強いか弱いかは、海濔が大きいか小さいかに関係ないんだ。覚えておいて。あたしもそれで、何度も痛い目にあってる。よく知らない海濔の索を信用しちゃいけない。いい海筆使いになるためにはね、なるべく少ない文字数で書く、っていうのも大切だ。その方が索にやさしいからね。それに役立つものを、船に戻ったら渡すよ」

　フェイとアヤが船に戻ろうとすると、桟橋で街の商人とゲンカが談笑していた。午後の祈りを告げる鐘が鳴り響くと、商人は社の方を見て、目を閉じて頭を垂れた。海筆使いにとっては、海濔はあくまでも道具だからという理由でフェイが神体に祈らないのをアヤは知っていた。そんなフェイでも、街の人が前にいるときは頭を下げるのだけれど、ゲンカは直立不動で睨みつけるように社の方を見ていた。五分ほどの祈りの時間が終わるまで、ずっとそうしていた。深い恨みと後悔を帯びた獣のような瞳と目が合いそうになって、アヤは思わず目をそらした。

　祈りの時間が終わると、商人は立ち去った。アヤが船に乗ろうとすると、ゲンカが口を開いた。

「どうだ、アヤ。フェイには近づけたか？　お前がフェイぐらいの腕前になったら、海筆使い二枚看板だ。俺たちの船で外海と、更にその先まで目指せるかもな」

　アヤが自信をもって答えようとすると、フェイが割って入った。

「あんたも外海を諦めないね。船長たちの中で、あんたが一番外海に出たがってる。まずは来年、他の方角よりも航海しやすい南を目指すのはどう？　そのころにはアヤちゃんも、もっと腕を上げていると思うし」

　ゲンカはもっと挑戦をするべきだ、北や、誰もよく知らない西の海へ向かおうとフェイに言ったけれど、フェイはゲンカの船団がかつて北の海に向かって、半分の船を大破させた話を持ち出して笑い飛ばした。それでもゲンカは納得せずに、フェイとの話は平行線のまま続いた。アヤはただ聞いていたけれど、込み入った話になりそうだからと、先に部屋に戻るように言われて従った。

　アヤが自室でくつろいでいると、フェイがやってきて、一冊の古びた本をアヤに手渡した。

「あたしの友達が使ってた濔字典《でいじてん》だ。偉大な海筆使いたちが濔字の意味と形をまとめてる。まあ、ただ読んでいても、身体で覚えないと書けるようにはならないから、注意しなよ」

　フェイにそう忠告されたのを覚えておけばよかったと思ったのは、二ヶ月ほど過ぎた夏のことだった。フェイがいるときは毎日のように濔字の書きぶりを見てもらっていたけれど、一ヶ月くらいの間、フェイが船にいなかったからだ。

　やたらと外海へ行きたがるゲンカを、最終的に誰も止めることができなかった。船団の精鋭を集めて、西の海へ一隻の船を出すことになった。その中にはフェイも含まれていた。結局、西への航海は散々で、おぞましいほどに長い海濔に行く手をはばまれ、船底は別の見知らぬ海瀾に無数の毒針で刺されて、穴が空き転覆しかけた。それで、フェイは終始補修に追われていたのだという。

フェイのいない間、アヤはずっと字典を眺めていた。読み耽るつもりはなかったのに、字典の面白さに飲まれてしまった。字典にはところどころ、フェイのものではない書き込みがあった。何かが書いてあることは分かるけれど、雑に書かれすぎていて読むことができなかった。

いくつもの瀾字を頭で覚えて、書ける気になっていた。戻ってきたフェイの前で披露しようとすると、実のところ一文字も書けるようにはなっていなくて、フェイに言わんこっちゃない、と悲しそうな顔をされてしまった。

それだけならまだ良かったのに、筆ぶりが悪くなった、とフェイに告げられて、アヤは自信を失った。身体に染み付いていたはずの技が抜けてしまったのだとフェイは言った。海筆の重さや、それが水に触れたときの感覚、水の上を穂先が滑るときの力のかけ方、自信を持てるからだ使いを取り戻すのに、かなりの時間を使うことになった。正しい感覚を持ち続けるために、アヤは毎日練習しようと心に決めた。そうしようと思わなかったら、スズは別の誰かと友だちになっていたのかもしれない。

＊

瀾字と向き合うほどに、アヤはひとりの時間が好きになった。皆が寝静まったあと、毎夜のように、空が白みはじめるまで密かに練習をするようになって二年が経った。アヤは十三歳になったばかりだった。

初めてスズに話しかけられた新月の夜を覚えている。スズは自分より少し生まれが遅くて十二歳なのは、それまでも聞いたことがあった気がするけれど、その時に本人の口から教えてもらった。五年前の春先のことで、あの事件が起きて船を出ることになったのは、その冬の終わりだった。あの一年間は、なによりも美しい日々だったし、なによりもやり直したい一年かもしれない。

船につながれた小舟は絶好の練習場所だった。釣りや近場への移動で使われた道具が放って置かれたままになっていることもあったけれど、片づけるのは嫌いじゃなかった。

毎晩が新月で、それも酷い曇り空であればいいのにと思っていた。夜の光が乏しいほどに、たゆたう海瀾の光も、海筆の軌跡もよく見えたから。それは今でも変わらない。

「ねえアヤ、君はいつも素敵な字を書いてたっていうのに、最近はどうしちゃったんだい？」

聞いたことのない跳ねるような声で急に呼びかけられて、アヤは驚いた。声のする方を見上げると、黒髪の少女がいた。名前だけは知っていた。声の主はスズで、ゲンカの娘だった。身体が弱いし、親譲りで才能がないからという理由で、瀾字を学ぶことも、海筆使いの見習いたちの住む船に近づくことも、話すことすらゲンカに固く禁じられていた。気まぐれな性格で、誰とも遊ばない。ムロウの本島の図書館に通ってばかりいる本の虫。船団の人々はそう思っていた。

そんなスズが、網はしごを伝って小舟に降りてきた。昼間に遠目で見るのよりもずっと大人びて見えた。スズの足元には、アヤが書き損じたせいで妙な形になった海瀰たちがいた。

「スズ、急に何？　ゲンカにこの船には近づかないようにって言われてるはずじゃん」

そう言って突き放した。書き損じを見られて、腕が悪いと思われたくないから、ひとりきりで秘密の練習をしているというのに。強く言ったつもりだったけれど、スズは気にもとめない様子だった。

「あんな乱暴なやつの言うこと、気にすることないよ」

「気にする。怒鳴られたりするだけならまだいいけど、海筆を取り上げられたり、船を追い出されたりしたら困る」

スズは過剰なくらい、ゲンカに守られていた。スズと関わったせいで、瀰字を学ぶのをやめさせられた男の子がいた。スズに怪我をさせて重い罰を受けた子供もいた。スズはアヤの答えをまるで聞いていないかのように、しゃがみこんで海瀰を見た。

「最近の君はひどく調子が悪いよねえ。普段はもっと自由な書きぶりなのにさ。いつもは得意なはずの海瀰をちょっと動かすのも、今日は全然うまくいってないね」

言われたとおりだった。瀰字を学んでから、初めての大きな壁にぶつかって思い悩んでいた。花形である海瀰船の作り手になるために、複雑な形を書けなければいけなかったのに、書けなかった。それか、たとえそれらしき字が書けたとしても、海瀰たちは思ったように応じてくれなかった。書き方が身体からまるで失われてしまったみたいで、このまま空っぽになって、戻れないかもしれない、そんな焦りを感じていた。

「昨日も一昨日も、見ていたっていうの？　あなたの船は、結構向こうなのに」

「昼も夜も、こっそり見てるよ。船中みんなの瀰字を見たけど、君の字は誰よりも滑らかで綺麗だね。私、君のが一番好きだよ。でも最近は冴えない字ばっかり書くから、心配になってこっちまで来たの。今日は、昨日よりましだけど、最近だと、この前の満月の日が一番だったかな」

スズの言うことが自分の感覚と合っていて、アヤは驚いた。先の満月の日は悪いなりにうまく書けたと思えた日だった。それに安心していたら、それから今日までは、うまくいかない予感ばかりか身体の疲れも感じるようになって、筆に自分の感覚を乗せられない日が続いていた。

「わたしの書き方って、前までと、今だと、どう違う？　分かるなら、教えて。一昨日との違いだって構わない。自分でも分からないし、師匠も教えてくれないから、困ってる」

「説明するのが難しいなあ。書いて見せてくれたら、前とどう違うかは、答えられるよ」

そんなことができるのだろうか？　そう思ったけれど、アヤはスズの自信のありそうな顔を見て、他に頼るものもないと思って小さく息を吐いた。自分の身体が信じられないなら、書いた字を信じるしかない。それも信じられないなら、誰かの目を頼るしかなかった。近頃は全くうまく書けない〈鯆〉を書くことにした。

一度書く。海瀰は応じなかった。違うね、とスズは言った。もう二回筆を振ると、重たすぎるよ、と言われた。どういう意味？　と聞くと、書かないといけないと思い過ぎてる、そう言われた。やっぱりよく分からない、付き合うんじゃなかった、最後にしよう、もうひとつ、水をなぞった。足と手の指先で微かに字を摑んだように思えた。離れる感覚を覚えた刹那、もう海瀰は翼の生えた魚に変わり、水面を滑空していた。

「今のは前と同じだったね。私の好きな君の字だったよ」

スズは嬉しそうに笑みを漏らした。アヤは唖然として、筆を握ったまま海瀰を見ていた。握る掌に汗を感じたけれど、持つ場所を少しでも変えたくなかった。先程の手つきを、忘れたくなかったから。納得行くまで力の入れ方を反芻してから、やっと口を開いた。

「ありがとう。あなたのおかげで、わたしの身体が戻ってきたみたい」

「よかったね。ねえアヤ、私にもっと瀰字のことを教えて。近くで見せてくれるだけでいいから」

そう言われたアヤは、いいよ、と答えようと思ったけれど、ゲンカの顔が頭に浮かんで、その日は適当にはぐらかしてしまった。

結局、アヤが練習するときには、スズが顔を出すようになった。アヤは教えるとも、教えられないとも言わなかった。スズの助けは借りたかったけれど、教えるなんて言ったせいでゲンカに責められるのは嫌だった。とはいえ、瀰字が好きと言われるのは、悪い気はしなかったし、スズはアヤの邪魔をするような話しかけ方はしなかったから、よい話し相手になった。

スズに見られている時、不思議な感覚が訪れることがあった。それは、海にたゆたう海瀰が一斉に、瀰字を書く自分を見ているような感覚だった。それを感じているときは、瀰字が伝わるかどうか、書くまでもなく分かったから、確信を持って海筆を振ることができた。

見ているだけじゃ、覚えられないよ、筆使いは身体で覚えるものだから、とアヤは何度も忠告したけれど、スズは見ているだけでいいと答えた。強がる感じのない、真っ直ぐな声だった。

ふたりは違う船で暮らしているから、普段は夜しか顔を合わせなかった。ムロウの街に寄港した時は、街で遊ぶと言って別々に船を降りて、町外れから、人気のない浜に行ってお喋りをした。船団の人々のこと、瀰字のこと、海瀰のこと、歴史のこと。いつの間にか空は夏めいていて、山側の砂礫には紅色の駒草が咲き乱れた。

その頃には、アヤはスズの身体の弱さを知るようになっていた。肺と心臓が弱いためか、ムロウの街で社の隣の図書館に足を運ぶだけで息も絶え絶えになるし、浜に向かう道の途中でも、何度も休憩して呼吸を整えなければいけなかった。だから、浜についてすぐは余裕がなくて、一旦は横たわりながら、アヤから借りた瀰字典を眺めることが多かった。

スズと禁字の話をしたのは、そんな風に字典を読んでいる時だった。アヤは腕を上げるほどに、一定以上に難しい表形瀰字と、それを組み合わせるのが苦手だと自覚していた。だから、表動瀰字の章ばかりがよく読み進められていた。スズは開いた字典の隅を指さして、目を輝かせながら言った。

「ねえ、ここに書いてあるお話って、アヤが書き込んだの?」

そんな覚えはないのに、と思いスズの示したところを見ると、そこには前の持主の書き込みがあった。他の場所のものと同じで、雑に書かれていて、読むことは難しそうだった。

「お話が書いてあるの?」

アヤがそう聞くと、スズはうん、と頷いて、書き込みを指先でなぞると、不意に読み上げた。

――遠い西の国の山深くから、神仙の図を描いていた達人が王の離宮に招かれた。王は彼女に、自らを一文字で表す文字を見つけ出すのに協力するよう命じた。彼女は巻物を開いた。白紙だった。もしそのような字を書けば、貴方様はここに収まることになりますが、そう言った。王は頷き、できるまで貴様は外に出ることはできない、と宣告した。

「似た話、聞いたことある。禁字についての昔話が書いてあったんだね。今読んでくれたのは、初めて聞くお話だったけど。でも、こんなのよく読めるね」

「なぞって、どんな気持ちで書いたのかな、って考えたら、読めた気がする。私、このお話の続きも似た話も、たくさん知ってるよ」

そう言うと、スズは目を伏せて、口を開いた。

――楼閣の一部屋に幽閉された彼女が四六時中筆を振るい、王に命じられた字を見つけようとしてから長い時が経った。ある昼下り、彼女は歓喜の声を上げげた。声を聞いた幼い王子が彼女の元を訪れると、真っ黒に染められた部屋は墨の匂いに満ちていた。彼女が長い筆を振るうと、その瞬間王子は消えた。後に巻物が残された。王は剣を突きつけ、王子はどこだと彼女を問い詰めた。そこにございます。彼女が言うと、王は巻物を開いた。現れた文字を見て、王は停止した。彼女が筆をもう一度振るうと、今度は王が消えた。離宮の塔が一つ一つ消えていった。

ムロウの離宮の跡には、山のような巻物だけが残された。

ひとつひとつの言葉が発されるたびに、スズの色のない右の瞳が動いた。覚えている話を語っているのではなくて、その場で何かを読んでいるかのようだった。その後も、スズは心躍る様子で禁字の話を続けた。夕闇が迫る頃、スズはやっと話すのを止めた。

　アヤが足もとを照らすための瀰灯を準備しているあいだ、スズは波打ち際を見つめていた。

　ぶつかる小波にぽつぽつとした光の粒が運ばれていた。海瀰の芽体《めたい》だった。芽体は岩肌や砂地に根ざして、強い波にも流されなくなる。芽体の頭の先からは、糸のように細い手が放射状に広がっていた。すでに根ざして、花体《かたい》になりかけているものもあった。花体を見つめながら、スズは言った。

「私の身体、海瀰だったらいいのに。死ぬんじゃなくてさ、花体と芽体を永遠に繰り返すの。身体が弱くても、待っていれば身体は新しくなるし、芽体のままでいればさ、いくら切っても、元の形が写されたみたいに再生できるの。もしそうなれたら、骨を折ったり身体を壊したとしても、切って捨てちゃえばいい」

「こいつらは浮かんでいるだけ。それでもいい？」

「瀰字があって、楽しいだろうなって思うの。海筆使いに瀰字を書いてもらえたら、色々な形になれるし、自由に動かしてもらうことだってできるしさ。この身体だと行けないくらい遠くにも行けるかも。何百年もかけてさ。何度でもやり直せることは、自由だってことかなって」

「わたしは海筆を極めたいから、この感覚を忘れたくない。やり直しは厭」

「覚えておけばいいの。花体から芽体になる時ね、海瀰は索のほとんどを海に捨てちゃうの。でも、芽体の中に、ほんの少しだけ受け継がれるんだよ。忘れられない思い出みたいにさ。大事なものは、そこに入れておけばいい」

　話すのが楽しくなったのか、スズがそのまま図書館で読んだ話を続けようとしたから、アヤはもう帰るよ、と優しく言って止めた。いつまでも話してもよかったのだけれど、スズの表情に疲れを読み取ったからだった。船への帰り道、スズに肩を貸して背負うようにして歩くと、アヤはスズの身体の火照りを感じた。

「スズが海瀰になったら、瀰字を書いて、身体の形を作ってあげる。一番簡単な、珠とかでいい？」

「君はさ、冗談言うならもうちょっと、面白く言わないとさ」

「芽体に戻ったら、こういう時間も全部、忘れてやり直しになるじゃん。いいの？」

　ちょっとやだな。呟くように、スズはそう答えた。


　季節の変わり目にはスズは体調を崩しがちで、アヤの練習に姿を現さないことも多かった。スズのいない時でも、無心に筆を振っていると、不意に自分が海の方にいて、海瀰の地平に立っているような感覚に引き込まれることが増えた。それに従えば、海筆使いとして別の次元に行けるかもしれない。そんな期待もあったけれど、海瀰に見られているような感覚が気になりすぎて、却って身体がこわばることもあった。

昼間、他の弟子たちもいる前で、その不気味さについてフェイに相談すると、フェイはわざとらしく笑った。

「瀰字は伝わるのが一番だから、海瀰の目線を意識する、つまり海瀰の気持ちになって向こうから見る、っていうやり方は、筋は悪くない。確かに、かつての筆聖たちは、そういう流派が多かった」

アヤに対抗意識を燃やす男の子が、それをどうやるのか教えてくれ、とフェイに言った。

「止めとけ。その流派の筆聖たちは全員、海で突然消えたって言われてる。原因はよく、分かっていない。海瀰の気持ちが分かりすぎて、みんな海瀰になって流れて行っちゃったんじゃないかな。まあ、お前は結構筋が良いから、普通に練習すれば、もっと凄くなれるよ」

フェイがそう言うと、男の子は喜んで、その昼は終始、自信に満ちた顔でいた。フェイは残酷な現実よりも優しい嘘を伝える人だった。どんなに才能がないのを見ても、見込みがないと言うのを見たことがなかった。

アヤとふたりでいる時と、他の弟子の前にいるときで、フェイはいつも、筆聖について違う内容を話した。筆聖たちがかつて、意味の大きな瀰字を使って海瀰で島を作ろうとしたという話も、弟子たちの中ではアヤだけが知っていた。その日の話についても、本当のところを知りたいと思って、稽古の後にフェイの部屋に行った。

「師匠は今日、嘘をついてましたね。筆聖たちが消えた話。優しい嘘をつく時の顔をしてました」

「危ないから絶対にやるななんていうと、やりたくなるだろ。だから、みんなの前では適当なことを言うしかない。あたしはさ、関わりのある人が傷つくのは許せないんだ。弟子なんて特にそう。死なせたくない」

「何が起こるか分かっていたら、わたしだったら避けられます」

そう、だから、アヤちゃんには教えてあげる。そう言ってフェイは、アヤを連れ出した。手招きされるがまま、珍しく烟草をふかすフェイに従っていくと、港の外れの磯に出た。烟草を吸い終わると、フェイは、始めようか、と言って、持ってきた海筆で、箱、三角や珠といった簡単な形を書いた。

「表形瀰字は簡単。アヤちゃんはさ、もっと複雑な形とか、動きを生み出したいときは、どうする?」

「知ってる瀰字を、いくつか並べます。最近練習しているのだと〈鯒、鳥に向かって、行け〉とかですか」

「そうだね。普通は意味を増やすには、瀰字を並べて文をつくるわけだ。ただこれも、限界がある。限界はどこか、前に教えたことがあった」

「索ですか?」

「そうだ。索が壊れると、海瀰は白濁して死んじゃう。一匹の海濔に伝えられる濔字の数には限度がある。だから一文字の意味を増やす。簡単な方法はさ、古に海に沈んだ国の言葉なんだけど、理義字《りぎじ》とか、品字様《ひんじよう》とか言われていたやり方だ」

〈毳〉、〈鱻〉とフェイが書くと、一つの海濔はふさふさとした細やかな毛に、もう一つは目にやっと見えるほどの小魚の群れに変わった。アヤが〈鱻〉を見様見真似で書くと、四匹の海濔が反応して、それぞれ一匹ずつの魚に変わった。

「これで一文字にするの、簡単じゃないです」

「一気呵成に書かないとね。海濔から見ると、別々の濔字になっちゃう。伝説の筆聖が、魚千匹を理義字したって話はあるんだけれど、流石にそれはただの与太話だ。とにかく、この方式じゃ、一文字に意味は詰め込みづらい。だからあたしたちは、別のやり方を発達させた」

「濔字典にもたくさん載ってる、会意の字ですか」

「それが昔から問題でさ、古の言葉で偏旁冠脚《へんぼうかんきゃく》とか言われてる、字の種というか、型みたいなものもあるから、一つ一つ組み合わせを尽くしていくことで、ある濔字、ない濔字ってのはそれなりに分かってる。昔、筆聖が集まって、何十年もかけて、海濔が反応する字を調べたのが、字典にまとまってるんだ。とはいえ、会意にも限界があるのが問題だ。極端な話をしようか、葬式を思い浮かべて。〈海筆使いを還す棺に、死者の亡骸を収めて、弔いの旗で包んで沈め、祈りの言葉とともに〉、これは一文字に会意できると思う?」

船で行われる葬儀の様子を思い返して書こうとした。試されているとしたら、乗り越えたかった。けれど、身体から出てくるどんな動きも、そんな字を生み出せそうにない。思考は止まるばかりだった。

「できません。そういう会意ができなさそうなのは、なんとなく分かります。そもそも、そんな複雑な濔字、存在しないと思います」

フェイは頷くと、目を閉じて深呼吸をした。熟練した料理人が手際よく美しい晩餐を支度するように、あまりにも滑らかに、水面に〈〉を書いた。その字はアヤには分からなさすぎて意味を捉えることも、形を言葉にすることもままならなかったから〈〉というしかなかった。初めて見る複雑怪奇なその形はひとつの生き物にすら見えた。それを見ると、瞳が押されるような圧を感じた。意味の重さなのだと、アヤは瞬時に理解した。

足元で一匹の小さな海濔が棺の形をなした、そして亡骸を見つけられずに、動くのを止めた。〈〉は光を失い、消えた。

「海濔の方が、あたしたちよりも世界を知ってる。あたしは昔、この新しい字を書いてそう信じるようになった。葬儀の様子を一文字にするのは、あたしたちの力じゃ無理だけれど、海濔が世界を知るやり方に触れれば、それを濔字としてとりだせる。ムロウの人は誰も知らないものでも、濔字では書けるんだよ。例えば、〈馬〉は、書ける人の多い表形濔字だけど、表されている生き物は、今では死に絶えてしまった。でも、海から引き揚げた昔の本にはその姿が載ってるし、海瀾は〈馬〉に反応して、形を変えてくれる。瀾字を知ってるのはさ、あたしたちじゃなくて、海瀾の方なんだ。だから、海瀾の目線を意識することで、あたしたちは海瀾の地平に近づく。そうすると、意味を新しい字として取り出したくなる。消えた筆聖たちはみんな、全く新しい瀾字を見出したらしい。知るだけならいい。でも、知れば書いてみたくなる。アヤちゃん、意味の分からない瀾字を見たら、どうする？」

「じっくり見て、形と意味を目に焼き付けようとします」

「海瀾も同じようなものなんだ。意味を知りたくて、手を伸ばしてくる。とびきり大きいやつがね」

神体だ。新しい字を書くと、神体に屠られる。海底から伸びた手に、空高く薙ぎ払われる。だから、そっちに近づきすぎちゃいけない。

誰もが恐れる現象、屠りが引き起こされるのは、自分たち海筆使いが書く文字のせいなのか。その事実を初めて知ると、海筆が冷たく重々しいものに感じられた。

言い終わると、フェイは苦しそうに浅い呼吸をしながら、近くの大岩に右手をついた。古い傷が痛みだしたと言って、左手で脇腹と背中をさすった。それから、古い友の形見だという海筆を抱きしめて、ひとりにしてくれ、と言った。フェイの弱るところを見るのは、初めてだった。その日からしばらく、フェイは呼ばれても答えなかったり、珍しく瀾字を書き損じて、船を見当違いの方向に進めてしまったりした。

＊

夏めく美しい空が季節の終わりを告げる頃まで、アヤはスズがやってきても、意識しないようにした。意識しなければ、海瀾に見られている感覚に引き込まれないと思ったからだった。屠りを目の当たりにしたことはなかったけれど、自分の身体の動きがそれを引き寄せるかもしれないと思うと、漠然と恐ろしかった。

アヤが急に素っ気なくなったから、スズは理由を聞いた。アヤは答えられなかった。なぜ、こんなにも怖いのだろう、とアヤは考えた。

頭の中の字典を成長させて、一番に腕のいい海筆使いになりたいと思った。瀾字の道で妥協するのは、死ぬのよりも怖い気がした。けれど、瀾字の道の高みには新しい字があって、自分は誘惑に抗えずに、それを書いてしまうだろう。屠りに至るのは分かっているのに、そちらに行ってしまう、自分の抗えなさが怖かった。

「海筆を持たないで満足してるスズに、わたしが感じてる怖さは分からないよ」

アヤがそう言うと、スズはむっとした顔をした。怖さをうまく言葉にできずに、突き放すような口ぶりで言ってしまったのを謝ろうと思っているると、先にスズが返した。

「海筆を持てば分かるなら、私も持ってみせる。怖さって、何の怖さなの？」

アヤは口ごもった。屠りと瀰字の関係をスズに話すのは、自分にだけ話してくれたフェイを裏切るようで嫌だったから。

「教えてくれないなら、もう来ないよ」

スズは甘えた声でそう言った。それでもアヤが答えないと、スズは同じことを、強い口調でもう一度言った。それで翌日から、アヤの前に姿を見せなくなった。

とはいえ、スズが海筆使いの船に足を踏み入れなかったのは、一週間と少しの間で、その後は、アヤが寝床に入ったくらいの時間にやってきて、部屋の筆置きの前に立って海筆を眺めたり、時には手に取ったりしていた。海筆なら、言ってくれれば、いくらでも使い方を教えてあげるのに。アヤは薄目を開けて見守りながら、気づいていないふりをしていた。

そしてある日、スズがついに手に取った海筆で床を撫でようとしていたのをアヤが見ていると、誰だ、待て、と甲板で大人が叫ぶ声が聞こえた。スズはとっさに海筆を置いて、自分の部屋へと逃げ帰ってしまった。起き上がったアヤが甲板へ出ると、ひとりの色黒の少年が大人たちに取り押さえられていた。肌と黒い目の色で、南の海から来たのだと分かった。

少年は名前をケウと言った。

通訳が話を聞くと、荒天の時に南の船から落ちて漂流することになり、偶然見つけたゲンカの船にしがみついていたのだという。ゲンカはムロウの街で他の船団の者たちとケウの処遇について話し合った。結局、南の船と一番に交易しているゲンカの船団で保護するのがいいということになり、ゲンカは渋々ながら承諾した。

ムロウの言葉を知らなくては不便だろうと、船団の通訳は少年に字引を渡した。言葉を学びながら、もし誤りが見つかれば直すのが当面の彼の仕事になった。ちょうど空いていたという理由で、アヤの住む船に寝床をあてがわれた。

少年が来て最初の満月の夜だった。いつものように練習をしようとすると、海筆がなかった。スズが持っていったのだと、アヤは思った。部屋を出てスズを探そうとすると、意外な人影があった。例の少年だった。

月の光に照らされた肌が美しかった。首元と右腕に、ムロウでは見ない鳥の模様の文身が彫り込まれていた。アヤくらいの背丈で、耳には黒い石の耳飾りをしていた。光が手招きするように幽かに輝くその石と同じ光と暗さを帯びた黒い目が、アヤの方を見ていた。眠れなかったのかと思い、アヤの方から声をかけた。

「どうしたの？　眠れない？　女の子が筆を持っていくのを見なかった？」

身振りを交えて伝えようとすると、男の子は微笑んでから口を開いた。

「その子なら向こうから降りていった。あの筆を使えば、おれたちみたいな南の人間も、海瀾を操れるのか？」

流暢なムロウの言葉が返ってきたから、アヤは驚いて身構えた。彼はケウと名乗って、平然と続けた。

「驚かせたね。亡くなった兄貴が通訳だった。だから、君たちの言葉はある程度分かるんだ」

「どうして、喋れないふりを？」

「その方が都合がいいからだ。おれは兄貴の死の原因を探りにきた。兄貴の船はムロウの本島の周りで巨大な海瀾に囲まれて立ち往生した。兄貴曰く、謎の化け物に、女たちが連れ去られたらしい。化け物は人にも海瀾にも見えたって言うが、思い出そうとした兄貴は酷く混乱してたから、よく分からない。その後すぐ、船は空高くに打ち上げられて粉々になった。海に落ちた兄貴は運良く生き残ったが、海瀾に刺されて、毒で頭が狂って、まともに喋ることもできずにいた。最期のひとときだけ、兄貴は急に我に返って、おれに事件のことを話してくれたんだ」

船をその場所に導いたのは、額と頬に傷のある大男だったらしいと、ケウは続けた。ムロウの海でそんな風貌なのは、ゲンカひとりしかいない。

「わたしなんかに、話していいの？」

「おれは、きみの顔付きを見て、南の血が入っているんだと思った。違うのか？」

自分は拾い子だから分からない。そう答えると、ケウは悲しそうな顔をした。

その時、何かが水に落ちる音が聞こえた。風がもっと強かったら、聞き逃してしまいそうな音だった。ケウは船腹から身を乗り出して下を見ると、すぐに飛んだ。着水の音が聞こえた。アヤが駆けていって下を見ると、ケウはすでに、頭までずぶ濡れのスズの身体を抱きとめて、小舟へと引き上げ始めていた。

ケウは小舟へ横たえたスズの脚に絡みついた海瀾の手を小刀で切ると、意識があるのを確かめて、小さく安堵の息を吐いた。アヤは網はしごを降りて、スズを抱きしめた。無事で良かった、と言うと、スズは苦しそうに息をしながら、ごめん、と小さな声で言って、続けた。

「瀾字を書こうとしたら、海瀾の手が海筆に絡みついてきてさ、でも、私、離さなかったよ」

「馬鹿、離してもよかったのに。海筆の使い方なんていくらでも教えてあげるから、もう勝手にやるのはやめて。わたし、スズを弟子だと思うことにするから」

スズは頷くと、ありがとうと言った。アヤの部屋で少し休んだあと、スズはもう大丈夫だからと言って自分の船に戻っていった。

「スズを助けてくれて、本当にありがとう」

アヤが頭を下げると、ケウは頷いた。

「おれたち南の民は、潜るのは得意なんだ。肺の作りがムロウのきみらとは違うから。それはそうと、よければおれに協力してくれないか？　兄貴の船に現れた奴らが何で、どこから来たのか本島の近くを巡って探したいんだ。きみらみたいな船がないと、自由に見て回れなくてね。あの船長の部屋にはすでに忍び込んだんが、手がかりはなにもなかった。正面から問い詰めても真相にたどり着けなさそうだ。他の方法を探りたい」

　自由になる船を手に入れるのは、アヤのような海筆使いの見習いにとっては難しいことだった。密かに動かせる船はなかったからだ。いつも練習の時乗っている小舟なら、夜であれば自由に動かすことはできるものの、危険すぎて探索はままならない。

　それならば船を作ってくれ、ケウが軽々しく、当然できるのだろうという風に言ったから、アヤは応えるように船を組みあげる瀰字を書いた。けれど、試みはみんな失敗に終わった。一度だけ船の形を組めたものの、飛び乗って〈前へ〉、〈右へ〉と操ろうとすると、海瀰はばらばらになって、海に落ちかけてしまった。

　書き損じ続けるアヤの苛立ちを和らげようと、スズは小服の白珊石の器にアヤと自分の分と、それから傍らで見物しているケウの分の藻茶を淹れた。ぶすっとした表情で膝を抱えていたアヤはありがとう、と言い、器から立ち上がる湯気を見つめながら、船の書き方に思いを馳せた。ケウは器を鼻元に持っていくと、匂いに顔をしかめて南にはない匂いだ、これは飲めない、と言った。

　海に落ちたのを助けられたこともあってか、スズはケウと自然と打ち解けた。ケウは南の海の話を、スズは図書館やムロウの街、それから瀰教の話をして、会話はよく弾んだ。その中でケウは、ゲンカが関係しているかもしれないことは伏せて、自分がムロウに留まった理由をスズに告げた。

「ケウの話に出てきた、人間と海瀰が混ざった化け物って、死んだ人かもしれないね」

　藻茶を飲み干したスズがそう言うと、ケウは目を丸くした。

「兄貴は動いているのを見てる、死体は動かないだろ」

「私たちはお葬式で、死んだ人が神体に還れるように祈ってから、棺を海に沈める。それで、敬虔な人のお葬式だと、神体に見つけてもらえるように、死体に神の使いを食べさせるの」

「それを食べさせると、死体が海瀰みたいな姿になって、動き出すってことか？」

「見たことはないけれど、そういうお話を、少しだけ読んだことがあるの」

　神の使いを食べられるように捌くことができるのは、瀰教の者たちだけだった。刺し身は甘くて美味しいと噂されるけれど、実際に味わえるのは司祭たちか、敬虔な死者たちだけだった。神体の心に近づくために、司祭たちは祈りの前に口にするのだという。

「死体が海瀰になるとしたら、きみらなら、海筆で操れるわけか」

　ケウが聞くと、そんなの分かんないよ、とスズは首を振った。

「ねえアヤ、今日も書き方を教えてよ。このまま簡単な瀰字も書けないのは嫌」

　鱏《えい》と硝子貝で作られた海筆を手に取って、スズは言った。それはアヤがスズに贈ったものだった。アヤはスズを呼び寄せて小舟の際に立たせると、自分はその背中側に立って、海筆を構えさせた。

「構えはいいけど、いざ書こうとすると、〈珠〉すら書けないの、どうしてなんだろ。初歩の初歩なのに」

　アヤはそう言いながら、自分もフェイのようにうまく教えられたら、と思った。

「私は、海瀰が〈珠〉に変わる感じを想像できてないのかも。想像すると、頭が痛くなるの」

「顔が暗いよ。スズ。最初の楽しさは大切だから、〈珠〉のことは忘れよう。書きたいと思うやつを書いてみよう。字典の中とかに、なかった？」

　そうだねえ、とスズは言って、一呼吸おいた。

「あるよ」

「じゃあ、それを書いてみて」

　肩を垂らし力を抜いて、もう一度構えてから、スズは目を閉じて、ゆっくり息をしながら七拍ほど数えた。目を開けて、すぐ近くの海瀰を見据えながら、水面に穂先を這わせる。

次の瞬間、その海瀰は鱏へと姿を変えて、足元にたゆたい始めた。

書かれた〈鱏〉の瀰字はもう見えなかった。

　スズはアヤに抱きつこうとした。それで、小舟の上でよろめきそうになり、舌を出して恥ずかしそうにした。

「アヤ、ありがとう。私、書けたよ。これだったら、アヤの言ってた怖さ、私にもそのうち分かるようになるね」

　調子に乗ってその後も続けて書こうとしたけれど、書けたときの感覚を覚えていられなかったようで、その後はすべて書き損じた。

　よかったね、アヤはそう言って笑ったけれど、驚きを隠せなかった。アヤにとっても書くのが大変な〈鱏〉の字を、初めてのスズが書けるなんて、思ってもいなかったから。それから数日、アヤはスズの不思議な才覚に更に驚かされることになった。字典でほんの少し見ただけの字をスズは幾つも書くことができてしまった。

　弟子だと思うと伝えたから、知っていることの全てを順に伝えていこうと思っていたのに、アヤに教えられることなんてなかった。むしろ、スズが自分の技量まで追いついてくるのはそう遠くないと思えて、焦りすら感じた。

　見ているだけじゃ、瀰字を書けるようにならない。フェイの言葉はある意味で正しかった。そもそもの話、スズは見ていなくても、多くの瀰字を書くことができた。

文字と自分の身体を結びつけていたアヤにとって、そんなスズの才覚はにわかには信じられないものだった。その才覚への理解が追いつかないうちに、スズは痛ましい屠りによる犠牲を招いてしまうのだった。

物語の後半は来年春刊行の電子書籍版に書き下ろされます。

コラム

イスラエルの日常、ときどき非日常

#10「産めよ」「育てよ」「つがいになれ」

山森みか　מיקה יאמאמורי

　この連載では、現在のイスラエルには宗教や文化を基盤とした様々な集団があること（宗教派ユダヤ人、世俗派ユダヤ人、アラブ人キリスト教徒、アラブ人イスラム教徒、ベドウィン、ドゥルーズ教徒、父親や祖父母がユダヤ人でも母親がユダヤ人でないため非ユダヤ人と見なされる人々等）、そのような人々が相互に一定の距離を保ちつつも市民として共存していることを述べてきた。そしてイスラエルでは一八歳から男女共に課される徴兵制（男性約三年、女性約二年）が、これらの異なるグループに属する人々をイスラエル国民として結びつける役割をある意味で果たしている例も示してきた。今回は、最近注目されることが多い、イスラエルにおける高い出生率をめぐる事情について考えてみたい。

　かなり以前から解決策が模索されてきた日本の少子高齢化問題は、ここに至っていよいよ危機感が募ってきたらしい。岸田文雄首相は二〇二三年初めの記者会見で「異次元の少子化対策」という方針を打ち出した。また、日本語のメディアでイスラエルの出生率の高さに関する記事をよく目にするようになった。

　たとえば朝日新聞は「『出生率3・0』は幸せか　イスラエルから少子化問題を考える」というタイトルで三回の連載記事を出した［★1］。日本経済新聞は「出生率3・0イスラエル　『誰もが使える生殖医療』の推進力　人口と世界　逆転の発想（3）」［★2］、毎日新聞は「イスラエル、出生率3超えの秘密　日本とは大きく違う子育て事情とは」という見出しの記事を発表している［★3］。確かに先進国が加盟するOECD（経済協力開発機構）三八カ国の出生率を比較すると、イスラエルはほぼ3という高い数字を保っており、二位以下を引き離してトップの位置にある。通常は女性の教育レベルと初産年齢が上がると出生率は低くなるものだが、イスラエルはそのセオリーに反して、前二者とも上昇しているにもかかわらず出生率3を維持している。その理由は何なのかをめぐり、様々な説が述べられているが、整理すると以下のようになる。

①ユダヤ教的背景

　聖書には、神が男と女を創造した後、彼らを祝福して「産めよ、増えよ、地に満ちて、これを従わせよ」と言ったという記述がある（創世記一：二八、聖書協会共同訳）。ユダヤ教の教義に忠実な人々はこれに従って多子家庭であり、彼らの出生率がイスラエル全体の数字を押し上げていると考えられる（宗教的でないユダヤ人の出生率は2）。宗教的でない世俗派ユダヤ人の場合でも、毎週安息日の夜や祭日の食事ごとに家族がそろって食卓を囲むという習慣や、子どもが幸せを運んでくるという根強い感覚が、子どもを持たない選択をした人への社会的圧力となっている。

②歴史的経緯

過去にポグロムやホロコーストを経験したユダヤ人にとっては、どのようにして生き延び、自分たちの宗教文化的背景を維持しつつ子孫を残すかが民族的課題であった。現在のイスラエルでは、ホロコーストを生き延びた人たちの子どもや孫、曾孫の数が増え、ユダヤ人が民族として生き続けているのを示すことが、ナチスに対する「勝利」と考えられている。毎年ユダヤ暦ニサンの月二七日のホロコースト記念日には、式典に参加する生存者たちのナラティブの最後に、その人の子ども、孫、曾孫の数が発表され、人々はその喜びを共有する。

③子育てしやすい環境

子どもの数が多いので当然なのだが、街中には妊婦や子ども連れの家族がたくさんいる。彼らは堂々と振る舞うし、周囲の人も子育てを経験しているため手助けするのが当然だと認識している。日本のように、妊婦や子連れが「肩身が狭い」と感じることはないし、産後の職場復帰も法的に保証されており容易である。

④不妊治療への公的補助

イスラエルは体外受精等の生殖医療件数が人口比で世界トップである。不妊治療への公的補助も手厚く、たとえば一八－四五歳の女性であれば、既婚未婚にかかわらず子ども二人まで無料で体外受精を受けられる［★4］。シングルの女性が生殖医療を利用して子どもを産むことも珍しくない。また精子や卵子の凍結を望む人も多く、生殖医療専門医にアクセスしやすい環境である。

⑤国の政策としての出生主義

「ユダヤ人国家」を掲げるイスラエルは、建国当初からユダヤ人国民と非ユダヤ人国民の割合が重要な政治的課題であった。「ユダヤ人国家」を維持するためには、ユダヤ人国民の割合が非ユダヤ人国民を大幅に上回らなければならない。祖父母の一人

★1 連載『「出生率3・0」は幸せか イスラエルから少子化問題を考える」、朝日新聞、URL=https://www.asahi.com/rensai/list.html?id=1790
第一回：高久潤「ベビーカーで満員電車に乗り込める国 出生率3・0の『理由』探った」、二〇二三年三月三一日。URL=https://digital.asahi.com/articles/ASR3Y3FQOR39UHBI03L.html?iref=pc_rensai_short_1790_article_1
第二回：高久潤「死んだ息子の精子でかなえた『夢』社会学者がただす女性の幸福論」、二〇二三年四月一日。URL=https://digital.asahi.com/articles/ASR3Y45G1R39UHBI03K.html?iref=pc_rensai_article_short_1790_article_2
第三回：高久潤「世界で共感、『母親になって後悔してる』 著者が語る女性の息苦しさ」、二〇二三年四月二日。URL=https://digital.asahi.com/articles/ASR3Y5GV9R39UHBI03M.html?iref=pc_rensai_article_short_1790_article_3

★2 「出生率3・0イスラエル 『誰もが使える生殖医療』の推進力 人口と世界 逆転の発想（3）」、日本経済新聞、二〇二三年四月四日。URL=https://www.nikkei.com/article/DGXZQOFE272YE0X20C23A1000000/

★3 三木幸治「イスラエル、出生率3超えの秘密 日本とは大きく違う子育て事情とは」、毎日新聞、二〇二一年九月二日。URL=https://mainichi.jp/articles/20210901/k00/00m/030/185000c

★4 イスラエルの不妊治療については、たとえば以下の記事が詳しい。
SHIYA YUBA「幸せは子供が運んでくる。イスラエルの不妊治療事情最前線」、ISRAERU、二〇二〇年八月三一日。URL=https://israeru.jp/lifestyle/infertility-treatment-vol1/

がユダヤ人であればイスラエル国籍が与えられるという「帰還法」は、ユダヤ人国民の増加に大いに貢献しているが、国民となった彼らの出生率を上げることも、重要な国策である。一八歳から男女共に課される義務兵役は、既婚女性もしくは母である女性は免除される。

⑥経済的余裕

　近年経済成長が著しいイスラエルは、二〇二二年の一人当たり名目GDPランキングで一四位となっている（日本は三〇位）。もちろんそれに伴う物価上昇も激しいため、生活は楽とは言えない。とはいえ高校卒業後は一八歳から義務兵役があり、その後大学に進学するにしても退役一時金で当初の学費はカバーできる。それに、国立大学の学費は年に四〇万円ぐらいなので、親は子どもの将来の学費についてさほど心配する必要はない。

⑦食のバラエティへの要求水準の低さ

　これは私の個人的見解なのだが、今の日本の人々は食生活への要求レベルが高い。イスラエルではきちんとした温かい夕食をフルコースで家で食べるのは安息日の夜だけであり、ふだんの夕食は家の冷蔵庫にあるもので簡単に済ませることが多い。昼は、働いている人や学生はカフェテリア等で食べる場合もあるが、外食は高くつくので家から持参したサンドイッチや野菜をかじったりする人もかなりいる。子どもが学校に持っていくサンドイッチも、ただパンに何かを挟むだけなのでほとんど手間がかからない。イスラエルの人々は、同じものを毎日食べていても元気に楽しく生きていける。だから家事に費す時間が大幅に削減できるのであった。

　このような諸要因がイスラエルの高い出生率の背景にあるのは事実である。これらは恐らく複雑に絡み合っているが、①②⑤の要因については以下のような疑問もある。

①ユダヤ教的背景に関しては、確かに宗教的な人々の出生率の高さはその通りなのだが、ユダヤ法では子どもは男女それぞれを産むことが定められているだけで、無限に産み続けよと言われているわけではない、という指摘がある。

②歴史的経緯については、世界中に離散しているユダヤ人の出生率は必ずしもイスラエルのように高くはないというデータがあるため、ユダヤ人が担ってきた歴史的経緯の共有のみが高い出生率の原因ではないと考えられる。

⑤国の政策としての出生主義に関しては、イスラエルがユダヤ人人口の優位性を保つために積極的に不妊治療への公的補助などを行っていることが、主として国外のメディアで警戒感とともに報じられることが多い［★5］。だがイスラエル国内においては民族や宗教にかかわらず国民は皆同じ保健機構に入っていて同じサービスを受けられるため、特にユダヤ人が優遇されているということはない。

　以前は、ユダヤ人よりもアラブ人国民の出生率が高くなることが警戒されていた。しかし、最近のデータではアラブ人キリスト教徒の出生率はユダヤ人の平均より低く、アラブ人イスラム教徒の場合はユダヤ人をわずかに上回るにすぎないことが判明している。即ち今のイスラエルにおいて出生率が際立って高いのはユダヤ教超正統派の人々であり、ユダヤ教世俗派とアラブ人の国民（キリスト教徒とイスラム教徒）の子どもの数はさほど変わらない。これはユダヤ教世俗派とアラブ人の国民が求める生活様式が徐々に近づきつつあることを示しており興味深い。現代社会において、ある程度の生活水準を保って子どもたち全員の教育環境を整えようとすれば、持ち得る子どもの数はおのずと決まってくるのである。また、国から支給されるいわゆる子ども手当の額が最近かなり減額されたのだが、その減額はさほど出生率に影響していないというデータがある。

イスラエルは軍国主義だから若い兵士が必要なのだという見方もあるようだが、生活実感として、この国には兵士が必要だから子どもを産もう、という雰囲気はない。そもそも子どもの数が多いユダヤ教超正統派は兵役に就かず、兵役に就いているのは子どもの数が少ない世俗派の人々である。ただ私自身、子どもが兵役に就くという前提に立って考えた場合、確かに子どもが一人か二人しかいないと不安かもしれないという感覚が湧いてきて、自分でも驚いたことを覚えている。イスラエルに兵役や戦争があるかぎり、他の平和な状態にある国よりも、若い人と死との距離が、少なくとも心理的には近いことは確かである。

当たり前の計算だが、一人っ子の場合は一人欠けるとゼロになり、二人だと一人しか残らない。ゼロだと親へのダメージが大きすぎ、子どもが一人残された場合、その子は親から過剰な期待がかけられることによる精神的負担に晒されるだろう。結果的に私は子どもの数は二人にしたわけだが、兵役制度の存在が出生数に関係するとしても、それは「お国のため」ではなく、どちらかと言えば「自分のため」なのであった［★6］。

この「軍国主義」で「強権国家」とされるイスラエルへの警戒感と、それと表裏一体となったある種の羨望は、日本を含む海外メディアでは、新型コロナワクチン報道の時にもよく見られた。そこでは、世界に先駆けて米ファイザー社と契約し、国民全員分のワクチンを確保したイスラエルについて、あれはその後に続く軍事侵攻のためだったのだとか、イスラエル人は「お国のため」にワクチンを打つのだとか、様々な臆測が飛び交った。そして、「だからイスラエルは羨ましくないし、すべて真似をする必要はない」という結論が導き出されるのである。イスラエルは特殊な事情を抱えており、特に羨ましがられるような国ではないという点には同意するが、だからといって一般のイスラエル人がそこまで「お国のため」に行動するかと言えば、そういうわけでもないと思う。

こうして見ても、イスラエルの例をそのまま参考にして日本の少子化が改善されるかという問いには難しい部分があると答えざるを得ない。とはいえイスラエルを完全に「例外的ケース」と見なし、考慮の外に置くのも生産的ではないだろう。家族や子どもがいること、子どもの数が多いことの意味について、一度立ち止まって考えてみるきっかけになるからである。

★5　たとえば、次のような例がある。
衛藤幹子『「出生主義」に要注意』、アゴラ、二〇二三年四月一八日。URL=https://agora-web.jp/archives/230417073319.html

★6　イスラエルにおいて三人目が推奨される理由には諸説あるが、個人的に最も説得力を感じているのは、仕事から帰ってきた時に無条件に喜んでくれる小さくてやわらかくてスキンシップができる生き物への欲求説である。あまり年齢が離れていない子どもを二人産み育てた場合、最初の数年はたいへんだがそのうち手がかからなくなり、親が寂しく感じるようになる。それで年齢が離れた第三子を産むか、さもなければ犬を飼うか、という選択をするというわけである。

そもそも子どもの数が多いのは無条件に良いことなのだろうか。イスラエル中央統計局によると、このまま年約二％の割合でイスラエルが人口増加を続けると、約三五年で人口が二倍（つまり約一九〇〇万人）になると予測されている。ただでさえ住宅が不足し、買うにも借りるにも価格が高騰しているなか、今後もインフラが整備されない状態で人口が増える未来は、あまり想像したくない。

さらに、子どもを産むことが直接的に人間の内面的「幸せ」につながるのかに関しては議論のあるところだろう。「幸せ」について、イスラエル人研究者オルナ・ドーナトが著した『母親になって後悔している』［★7］は「子どもが幸せを運んでくる」というイスラエル人の常識を覆すもので、物議を醸した。だが彼女がインタビューした二三人の女性の言説を注意深く読んでみると、その「後悔」は母親という役割と自分自身との間にある純粋な違和感の表明であり、現実に存在する子どもへの愛情とは切り離されたものであることが分かる。つまり彼女たちは、児童虐待予備軍ではなく、子どもたちを愛しており、人間として尊重しているのである。実際、「後悔」の一部は、経済的／社会的支援が十分あれば緩和され得るだろう。

ただ、いくら外的環境を整えても、母親という立場そのものに違和感を持つ女性は存在する。そのような女性は、子育て環境が整っていないとか、自分のキャリア形成が中断されたといった、外的サポートによって改善可能な事柄とは関係なく、ただ母親になりたくなかったことが出産後に初めて分かったのだという。近代市民社会においては職業選択や婚姻は言うまでもなく、性自認であっても「違う」と思ったら自らの責任で別の道に進むことが可能である。しかしいったん母になってしまったら後戻りはできない。子どもという全く別の独立した人格の存在は、あくまで尊重されなければならないからである。その意味において「子どもが幸せを運んでくる」という常識に対する違和感の申し立ては、きわめて特殊な性格を持っていると言えよう。

このような違和感の表明は、個人の自由を尊重する近代市民社会においては無視できない性格のものである。だが一方でイスラエルにおいては、当コラム第八回「第六次ネタニヤフ政権発足――揺れるイスラエルのユダヤ人社会」［★8］で書いたように、宗教的戒律を重んじるユダヤ教超正統派や、合理性を無視した国土拡張を掲げる宗教的シオニズムを信じる人々が勢力を拡大しつつある。彼らの出生率は、宗教的な事柄にさほど価値を置かない世俗派ユダヤ人よりも明らかに高い。よって民主主義的な選挙制度の下では、今後彼らの声がますます国政に反映されていく恐れがある。彼らは近代市民社会的な自由と平等よりも、自分たちが信奉する宗教的価値観を重視する。つまり自由と平等を求める人々は、子どもを持たないという個人の自由を追求しすぎると、その結果として自分たちや次世代の自由が将来脅かされるというジレンマに直面しているのである。

イスラエル公共放送協会KAN（カン）は、二〇二三年四月の独立記念日に向けて、「なぜイスラエル人はこんなに多産なのか」という短い動画を発表した［★9］。そこでは先に述べた様々な理由が一つずつ検証され、さらにイスラエル人特有の「根拠なきオプティミズム」も挙げられるのだが、結局のところ自分たち自身にさえ「なぜそんなに子どもがほしいのかよく分からない」

とされる。国がどれほど音頭を取っても、この国において人間は自分の望むようにしか行動しないのである。動画ではただ一つ確実な予測として、将来人口が増えすぎるからという理由で、たとえば四人目を産んだらペナルティが与えられるといった法案が提出されるようなことがあったとしても、それは絶対に通らないだろうと結論づけられている。

理由はともかくこの国では、人々は実に自然に楽しそうに子連れで出かけているし、それを見ると子どもはいるのが当然という社会常識が共有されるのもうなずける。彼らはとにかく「楽しそう」なのである。どのように不妊治療を試してみてもうまくいかない場合は、養子を迎えるという選択肢を取らざるを得ないが、養子縁組には厳しい基準が設けられており、狭き門となっている。また同性同士のカップルでも、何らかのかたちで得た子どもを育てているケースが多く、同性カップルだから「生産性がない」という見方は、イスラエルには存在しない。このように、確かに子どもがいない人に対する社会的圧力はあるのだが、実際には強い信念を持って子どもを持たない選択をしたカップルも存在し、彼らもまた楽しそうに充実した人生を送っているのを見ると、決してそういう生き方が許されない社会というわけでもないと付け加えておきたい。

「産めよ」「育てよ」という圧力は強い信念を持っていればはね返せるし、一定年齢を過ぎたらもはや意味をなさない。しかし、それよりもこの国で私がつくづく生涯逃れられないものとして感じているのは「つがいになれ」という社会的圧力である。イスラエルだけではないだろうが、いわゆるカップル文化が優勢な地域では、レストランにせよ映画館にせよホームパーティにせよ、一人ではたいへん行動しづらい。行動しづらいだけならまだしも、何か人間性に問題があるのでは、と周囲の人から心配される可能性さえある。この国では異性であれ同性であれ、とにかく特定のパートナーがいるということが大事だと考えられており、それは何歳になっても変わらない。ある年齢を過ぎたら性的パートナーを求める市場から降りよという考え方は確かに問題だが、何歳になっても求め続けよという圧力も、それはそれでいささか困ったものではないかと思う。

つがいとしてのパートナーがいるということは、つまりは一対一の特別な関係性を結んでいるということである。それは短期で終わる関係かもしれないし、結婚といった社会的制度には入らないものかもしれない。だが血縁関係にある家族とは異なる他人と、排他的に一対一で向き合って関係性を構築することを重視するのには、思春期以降の社会的スキルを育てるというメリットがあることは否めない。「特別な人」との関係というよりは、誰か一人との「特別な関係」を築くのが大事なのである。

これは具体的には、兵役に就いている兵士が危険な場所に行く時、親や高校時代か

★7　オルナ・ドーナト著、鹿田昌美訳『母親になって後悔してる』、二〇二二年、新潮社。

★8　URL=https://www.genron-alpha.com/gb080081_03/

★9　"למה ישראלים מביאים כל כך הרבה ילדים?" כאן。URL=https://www.facebook.com/kanipbc/videos/221340873924686（二〇二三年四月三〇日公開）

らの友人ではなく、その時のパートナーにだけそれとなく打ち明けるといった関係性である。若い兵士が戦死した時は、両親だけでなくしばしばパートナーがニュースのインタビューに答えているのを目にする。無性愛の人や複数恋愛の立場を表明している人はいるけれどもごく少数であり、「つがいになれ」という社会的圧力（あるいはそれを内面化した欲求）のため、多くの人が常にパートナーを探している。つまりその気にさえなれば、比較的容易に相手が見つけられる。端的に言えば、さほどえり好みをせず「お試し期間」的に関係を築いても、それは不真面目な態度ではなく、将来より安定したパートナーを見つけるために必要なステップだと考えられているのである。

個人的には「おひとりさま」でも行動しやすい日本社会は確かに便利で快適だし、社会的体面のためにやむなく誰かパートナーを探すというのは本末顛倒だと思う。だが「対《つい》になる」ことの意味や内実と向き合わずに誰もが生きていくことを前提とする社会も、それはそれで難しい側面があるだろう。データには上がってこないだろうが、イスラエルにおける家族の重視、高い出生率の背後には、この「人間たるもの、つがいになれ」という社会的圧力が確実に存在する。パートナーシップといった場合、日本では生活費や家事の分担といったプラクティカルな側面について語られることが多いが、誰か一人と「特別な関係」を結ぶことの内実について考えてみてもいいのではないだろうか。

本コラムは本紙と「webゲンロン」をまたいで連載しています。次回は「webゲンロン」で公開予定です。

コラム

国威発揚の回顧と展望

＃5 近鉄から逃れられない

辻田真佐憲 Masanori Tsujita

安倍晋三元首相が奈良市で銃撃され死亡してから一年が過ぎた。

「死せる孔明生ける仲達を走らす」の故事さながらに、安倍は死してなお国論を二分する存在だった。国葬をめぐる角逐しかり。そして右派雑誌の双璧『WiLL』『月刊Hanada』は、いまだ安倍の余香を追い求め、ネットの左派は反アベを上回る大同団結の旗幟を得られていない。

もとよりこの連載も、なかば安倍ウォッチになっていたことを告白せざるをえない。それだけかれは、現代日本でもっとも影響力のある政治的シンボルのひとつだった。

それでも情勢は時々刻々と変化している。今年四月には和歌山市で岸田文雄首相に爆発物が投擲され、五月にはG7広島サミットでウクライナのゼレンスキー大統領が電撃来日した。今後、令和日本の国威発揚は果たしてどこに向かうのだろうか。

タイムリーな報告はシラスの拙チャンネル「辻田真佐憲の国威発揚ウォッチ」に譲るとして、ここではより俯瞰的な視点よりこの問いについて考えたい。

その視点を一言でいえば、「近鉄から逃れられない」だ。近鉄とは近畿日本鉄道の略称で、大阪府から愛知県にかけて私鉄最長の営業キロ数を誇る民営鉄道会社である。

政治学者の原武史は、『「民都」大阪対「帝都」東京』の末尾で、この近鉄の前身である大阪電気軌道（大軌）の活動について、つぎのように述べている。

> つまり名古屋進出の背景には、大阪と、草薙剣を祭神とする熱田神宮を一つに結ぶことで、「大軌伝統の『報国精神』の念を一層強化」するという意図があったのであり、大阪と、神武天皇を祭神とする橿原神宮、伊勢神宮、それに熱田神宮という、皇室に関係の深い三つの神宮を結び、鉄道による新しい「聖地巡拝ルート」を開拓することこそ、その最大の目的であったのである。［★1］

ここで指摘されているように、近鉄は沿線に伊勢神宮、橿原神宮、熱田神宮という皇室に関係が深い神社を擁する（ただし熱田神宮は近鉄名古屋駅より少し距離がある）。それだけではない。後醍醐天皇を祀る吉野神宮や、明治天皇陵をはじめとするあまたの陵墓、そして楠木正成などの忠臣の遺構をも結んでいる。そしてそれはけっして偶然ではなく、大軌社長を務めた金森又一郎によって意図的になされたというのである。

この記述を思い出すたびに、筆者は独特の感慨を禁じえない。というのも、筆者も大学進学までまさに近鉄沿線の住民だったからだ。

　生まれは大阪府中部の松原市。その後、隣接する羽曳野市の公立小学校に通い、中高は近鉄長野線を使って河内長野市の私立ミッション校へ。大阪市に遊びに行くときも、近鉄南大阪線を北上して大阪阿部野橋駅に出た。もちろん、伊勢神宮や橿原神宮には近鉄を利用しておもむいている［★2］。

　そもそも羽曳野市の名は、日本武尊《やまとたける》に由来する。東征の帰路、伊勢国で斃れた尊が白い千鳥（白鳥）となり、この地に舞い降りて羽を曳くがごとく飛び立った。そんな地元の伝承にもとづいているのである。

　また河内長野市には楠木正成の首塚（観心寺）があるし、大阪阿部野橋駅の南には、やや距離があるけれども、明治になって北畠親房《ちかふさ》・顕家《あきいえ》（楠木正成と同じく南朝に尽くした忠臣）を祀るために創建された旧別格官幣社の阿部野神社もある。そのほか、世界文化遺産にも登録された羽曳野市・藤井寺市の古市古墳群など、皇室とのゆかりは数しれない。

　在阪時、ここまで国威発揚の歴史を意識したことはなく、むしろ「帝都」にあこがれて東京の大学に進んだぐらいだった。だが、現在取り組んでいる「愛国と神話の近現代史」［★3］というテーマに照らすほど、自分が知らず知らず「近鉄の思想」に引きずられていることを自覚せずにはいられない。

　いまとなっては、二〇一四（平成二六）年に近鉄が大阪阿部野橋駅に建てた超高層ビル「あべのハルカス」でさえ、神話と関係しているとすら思えてくる。

本稿にかかわる近鉄線の路線図　編集部制作

　名前の由来は古語の「晴るかす」だが、筆者の脳裏に浮かぶのはむしろ、戦中に皇紀二六〇〇年奉祝のためにつくられた交声曲「海道東征」（北原白秋作詩、信時潔作曲）の第四章「御船謡」の一節だ。

　見はるかし大君宣《の》らす、
　四方《よも》つ海皇孫《すめみまし》領らす。［★4］

　神武天皇が東征の船路で、はるかに望む海のはてまでも治めようと雄々しく述べている箇所だが、ここと結びつけても、報国精神に燃えていた金森又一郎であれば、むしろ喜んでくれるのではないか。

　そしてこの近鉄の路線はまた、大和西大寺駅にも延びているのである。いうまでもない、安倍元首相はその駅前で銃撃された。なんたる偶然であろう！

　もとより安倍元首相が大和西大寺駅前で撃たれたのは、たんなる偶然にすぎない。だが、近鉄が結んだ「聖地」もはじめから必然だったわけではなかった。

　橿原神宮と吉野神宮は近代の創建だし、

伊勢神宮も近世以前は天照大神を祀る内宮より豊受大神を祀る外宮のほうが有力だった。熱田神宮が祀る草薙剣も、古代から一貫して皇位の象徴だったわけではない。明治以降、天皇中心の国家づくりがなされるなかで、「聖地」が必然であるかのように物語られたのである。

　したがって、安倍をめぐっても同じように必然性が物語られるかもしれない。すでにジャーナリストの櫻井よしこは、安倍を日本武尊に重ねて、「この国の土台を造るために、どれほど多くの神々と英雄たちが犠牲を払ってきたか」と述べている［★5］。

　安倍昭恵夫人にいたっては、もっと直接的に神武天皇と関連づけている。産業遺産情報センター長の加藤康子による間接的な証言ながら、これは一考に値する。

「神武天皇にゆかりのある奈良の大和西大寺で亡くなったんだから、それが意味することがすべてなの。そういう運命にあったのよ」［★6］

　地図を開くと、大和西大寺駅は近鉄奈良線と橿原線の結節点で、東には平城宮跡があり、北西には秋篠宮家の由来となった秋篠という土地が広がる。

　さらに西に進んで生駒市に入ると、神武天皇が金色に輝く鵄《とび》の加護を得て宿敵の長《なが》髄彦《すねひこ》を打ち破ったとされる場所があり、やはり皇紀二六〇〇年を記念して整備された石碑（神武天皇聖蹟鵄邑《とびむら》顕彰碑）が立っている。

　ちなみに、そこから近鉄奈良線の富雄駅をまたいで南に八キロほど下ったさきにある富雄丸山古墳は、四世紀後半の円墳で、今年一月に盾形銅鏡や蛇行剣が出土したことでニュースになったけれども、地元では先述した長髄彦の墓ではないかともいわれる。長髄彦が『古事記』では、登美能那賀須泥毘古と表記されるのもその連想を強化する。

　あくまで伝承にすぎないとはいえ、大和西大寺駅の周辺は神武天皇に関連する場所といわれてあながち虚妄とは言えないのだ。

　すでに去年九月、はるか彼方なる台湾南部の高雄市に、安倍晋三の銅像がお目見えした。有志の寄付になるもので、一九四四（昭和一九）年一〇月に台湾とフィリピンを隔てるバシー海峡で沈没した、日本海軍の第三八号哨戒艇（旧駆逐艦「蓬」）を祀る紅毛港保安堂という廟の一隅にたたずんでいる。

　たしかに安倍は、台湾に友好的な政治家だった。ただ、なぜ高雄の廟なのか。旧海軍とのゆかりといっても、理由があるようでない。これくらいの関係性でよいならば、奈良に安倍の銅像が建てられたとしてもふしぎではない。大和西大寺駅前の公共空間は無理でも、神社などの私有地であれば別だ。じっさい、日本各地の神社にはさまざ

★1　原武史『「民都」大阪対「帝都」東京　思想としての関西私鉄』、講談社学術文庫、二〇二〇年、二三九頁。

★2　橿原神宮訪問については、前回（特別編）の「記念碑めぐりのすゝめ」、『ゲンロン14』、ゲンロン、二〇二三年、一四三頁を参照。

★3　近刊の拙著『「戦前」の正体』（講談社現代新書、二〇二三年）では、サブタイトルを「愛国と神話の日本近現代史」としている。

★4　北原白秋『白秋全集5　詩集5』、岩波書店、一九八六年、三一七-三一八頁。

★5　櫻井よしこ「光に満ちた悲劇　安倍晋三とヤマトタケル」、『月刊Hanada』二〇二三年三月号、飛鳥新社、四五頁。

★6　加藤康子「幼馴染が語る総理と母、洋子さん」、『月刊Hanada』二〇二二年一一月号、飛鳥新社、八〇頁。

まな記念碑が屹立している［★7］。

そのための理由づけはあとからいくらでもできる。ほかならぬ安倍自身が宣伝広報の大切さを訴えているではないか。

今年二月に刊行された『安倍晋三回顧録』の最終節「動画、ツイッター、インスタグラム」を開いてみよう。そこで安倍は、SNSの動画再生数などにこだわり、その内容ひとつにもたびたび口を出していたことを赤裸々に告白している。

> 私は「それじゃダメだろう」と言って、いろいろな動画について、細かく指示してきました。私は映画好きだから、ビジュアルにはうるさいのです。［★8］

そして防衛大学校の卒業式で安倍が訓示を述べる動画については、みずからを映しているシーンを大幅にカットさせ、さらに「ここはズームにしろ」「PKO（国連平和維持活動）で各国の子どもたちに接している姿がほしい」などと指示して追加修正させたという。「その結果、その卒業式の動画は、防衛省始まって以来の再生回数を記録したのです」［★9］。

プロパガンダはこのような営みの繰り返しだ。安倍の自己演出は不遇の死により途切れてしまったものの、その熱心なファンによりもっともらしく完結させられるかもしれない。

あらためていうまでもなく、「聖地」はつくられるものだからである。

そのいっぽうで、多少歴史や伝承に詳しければ、櫻井よしこや昭恵夫人の思いに反して、安倍元首相と奈良市について、真逆の意味づけを考えることもできる。

安倍は、みずからを平安中期の陸奥国の豪族・安倍宗任の子孫と称していた。そこで安倍氏について事典で調べると、なんと長髄彦の兄に連なるとの驚くべき伝説が出てくる。

> ［安倍氏の］出自については、これを大彦命の子孫（阿倍氏、阿倍比羅夫もその支族）とするよりも、神武東征に抗した長髄彦の兄で、津軽に流された安日の子孫とする伝説を生かして、岩手県北安比川などの地名に結び付けて考える説が、最近有力である。［★10］

神武天皇どころか、これでは逆賊の系譜ではないか。

もちろん、これで安倍元首相を批判するのは馬鹿げている。たんなる伝承にすぎないし、しかも安日彦は『古事記』にも『日本書紀』にも出てこず、長髄彦以上に実在性が薄い。

にもかかわらず、あえてここで補足したのは、神話や伝承との関連づけは解釈次第でいかようにもなるということを示したかったからだ。英雄的な物語への免疫は、このような思考実験を繰り返すことでつけていくしかない。

いささか脱線したので現実に戻ろう。

現在、安倍の後継者として一部保守派のあいだで根強い人気を誇っているのが、奈良二区選出の高市早苗経済安全保障担当相だ。かつては新進党の議員として大和西大寺駅を含む奈良一区選出だったこともある。

相変わらず終戦記念日には靖国神社に参拝。それ以外にも、自民党の三重県議（当時）より「国葬反対のSNS発信の8割が隣の大陸から」と発言していたと暴露されたり（のち県議は否定）、立憲民主党の小西洋之参院議員より総務省の内部文書問題をめぐって追及を受けたりと、旺盛に話題を振りまいている。

　ただし、安倍という後ろ盾を失ったいま、どれくらい影響力を保持できるかはわからない。岸田首相は安定政権に向けて地歩を固めているし、またいわゆる「美しい国」的なイデオロギーとは明白に距離をとっている。

　では、このまま国威発揚の歴史は影響力を失っていくのだろうか。

　いや、そうとも言い切れない。

　気にかかるのは、関西でますます勢いづく日本維新の会だ。四月の統一地方選にあわせて行われた衆議院和歌山一区の補選では、岸田首相が応援に入ったにもかかわらず、勝利したのは日本維新の会の候補者だった。奈良県知事選挙でもやはり同党が推した候補が勝ち抜いている。このまま、きたる国政選挙で野党第一党の地位を立憲民主党より奪い取ってもふしぎではない。

　いまのところ、この「維新」と神話との結びつきはかならずしも強くない。大阪市に採用された民間出身の小学校長が、令和の改元を受けて、「愛国の歌姫」と呼ばれるシンガーソングライターを招いて神武天皇の歌などを児童のまえで披露させたぐらいだろうか（民間からの校長登用は大阪維新の会肝いりの政策のひとつ）［★11］。

　とはいえ、地方の独自性を重んじるなかで、各地の史跡や伝承に注目することは大いにありうる。そもそも明治維新のスローガンは「神武天皇の時代に戻ろう」（神武創業）だった。この国で維新は神話と切り離せない。

　きたる二〇四〇年には、皇紀二七〇〇年も迎える。ふたたび橿原神宮や神武天皇陵がフォーカスされるのだろうか。そしてそのとき、安倍銃撃事件も関連づけられるのだろうか。少なくとも、国威発揚をウォッチするうえで外せない視点である。

　こうして思考は、ふたたび近鉄沿線に舞い戻ってくる。それは筆者だけの特殊性ではあるまい。戦前の物語を上書きしない限り、この国もまた、近鉄から逃れられないのだ。

★7　二〇二三年七月一日、奈良市の三笠霊苑に安倍の慰霊碑（留魂碑）が除幕された。また同月八日にも、長野県下伊那郡阿南町に安倍を祀る安倍神像神社が建立された。本稿執筆時点では未訪問だが、いずれシラスの拙チャンネルや拙稿などで報告する。

★8　安倍晋三『安倍晋三回顧録』、中央公論新社、二〇二三年、三九三頁。

★9　同書、三九四頁。

★10　高橋富雄「安倍氏」、『日本大百科全書（ニッポニカ）』、JapanKnowledge。URL=https://japanknowledge.com（二〇二三年五月三〇日閲覧）。引用にあたってルビを削除。

★11　「市立小の朝礼に『愛国の歌姫』招く　神武天皇に関する歌」、朝日新聞デジタル、二〇一九年七月四日。URL=https://digital.asahi.com/articles/ASM743GHMM74PTIL00B.html（二〇二一年五月三一日閲覧）

おもな国威発揚事案（二〇二二年七月〜）

年表作成＝辻田真佐憲

二〇二二年

七月

○ウクライナのゼレンスキー大統領、東洋大でオンライン講演会。

○安倍晋三元首相、奈良市で銃撃されて死去。実行犯の山上徹也容疑者は、旧統一教会（世界平和統一家庭連合）に深い恨みを抱き、その広告塔とみなした安倍を狙ったなどと供述。以後、政治と旧統一教会との関係について注目が集まる。

○参議院議員選挙。参政党が一議席獲得。また日本遺族会が推す自民党の水落敏栄が落選。

○安倍元首相の葬儀が東京・増上寺で行われる。東京都教育委員会がこれにあわせて、全都立学校に半旗掲揚を求める文書を送付。同種の文書はほかの自治体でも確認された。

○岸田文雄首相、安倍元首相の国葬を秋に実施する方針を表明。

○靖国神社遊就館に、安倍元首相を追悼するコーナーが設置される。

○「Change.org」で山上容疑者の減刑を求める署名が募られる。

○自民党の「性的マイノリティ特命委員会」、麗澤大教授の八木秀次にヒヤリング。

八月

○自民党の衛藤征士郎元衆院副議長、党会合やその取材で韓国について「日本は兄貴分」「日本が上位」などと主張。

○終戦記念日。高市早苗経済安全保障担当相、秋葉賢也復興相などが靖国神社に参拝。

○東京五輪組織委員会元理事の高橋治之、受託収賄の容疑で逮捕される。以後、贈賄容疑でも逮捕者が相次ぐ。

○芸人のほんこん、安倍元首相銃撃事件について真犯人が別にいた可能性を指摘。いわゆる「スナイパー小屋」陰謀論。

○「選挙ギャルズ」、都内で国葬や改憲に反対するパレードを実施。

○「安倍元総理デジタル献花プロジェクト」が立ち上がる。

○自民党保守系議員グループ「保守団結の会」、安倍元首相を永久顧問に選任。

○文科省、全国の公立・学校図書館に「拉致問題の関連本の充実」を求める依頼文を送付。

九月

○東京五輪汚職事件で、KADOKAWA会長の角川歴彦が逮捕される。

○英国女王エリザベス2世の国葬。日本からは天皇・皇后が参列。

○台湾・高雄の紅毛港保安堂で安倍元首相の銅像が除幕される。

○「安倍晋三元総理追悼AIプロジェクト」が公開。制作者は東京大学AI研究会を自称。

○日本武道館で「故安倍晋三国葬儀」実施。献花の列の長さが話題になるも、一般献花者数は二万五八八九人で吉田茂の国葬を下回る。

一〇月

○天皇・皇后、栃木県で開催の第七七回国体の総合開会式に出席。コロナ禍で初の地方訪問。

○三重県議の小林貴虎、「国葬反対のSNS発信の8割が隣の大陸から」とツイート。根拠は高市早苗の発言と主張（のち撤回）。

○ひろゆき、沖縄県名護市の「キャンプ・シュワブ」ゲート前の座り込み抗議について茶化すツイート。

○歌手の長渕剛、ユーチューブチャンネルに公開した映像で「これ以上外国人に土地を売らないでほしい」と主張。

○兵庫県淡路市の伊弉諾神宮で樋口季一郎（元陸軍中将）の銅像が除幕される。

○山口県下関市で安倍元首相の県民葬実施。

○天皇・皇后、即位後初の沖縄訪問。

○イーロン・マスク、ツイッター買収。

○東京都、東京都人権プラザで開催の企画展に関して、関東大震災時の朝鮮人虐殺をテーマにした映画上映を禁じていたと判明。

一一月

○日本人義勇兵、ウクライナ東部戦線で戦死。

○「真相深入り！虎ノ門ニュース」番組終了。オリックスによるDHC買収が背景。

○トランプ前大統領のツイッターアカウントが凍結解除。

一二月

○ドイツで、極右団体「ライヒスビュルガー」が政府転覆を狙ったとして、主犯格のハインリヒ一三世ロイス公などが逮捕される。

○防衛省がAI技術を使い、SNSで「国内世論を誘導する工作の研究に着手」と報道（共同通信）。

○杉田水脈総務政務官、更迭される。過去の差別的な言動が問題視されていた。

○自民党の世耕弘成参院幹事長、台湾の安倍像を視察。

○タレントのタモリ、テレビで二〇二三年について「新しい戦前になるんじゃないですかね」と発言。

二〇二三年

一月

○立憲民主党の泉健太代表、元日に東京の乃木神社を参拝。リベラル系アカウントから批判される。

○一水会創設者の鈴木邦男、死去。

○自民党、衆院山口四区補欠選挙の候補者として、下関市議の吉田真次の擁立を決定。

二月

○自民党の岸信千世（衆院山口二区補欠選挙の候補者）、公式サイトより「家系図」を削除。

○広島市教育委員会、同市の平和教材で来年度より『はだしのゲン』引用掲載をやめることを決定。

○ツイッター左派アカウント「桜うぃろう」、共同通信の記者だったことが判明。

三月

○幸福の科学総裁の大川隆法、死去。

○徴用工問題で、韓国政府が解決案を発表。日本企業に対する賠償金を韓国の財団が肩代わりするというもの。

○放送法をめぐる総務省文書問題、国会で追及される。

○元最高裁長官で元日本会議会長の三好達、死去。

○岸田首相、ウクライナを電撃訪問。ゼレンスキー大統領に「必勝しゃもじ」などを渡す。

○経済評論家の上念司、ラジオで朝鮮学校について「スパイ養成的なところ」と発言し、番組を降板。

○台湾・台北市で安倍晋三の写真展が開かれる。

○「虎ノ門ニュース」が「帰ってきた虎ノ門ニュース」として復活。

四月

○宮内庁に広報室が新設され、室長に警察官僚が就任。

○東京地裁、作家の百田尚樹に賠償命令。あいちトリエンナーレ2019をめぐる発言で、ジャーナリストの津田大介より提訴されていたもの。

○岸田首相、統一地方選の遊説中、和歌山市で爆発物を投擲される。

○天皇の著作『テムズとともに』復刊される。

五月

○英国国王チャールズ3世戴冠式。秋篠宮夫妻が参列。

○令和初の園遊会が開催される。

○『タイム』誌の表紙に岸田首相。「日本を軍事大国に変えようとしている」という見出しは、日本政府の申し入れ後、変更される。

○岸田首相、日本テレビ系「世界一受けたい授業」に出演。

○G7広島サミット。ゼレンスキー大統領が来日。

○秋田県湯沢市で菅義偉前首相の胸像が除幕される。

○大阪高裁、杉田水脈衆院議員に賠償命令。慰安婦問題の研究について、ツイッターやインターネットテレビで「ねつ造」「反日研究」と発言したことをめぐって。

○大分市立の中学校の昼食時間に、校内放送で「君が代」を流した生徒が教師より「ふさわしくない」と指導される。

コラム

タイ現代文学ノート
#8 変わる南の島

福冨渉 โดย ฟุกุโตมิ

日本でも多少ニュースになっていたが、二〇二三年五月一四日、タイで下院の総選挙が実施された。

このコラムでも繰り返し触れているが、二〇〇〇年代に入り、タイ国内では、ポピュリスト政治家のタックシン・チンナワットを支持する市民（いわゆる赤服）と、強い権力と人気を集めるタックシンを嫌い、王室護持を訴える市民（いわゆる黄服）とのあいだの対立が激化した。この対立を収拾するという名目で、王室と密接な関係をもつ軍が二〇一四年にクーデターを行なった。

軍事政権下で二〇一六年に新国王のラーマ一〇世が即位したのち、二〇一九年に下院の総選挙が実施された。この選挙で創設一年目のリベラル派政党「新未来党 พรรคอนาคตใหม่」が第三党に躍進するが、翌年に、党首のタナートーン・チュンルンルアンキットから政党への「不正な融資」を理由に、解党の命令が下る。これをうけて、バンコクを起点に、大学生を中心とした若者たちによる民主化運動が発生したというのは、日本でも報道されていた通りだ。

当初、運動の中心的な要求は、軍事政権の退陣や、軍政に有利な形で制定された憲法の改正だった。だが徐々に、タイ社会におけるさまざまな対立構造の根底には王室の存在があり、その改革こそが急務であるという主張がなされるようになっていく。

これも何度も触れているように、タイには王族や王室への批判を封じる、刑法一一二条、通称王室不敬罪がある。二〇二〇年の八月以降、王室改革を求める若者たちの運動が激化する中で、警察や軍によるデモの弾圧と、活動家たちの逮捕が続いた。

当初は、若者たちによる運動への社会的な関心も高く、デモへも多くの人が集まっていたが、時間が一年、二年と経つうちに、その規模も縮小していった。いくらデモを続けたところで、軍政の態度は軟化せず、むしろ逮捕者は増えていく一方であり、その結果、運動はますます過激なものになって、求心力を失っていったのだ［★1］。

また、若い活動家たちが逮捕されるたびに、多額の保釈金が必要となった［★2］。ゲンロンカフェにも登壇したことのある編集者のアイダー・アルンウォンらが設立した「人民の意志基金 กองทุนราษฎรประสงค์」などが、その都度ソーシャルメディアを通じて寄付金を集めて、若者たちの保釈金を支払っていたが、連続すれば支援する市民にとっての負担となった。

とはいえ、この三年のあいだに、神聖不可侵とされてきた王室という存在への批判や疑問を是とする空気は確実に醸成されてきた。それは同時に、王室との強い結びつきのもとで、軍が不当な権力を振るう政治状況への不信を一段と高めることにもつながった。あげく二〇二二年の末には、親軍与党である「国民国家の力党 พรรคพลังประชารัฐ」が内部の派閥対立で分裂し、首相のプラユット・チャンオーチャーが小政党の「タイ団結国家建設党 พรรครวมไทยสร้างชาติ」に移籍するという事件が起こる。

こうした状況の中迎えたのが、冒頭に述べた二〇二三年の総選挙だ。当初は、タックシン元首相の娘ペートーンターン・チンナワットを首相候補のひとりに据えた「タイ貢献党 พรรคเพื่อไทย」の圧勝が予測されていた。だが蓋を開けてみれば、二〇二〇年に解党された新未来党の関係者たちが設立し、王室不敬罪の廃止を公約として掲げた実質的に唯一の政党である「前進党 พรรคก้าวไกล」が、五〇〇議席のうちの一五一議席を獲得し、第一党となった。

本稿執筆時点（二〇二三年五月）ではまだ選挙管理委員会による議席の最終確定は行われておらず、前進党を中心とした連立政権についての議論が進み、下院の大勢がどのようになるかは不透明だ。また前進党党首で首相候補のピター・リムチャルーンラットの議員資格はく奪を目論む動きもある。

だがなんにせよ、今回の総選挙の結果が、二〇一四年のクーデター以降の（あるいは、戦後七〇年をかけて、国王を政治の頂点に置く「タイ式民主主義」を構築してきた）タイ社会における、なんらかの変化を示しているとは言えるだろう。

＊

この変化を象徴するようで興味深いのが、「南の島」のリゾート、タイ南部プーケット県の選挙結果だ。県内の小選挙区の三議席とも、前進党が勝利している。だが二〇一九年の総選挙では、県内の議席はすべて親軍与党の国民国家の力党が獲得していた。

その前の二〇一一年の総選挙では、当時の与党であり、タイで最も古い王党派政党の「民主党「พรรคประชาธิปัตย์」が、七二パーセントの得票率で圧勝している。二〇〇七年の総選挙も民主党だ。二〇〇五年も変わらない。国民国家の力党にせよ民主党にせよ、保守・王党派が圧倒的に強い選挙区だったのだ。

もともとタイの南部は、「（候補者の代わりに）電柱を送り込んでも選挙に勝てる」という言い回しがあるほどに、民主党が安定的に強い地域だとみなされていた。これは南部に保守や王党派が多いといった単なるイデオロギーの問題だけでなく、民主党がうまく地元の有力者を取り込んでいったことや、一九九〇年代に南部出身で民主党議員の首相が誕生したことが関係しているらしい［★3］。

プーケットにおいても基本的な文脈に違いはない。ただ華人の多いタイにおいて、

★1　若い民主活動家たちによるバンガーストライキなども行われたが、行為の危険性と比べたときに、多くの共感や注目を集めたとは言いづらい。下記の拙稿も参照のこと。福冨渉「タイの若者たちが紡ぐ新しい『物語』」、『アステイオン』九八号、二〇二三年、一九二－一九七頁。

★2　金額は事件によって異なるが、不敬罪で活動家が逮捕される場合、一件あたり、大卒初任給の五－一〇倍程度（一〇万－二〇万バーツ）の保釈金が必要となることが多い。

★3　Sutthipath Kanittakul. "ส่งเสาไฟฟ้าลงก็ชนะ? ทำไมคนใต้ถึงรักประชาธิปัตย์อย่างมั่นคง คุยกับ 2 นักรัฐศาสตร์." *The MATTER*. 19 Jan. 2022. URL=https://thematter.co/social/politics/re-election-and-democrats-party/165617

潮州系華人の多いバンコク（やその他地域）と異なり、プーケットには、福建系の華人を中心としたコミュニティが形成されている。これは、一九世紀にビルマ軍の攻撃などをうけて人口が激減した街の開発のために、現マレーシアのペナンから多数の中国移民を誘致したことが由来となっている。このためプーケットの華人は、バンコクよりもマレーシアやシンガポールなど旧海峡植民地の華人移民に共感を覚えており、彼らと現地の人々とのあいだの子孫たちを指す「ババ」や「プラナカン」といった呼称を自称する傾向にある。

二〇〇〇年代の初頭から、プーケットでは、民主党が強い影響力を持つ県自治体や支庁が先導し、政府機関や王族からの支援を得る形で、ババ・プラナカン文化の再評価運動が進んだ。移民文化の独自性を主張する運動には、一見、分離運動や内乱などの政治的リスクが潜むようでもある。だが、プーケットの場合はその外来文化のエキゾチシズムが観光資源の一部として消費されており、摩擦を生み出しにくい。また、民主党＝王党派とのパイプのもとで展開された運動には、大前提として、タイの国家や王室への強い忠誠が想定されてもいた［★4］。

二〇一〇年代には、民主党の勢力が全国的に衰えていくが、その票田を、二〇一四年以降の親王室クーデター政権である国民国家の力党が引き継いだ。そんな強い保守・王党派の地盤を持つように見えるプーケットで前進党が大勝した理由については、今後の詳細な分析を待つ必要があるだろう。

だが現時点で見られるいくつかの推論としては、第一に、全国的な前進党フィーバーの波及というものがある。南部の他県ではプーケットほどの大勝を収めているわけではないにしろ、南部全体の六〇小選挙区のうち二五の小選挙区で前進党が勝利しており、生活インフラの整備が十分でないといった既存政党への失望感や、前進党への期待が広がっている可能性はある［★5］。また第二に、第一の理由ともつながるが、コロナ禍における観光産業への打撃が影響しているとの指摘もある。プーケットでは県の経済の八割を観光産業が占めているとされる［★6］。新型コロナウイルスの感染拡大によって苦境に陥った地元住民とコミュニティに対して、既存政党が十分な支援や復興策を提示できなかったとするものだ［★7］。いずれにせよ、かつて南部で民主党支持が広がった理由と同じように、イデオロギーだけではなく、現実的な生活上の困難や要請にも由来するものと考えるほうがよいのかもしれない。

＊

では、そんな南の島の政治的「変節」の様相は、文学作品にどう描かれているのだろう。ウィワット・ルートウィワットウォンサー วิวัฒน์ เลิศวิวัฒน์วงศา が執筆した、二〇一四年から二〇二〇年までのプーケットを舞台とする三つの連作短篇を見てみよう。それぞれ二〇一四年、二〇二〇年、二〇二一年に書かれており、現実の政局がほぼリアルタイムで反映されている。ウィワットは一九七八年にプーケットに生まれ、現在もプーケットを拠点に活動している作家だ。本人も華人の一家出身で、自らを、ゆるやかながらも「ババ」であると認識している。

二〇一四年に発表された「2527年のひどく幸せなもう一日 อีกวันแสนสุขในปี 2527」は、プーケット出身で、バンコクの企業で働く女性マーリーと、その周囲の人々の、軍事クーデター前後の日々の混乱を描いている［★8］。彼女は政治的に無垢で、それゆえに保守的＝王党派的な振る舞いをする人物として描かれていて、密かに好意を寄せる同僚の男性エムの気を引くため、彼に誘われた「デモ」に参加する。

「エム、その男の名前はエムと言った。彼はマーリーにホイッスルをひとつ買ってくれた」「多くの人々が路上に出て、不平等な法律に反対している」（いずれも一三頁）といった記述から、このデモが、二〇一三年から二〇一四年にかけてバンコクを中心に発生した、反タックシン・親王室団体ＰＤＲＣのデモであることがわかる。国旗柄のストラップがついたホイッスルを吹き鳴らすことで話題となったこの団体は、タックシン元首相の妹であるインラック政権の提出した法案への反対を理由に、バンコクの主要交差点を封鎖する反政府デモを開催し、政権の退陣と軍事クーデターを導いた。

読み進めるうちに、マーリーの保守的な性向が、実家に住む両親からの影響を強くうけたものでもあることが見えてくる。両親は、プーケットでも開かれているＰＤＲＣの反タックシン派デモに参加しているが、父親は若い女性と不倫をしており、夫婦関係には亀裂が入っている。その閉塞感や怒りから逃れるため、母親はバンコクのデモに参加しようと、長距離バスに乗ってマーリーの元を訪れすらする。

本作では、主にこの両親の言動が、この南の島の政治的傾向を表すものとして描かれている。父は、不倫相手の若い女性が、タックシンの票田である東北タイ出身であると知るやいなや、「きみは赤服なんだろう？」「東北タイのやつらはみんな同じだ」（いずれも三五頁）と揶揄する。母のほうは、汚職にまみれた（とされる）タックシン政権を敵視し「悪を追い払うのは、市民としての避けられない義務だ」（四七頁）と考えているし、クーデターが発生すれば「一夜にしてすべての問題が解決してしまったみたいに心が躍った」（五七頁）と歓喜する。

その後、オーストラリアに留学していた息子、すなわちマーリーの兄が帰国する。彼は留学先でタイ史を学んだことで、軍や王室の権力に疑問を抱くようになっており、帰国後は反クーデター活動に赴く。ＳＮＳで拡散されたその写真を見て、母は息子が「何も言わずに帰国しただけでなく、国の平穏を乱していること」（七九頁）に怒り、

★4　本段落と前段落の記述は、タイの華人や少数民族の文化を研究する人類学者、片岡樹の論文に多くを拠っている。片岡樹「想像の海峡植民地——現代タイ国のババ文化にみる同化と差異化」、『年報タイ研究』第一四号、二〇一四年、一－二三頁。

★5　"ทำไมก้าวไกลถึงแลนด์สไลด์ภูเก็ต? คุยกับนักวิชาการการเมืองใต้ ที่มองว่า 'ภาคใต้กำลังอยู่ในกระแสความเปลี่ยนแปลง'." *The MATTER*. 18 May 2023. URL=https://thematter.co/brief/203902/203902 ; "เลือกตั้ง2566 : เปิดวาร์ป 3 หนุ่มก้าวไกลว่าที่ ส.ส.หน้าใหม่ภูเก็ต." *Thai PBS*. 15 May 2023. URL=https://www.thaipbs.or.th/news/content/327820

★6　Adryel Talamantes. "Phuket 'goes local' amid COVID-19 tourism slump." *NIKKEI Asia*. 9 Dec. 2020. URL=https://asia.nikkei.com/Life-Arts/Life/Phuket-goes-local-amic-COVID-19-tourism-slump

★7　"ทำไมก้าวไกลถึงแลนด์สไลด์ภูเก็ต?." *The MATTER*. ; "เลือกตั้ง2566." *Thai PBS*.

★8　วิวัฒน์ เลิศวิวัฒนวงศา. *อีกวันแสนสุขในปี 2527*. เม่นวรรณกรรม, 2014. 邦訳は以下。ウィワット・ルートウィワットウォンサー「２５２７年のひどく幸せなもう一日」、『東南アジア文学』一四号、二〇一六年、九四－一三五頁。以下、各作品からの引用は、筆者がタイ語の原文から翻訳し、そのページ数を引用部の括弧内に示す。なお作品タイトルの「２５２７年」は、タイで一般的に使用されている仏暦の二五二七年、すなわち西暦一九八四年を指す。これは、軍事クーデター直後の言論弾圧の状況をディストピア小説になぞらえて、ジョージ・オーウェルの『一九八四年』が広く読まれるようになったことをうけたタイトルで、主人公マーリーの兄の誕生年を示してもいる。

号泣しながら本人に電話をかける。また、プーケットの中高時代の友人たちは、政治活動だけでなく、ゲイであるというセクシュアリティも嘲笑の対象にして、彼を「炎上」させていく。二〇一〇年代前半のプーケットにおける政治的状況が、意見を異にする人間を排除して、追い込んでいくさまを浮き彫りにしている。

　一方、そんな状況に疑問を持ち、変化を志向していく人々の姿は、二〇二〇年と二〇二一年の短篇に描かれる。

　二〇二〇年の短篇「失望の歌 เพลงผิดหวัง」では、先の作品のマーリーとおぼしき若い女性に焦点が置かれている［★9］。クーデターによってPDRCのデモも開催されなくなり、片思い相手のエムも会社を退職してしまい、彼女は喪失感に襲われる。群衆を懐かしみながら迷い込んだコンサート会場で、彼女は六歳年下のムーンという女性と出会う。自身と正反対の政治思想を持ち、タトゥーを身体に入れ、髪を短く切り、躊躇なく飲酒をする大学生に、マーリーは惹かれていく。

　だがそれでもなお、プーケットの母の呪いに、マーリーは脅かされ続ける。ムーンに誘われてバンコクからプーケットまで深夜のドライブに出かけるマーリーだが、実家の島が近づくにつれ、母の視線を強く感じるようになる。「彼女がバンコクに進学したとき、彼女が男性の友人に片思いしたとき、彼女がデモに参加したとき、彼女がひとりでいるとき、母は閉め切られた部屋で座っている。テレビの画面は娘の人生を映している。一日に二四時間、一週間に七日、一年に五二週間、二八年。それが母の愛なのだ」（二五八頁）。

　酩酊の中、ムーンと身体を交えようとするマーリーだったが、「（自分は）まだ純潔を守っている。そこかしこから見つめる母の視線を恥ずかしがるべきだ」（二六四頁）と感じて、ムーンの欲求を拒絶する。翌朝には相手をひとりバンコクに帰宅させ、自分は、ビーチで日焼けした肌をどう説明するかすら心配しながら、母の待つ実家へと帰っていく。新世代の人々が登場して、プーケットの保守的な価値観を象徴するかのようなマーリーに変化のための問いを与えてくれるが、結局彼女は、そこから抜け出すことができずにいる。

　この物語をさらに発展させたとも感じられるのが、民主化運動のさなかの二〇二一年に書かれた「燃える ลุกไหม้」だ［★10］。本作にはマーリーは登場しないが、マーリーの境遇をトレースしたかのような男女が、主要な登場人物として描かれている（また、前作のムーンの兄弟であるサンが登場している）。

　各章でそれぞれ「あなた」と二人称で呼ばれるこの男女は、どちらもプーケットで暮らす、同じ高校出身の旧友どうしだ。ともに、現地の保守的な政治状況に閉塞感を覚えている。だが前二作と圧倒的に異なるのは、ふたりを支配してきた母が、すでに死んでいることだ。時代の変化と、家族の桎梏からの解放が重なって、ふたりの行動は、社会の状況に抗うものになる。

　作家志望で母とふたり暮らしを続けてきた男のほうは、「はるか昔に死んだ愛する男と、国の元首に、恩義を感じる」（二六〇頁）ような母との関係の中で、自身を見失い続けていた。二〇二〇年の母の死後、コロナ禍でプーケットの街全体が寂れていく中、彼はバンコクでの民主化デモの動画を見て心を癒やす。そこで見かけた自分そっくりの青年の姿を追ってバンコクに向かった彼は、その青年（サン）と出会い、一晩を過ごす。そしてプーケットに戻ったのち、ババ・プラナカン建築の自宅にある吹き抜けの洗い場で、母のさまざまな遺品を燃やす。銀行で毎年配布されていた「巻かれた分厚い紙の束」（一七〇頁）――すなわち、国王の御真影が印刷されたカレンダーとともに。

大学時代に母を亡くしている女のほうは、仕事を転々としている。新未来党が第三党に躍り出た総選挙の年には、バーテンダーとして、雨傘革命を経験した香港の青年ネイサンと知り合う。そこに作家志望の男も一緒になって、放埒な性的関係を持つ。そして二〇二〇年には「島のロックダウンが発表される前の最後の朝」（一七二頁）に、部屋の荷物をまとめて、バンコクへと移住する。バンコクで一日一六時間シフトのコンビニ店員として働く彼女は、可能な限り民主化デモにも参加するようになるが、そこで、前述の青年サンが国王の御真影に放火している様子を目撃してしまう。秘密を共有したふたりは、バンコクの安アパートで身体を重ねることになる。

実際、二〇二〇年の民主化運動に臨んだ若者たちも、国王ラーマ一〇世の御真影を燃やすという「不敬」な行為に及んでいた。「燃やす」ことが実社会と登場人物たちを結んでいるこの作品は、プーケットにおけるイデオロギー的な変化を示しているとも言える。

だがそれだけではなく、新型コロナウイルスの流行をうけて、プーケットでの暮らしに困難を感じた登場人物が、生活の必要に駆られて島を抜け出し、バンコクに移住しているところも興味深い。思想的な影響だけでは、ラディカルな変化を生む原動力として不十分なのかもしれない。

また「2527年」と「失望の歌」では忌避されていた同性愛行為が、「燃える」では、男とサンや、男とネイサンとのあいだでたびたび繰り返されているのも注目に値するだろう。さまざまな男性と関係を持つ女のほうの描写とあわせて考えれば、それまでの作品の「母」が表明していたような、貞淑さと異性愛を強い規範とする保守的な価値観に、真っ向から抗うような物語としても読むことができる。

＊

今回の総選挙の結果が、一時的な変化の表れに過ぎないのか、今後のプーケット社会の姿を変えていくものなのかは、まだわからない。ただ、今回紹介したテクストにも書かれているように、現地の人々は、さまざまな信念や思想の相克の中でもがきながら生きている。プーケットは、青い海と白砂のビーチに包まれた、のんびりしたリゾート地というだけではないのだ（とはいえ、南の島に行くのなら、ビーチでなにも考えず海を眺めたいと思ってしまう気持ちも、否定はできない）。

【追記】タイ社会を覆った「前進党フィーバー」がうたかたの夢だったかのように、選挙から三ヶ月のあいだで状況は変わった。前進党党首のピターが、首相に就任することはなかった。二〇一七年に軍事政権が制定した憲法の規定により、首相の選出は、選挙によって選ばれる下院議員五〇〇名だ

★๙ วิวัฒน์ เลิศวิวัฒน์วงศา. "เพลงผิดหวัง." รักของทารกวิกลรูป. ผ่านวรรณกรรม, 2020, น. 151-168.

★10「燃える」は、日本での短篇アンソロジー出版のために書き下ろされた作品で、タイ語版は出版されていない。ここでの引用は、以下の書籍に掲載した拙訳からのものである。ウィワット・ルートウィワットウォンサー「燃える」、『絶縁』、小学館、二〇二二年、一三九－一八〇頁。

けでなく、軍政が指名する上院議員二五〇名も参加する投票でなされるからだ。王室や軍政と強く結びつく上院議員が、不敬罪の改正を公約に掲げる政党党首に信任を与える可能性は、そもそも低かった。

七月一三日の第一回首相指名投票で上院議員からの得票をほとんど得られなかったピターは、同一九日の第二回投票において、投票への立候補自体を認められなかった。そして同日の審議中に、メディア企業の株保有を理由に、憲法裁判所がピターの議員資格の一時停止を決定した。

その後、総選挙で第二党になったタックシン派のタイ貢献党が前進党を連立から排除し、九月に、軍政政党を含む一一党の連立政権を樹立した。首相には貢献党所属の実業家セーター・タウィーシンが就任した。また直前の八月末には、貢献党の優位をうかがったタックシンがタイに帰国している。

総選挙で第一党となった政党が「下野」し、民主派の一角を担うと考えられていた貢献党が軍政政党と手を組んだことで、選挙に変化の期待をかけた市民のあいだには失望が広がっている。既存の権力構造が形を変えて温存されているだけともいえる新政権のもとで、タイ社会は、そして「南の島」は、これからどんな選択をしていくのだろう。❸

プーケットのビーチ　撮影＝福冨渉

道端の集団ねこさん

投稿者名：ともさん

サイクリング中に遭遇したという盗賊団のようなねこさんたち。一匹と話しているうちに、ぞろぞろと集まってきたんだとか。各々の柄が少しずつ似ています。これぞ家族的類似性……！

大福さん

投稿者名：田中功起さん

表紙から大福くんが飛び出してきました。本コーナーには2度目の登場！　おもちゃのかたわらでぐぐーっと伸びています。『ゲンロン15』もこんなふうにみなさんの頭をほぐせたかにゃあ。

Neko Deus ネコ・デウス15

大好評、「webゲンロン」の読者投稿コーナー「ネコ・デウス」の出張版！
今回も、みなさまに投稿いただいたねこちゃんから一部を紹介いたします。
2010年代を代表する知識人、ユヴァル・ノア・ハラリは、
人間（ホモ）はシンギュラリティの到来とともに神（デウス）へと進化するといいました。
しかしネットにあふれる画像や映像を見ていると、
その人間を支配しているのはねこなのではないかと思えてきます。
ポストシンギュラリティの神は、ヒトか、ねこか——？
そんな神と化した、あるいは勝手に神と化した気になっているねこたちの写真を
読者・著者のみなさまから大募集するコーナーが「ネコ・デウス」です。
みんなで猫神（ネコ・デウス）を愛でましょう！

ムーさん

投稿者名：まついさん

本誌寄稿者のまついさんが島で拾った子ねこのムーさん。まだまだわんぱく盛りだそうです。ただ一緒に船に乗るときは、音に怯えて船内の棚に逃げ込んでしまうんだとか。

二段ベッドねこさん

投稿者名：mozさん

ごろにゃん、と二段ベッド（？）でお昼寝中の二匹。キュートな肉球が顔をのぞかせます。いい夢が見られますように。むにゃむにゃ。

ノラ・ロマネスクさん

投稿者名：qpp('ω')ノ

塀の縁にちょこんと乗っかるキジトラさん。壁に投射された影がまんまるな背中をかたどります。お名前はqppさんが（勝手に）命名されたそうです。

湖畔のねこさん

投稿者名：カイチさん

物憂げなたたずまいが美しいハチワレねこさん。湖畔で出会ったというのもまた幻想的です。いったいなにを想っているのかにゃあ。

cats × genron

ねこ写真募集中

webゲンロンでは、みなさまからの「ネコ・デウス」写真をお待ちしております。下記のURLから、ねこさんにまつわるエピソードと一緒にお送りください。ゲンロン友の会会員でなくても大丈夫。お待ちしてるにゃ〜。

https://genron-alpha.com/cattcw/

カメラ目線のねこさん

投稿者名：easygoa46さん

颯爽と崖を登っていくさまをパシャリ。「にゃに撮ってんだ！」と怪訝そうな表情とは裏腹に、何度もシャッターチャンスをくれるそうです。ツンデレなのかにゃ？

トラちゃんさん

投稿者名：のしりこ ricrckさん

のしりこさんのお宅のトラくん。ウクライナのオレクサンドル・シロタさん一家手作りのぬいぐるみを見つめています。みんな元気にしてるかにゃあ。

島暮らしのザラシ 作・まつい

ザラシ（まつい）…元ゲンロンスタッフの絵描き。今は地域おこし協力隊で佐賀県の離島に住んでいる。圧倒的肉派だが魚介派に揺らぎつつある。

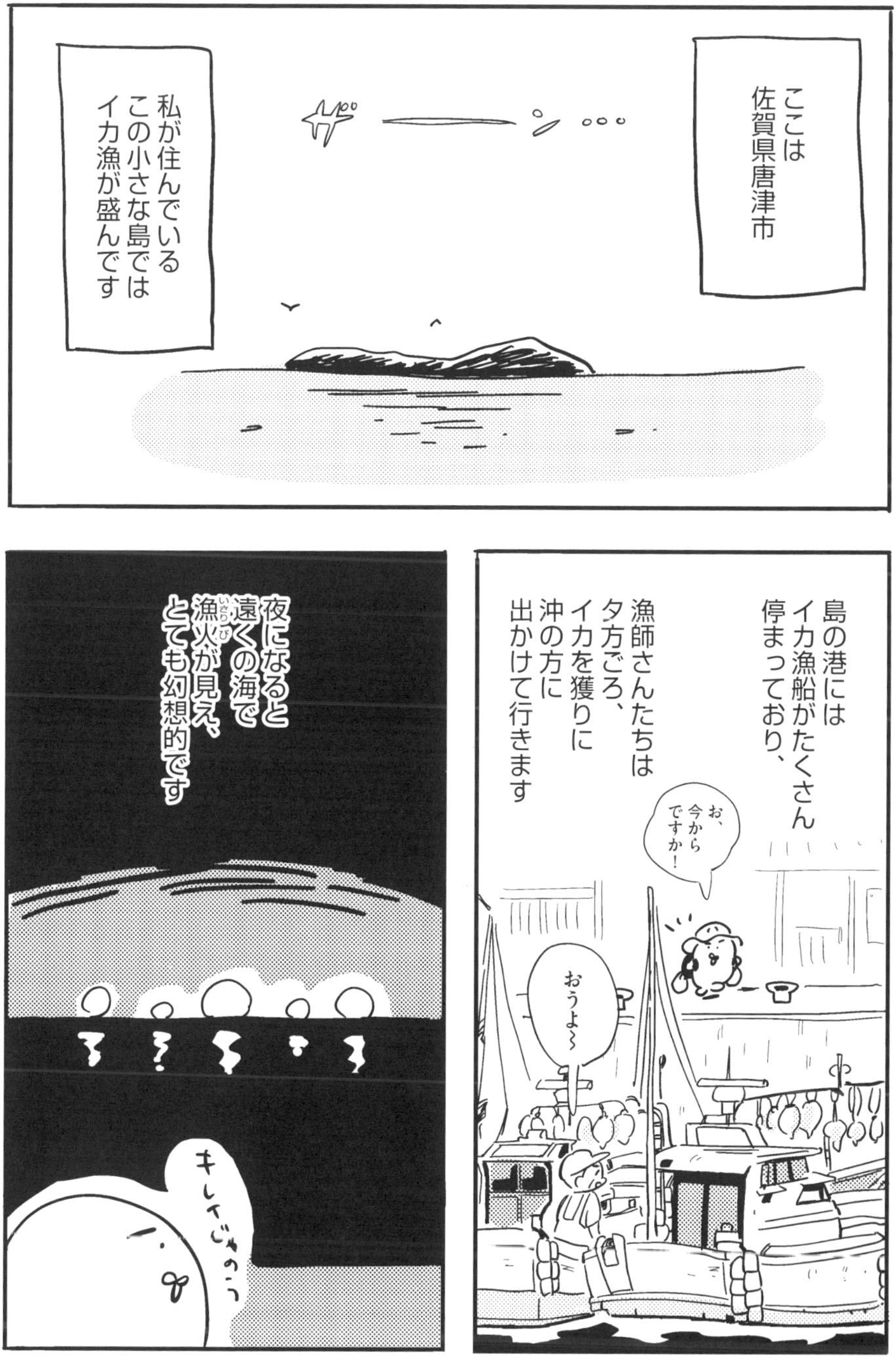
ここは佐賀県唐津市
ザーーーン…
私が住んでいるこの小さな島ではイカ漁が盛んです
島の港にはイカ漁船がたくさん停まっており、
漁師さんたちは夕方ごろ、イカを獲りに沖の方に出かけて行きます
お、今からですか！
おうよ〜
夜になると遠くの海で漁火《いさりび》が見え、とても幻想的です
キレイじゃのう

イカって光に集まってくるんですね～
ロマンティック……
ゴミ出し
もえる
いや、光に集まっとはプランクトンで、そいば食いにくるイカば取いよっとぞ？
ハハア
（知ったかぶり）
…ちなみにイカ漁一回行くとにピーー万円くらいすっとぞー
プハー
まーあ沖の方に行くからガソリン代がかかるわけだな
年間だとメンテナンス、エンジン交換するときは
聞かなかったことにした
……もらったイカ…刺身にしますね！
オウ！

さすがイカ漁師さんは桁が違うぜ…！
ただいま
ともあれ刺身じゃ！
おん？
あなたもぜひお試しあれ～
島流☆イカ刺し
①
軽く切り込みを入れて
こうして
ズッ
ズッ
とね
②
半分の大きさにしたら向きを変えて…
細めに切る！
こうじゃ—！！
もりつけ
完成だ～～～!!!
……
イカ刺身（もらった）
島ではマヨネーズ味でいただきます！
サザエの酒蒸し（もらった）
ひじき煮（もらった）
島暮らし、0円食堂のレベルが桁違いな気がしています——
ありがとう漁師さん……
というかコレ、ただの飯マンガになってない？
大丈夫か？
もぐもぐ
つづく！

編集Y（予想はしていました）

寄稿者一覧

イ・アレックス・テックァン—Alex Taek-Gwang Lee 이택광
六八年生。シェフィールド大学博士課程修了。慶熙大学教授。専門は文化研究。編著書に『赤いインク——いま禁じられているものについて』、『共産主義の観念3』（スラヴォイ・ジジェクとの共編、いずれも未邦訳）など。

石田英敬—いしだ・ひでたか
五三年生。東京大学名誉教授。著書に『大人のためのメディア論講義』（ちくま新書）、『新記号論』（東浩紀との共著、ゲンロン）、『記号論講義』（ちくま学芸文庫）、編著書に『フーコー・コレクション』全6巻（ちくま学芸文庫）など。

石戸諭—いしど・さとる
八四年生。ノンフィクションライター。著書に『ルポ百田尚樹現象』（小学館）、『ニュースの未来』（光文社新書）、『東京ルポルタージュ』（毎日新聞出版）、聞き手・構成に『ゲンロン戦記』（中公新書ラクレ）など。

大島新—おおしま・あらた
六九年生。ドキュメンタリー監督、プロデューサー。監督作品に『シアトリカル 唐十郎と劇団唐組の記録』、『なぜ君は総理大臣になれないのか』、『香川1区』、『国葬の日』、著書に『ドキュメンタリーの舞台裏』（文藝春秋）など。

大森望—おおもり・のぞみ
六一年生。書評家、SF翻訳家、SFアンソロジスト。〈ゲンロン 大森望 SF創作講座〉主任講師。著書に『新編 SF翻訳講座』（河出文庫）、訳書にコニー・ウィリス『航路』（ハヤカワ文庫SF）、劉慈欣『三体』（共訳、早川書房）など多数。

鍵谷怜—かぎたに・れい
九三年生。多摩美術大学芸術学科助手。東京大学大学院総合文化研究科博士課程。おもな論文に「安谷屋正義における近代性の獲得と伝統の再解釈」（『美学』二五七号）、「回帰するモダニズム——単色画と韓国美術の展開」（『超域文化科学紀要』二三号）。

川上未映子—かわかみ・みえこ
七六年生。作家。著書に『乳と卵』（文春文庫、芥川龍之介賞受賞）、『愛の夢とか』（講談社文庫、谷崎潤一郎賞受賞）、『夏物語』（文春文庫、毎日出版文化賞受賞）、『すべて真夜中の恋人たち』（講談社）、『黄色い家』（中央公論新社）など。

川原伸晃—かわはら・のぶあき
八一年生。園芸家、華道家、ボタニカルディレクター、観葉植物専門店REN代表。二〇一一年、グッドデザイン賞を受賞。二〇一八年、植物ケアサービス「プランツケア®」開始。二〇二一年、「プランツケアラボ」設立。著書に『プランツケア』（サンマーク出版）。

猿場つかさ—さるば・つかさ
八九年生。第6回「ゲンロンSF新人賞」受賞。茶人・ソフトウエアエンジニア。

田中功起—たなか・こおき
七五年生。アーティスト。あいちトリエンナーレ（二〇一九）、ヴェネチア・ビエンナーレ（二〇一七、二〇一三）などに参加。著書、作品集に『Vulnerable Histories (An Archive)』（JRP｜Ringier）、『リフレクティヴ・ノート（選集）』（美術出版社）など。

辻田真佐憲—つじた・まさのり
八四年生。文筆家、近現代史研究者。著書に『天皇のお言葉』（幻冬舎新書）、『新プロパガンダ論』（西田亮介との共著、ゲンロン）、『超空気支配社会』（文春新書）、『防衛省の研究』（朝日新書）、『「戦前」の正体』（講談社現代新書）など。

能勢陽子—のせ・ようこ
豊田市美術館学芸員、あいちトリエンナーレ2019キュレーター。企画した展覧会に、「杉戸洋—こっぱとあまつぶ」、「ビルディング・ロマンス」、「ホー・ツーニェン 百鬼夜行」、「ねこのほそ道」（いずれも豊田市美術館）など。

原一男—はら・かずお
四五年生。映画監督。監督作品に『さようならCP』、『極私的エロス・恋歌1974』、『ゆきゆきて、神軍』、『全身小説家』、『またの日の知華』、『ニッポン国VS泉南石綿村』、『れいわ一揆』、『水俣曼荼羅』など。

福冨渉—ふくとみ・しょう
八六年生。タイ文学研究者、タイ語翻訳・通訳者。著書に『タイ現代文学覚書』（風響社）、訳書にウティット・ヘーマムーン『プラータナー』（河出書房新社）、プラープダー・ユン『新しい目の旅立ち』（ゲンロン）、Prapt『The Miracle of Teddy Bear』（U-NEXT）など。

ユク・ホイ—Yuk Hui 許煜
エラスムス大学ロッテルダム哲学教授。近著に『芸術と宇宙技芸』（未邦訳）。その著作は十数カ国語に翻訳されている。二〇二〇年よりバーグルエン哲学・文化賞の審査委員をつとめる。

まつい
九一年生。イラストレーター、元「ゲンロン ひらめき☆マンガ教室」運営担当。現在佐賀県の離島に在住し、地域おこし協力隊として勤務。

三宅陽一郎—みやけ・よういちろう
七五年生。ゲームAI開発者。東京大学生産技術研究所特任教授、日本デジタルゲーム学会理事など。著書に『人工知能のための哲学塾』（BNN）、『人工知能の作り方』（技術評論社）、『人工知能が「生命」になるとき』（PLANETS）、『戦略ゲームAI解体新書』（翔泳社）など。

宮﨑裕助—みやざき・ゆうすけ
七四年生。専修大学教授。著書に『ジャック・デリダ——死後の生を与える』（岩波書店）、『判断と崇高——カント美学のポリティクス』（知泉書館）、共訳書に、ジャック・デリダ『メモワール』（水声社）、ポール・ド・マン『盲目と洞察』（月曜社）など。

山内志朗—やまうち・しろう
五七年生。慶應義塾大学名誉教授。著書に『普遍論争』（平凡社ライブラリー）、『ぎりぎり合格への論文マニュアル』（平凡社新書）、『わからないまま考える』（文藝春秋）、『ドゥルーズ——内在性の形而上学』（講談社）、『中世哲学入門』（ちくま新書）など。

山森みか—やまもり・みか
六〇年生。テルアビブ大学東アジア学科日本語主任。著書に『古代イスラエルにおけるレビびと像』（国際基督教大学比較文化研究会）、『「乳と蜜の流れる地」から』（新教出版社）、『ヘブライ語のかたち』（白水社）など。

東浩紀―あずま・ひろき
七一年生。作家・批評家。ゲンロン創業者。著書に『存在論的、郵便的』（新潮社、サントリー学芸賞受賞）、『動物化するポストモダン』、『一般意志2・0』（ともに講談社）、『観光客の哲学』（ゲンロン、毎日出版文化賞受賞）、『ゲンロン戦記』（中公新書ラクレ）、『訂正可能性の哲学』（ゲンロン）など。

上田洋子―うえだ・ようこ
七四年生。ロシア文学者、博士（文学）。ゲンロン代表。編著に『歌舞伎と革命ロシア』（森話社）、監修に『プッシー・ライオットの革命』（DU BOOKS）、訳書にクルジジャノフスキイ『瞳孔の中』（共訳、松籟社）など。二〇二三年度日本ロシア文学会賞大賞受賞。

伊勢康平―いせ・こうへい
九五年生。東京大学大学院人文社会系研究科博士課程。著作に「技術多様性の論理と中華料理の哲学」（『群像』二〇二三年四月号）、「ユク・ホイと地域性の問題」（『ゲンロン13』）など、翻訳にユク・ホイ『中国における技術への問い』（ゲンロン）など。

支援者一覧

本誌の刊行はゲンロン友の会会員のみなさまに支えられています。第13期クラス250とクラス50の方々のお名前を支援者として記載します。（2023年9月22日時点）

クラス250

川上量生
加藤賢策
原口良胤
伊藤友里恵
行方一正
前田一聖
弓場康平
田中孝一

クラス50

河村信
松井健人
浦野竜一
島田純
岸野佑亮
佐藤宏
稲葉智郎
古坂貴徳
岡本一平
戸城優紀
清水康裕
岡田智靖
森康臣
田中裕也
奥野弘幸
新見永治
辻田真佐憲
佐藤正尚
高田和義
鈴木孝
山岸亮
坂直樹
崎山伸夫
武藤大司
五十嵐誠
石黒孝幸
石橋秀仁
猪谷誠一
山本郁也
井村諒
岡ノ谷司
大井昌和
武井一雄
大家政胤
泉政文
木村文乃
吉田淳
喜多浩之
塩川晃平
小栗悠貴
三留奈保子
山本隆
桂大介
香月浩一
本間盛行
牧尾千賀子
山屋健
細井拓史
中村直人
神藏寿観
大脇幸志郎
方梨もがな
河西学
竹中俊平
横井佳久
足立健太
酒井俊直
西岡京
植田義人
渡辺健堂
穴井雄治
山下恭平
竹田克也
中野一気
BLANCA SHINAGAWA FC
清川祐英
今由美
井上ゆかり
井出敬佑
柴田賢蔵
高橋慧
大坪徹夫
武藤高記
藁谷浩一
小玉周平
金子隆昭
翼駿馬
吉川陶太
稲葉理晃
碓井允揮
貝本隆三
中野弘太郎
新垣隆
上西雄太
山下洋平
三浦瑠麗
floatoo
齊藤秀一
行方隆人
足立保志
新宮昌樹
宮坂泰三
三橋祐太
大田周生
脇元寛之
永水和久
小山政幸
堀内大助
IshidaYkevi
尾崎龍一
中川瞬希
柏敏文
矢島らら
冨田茂樹
秋谷延宏
嵐渓荘
高橋綾乃
猪木俊宏
qpp(‘ω’)ノ
左近洋一郎
佐俣裕一
勢理客勇太

（会員番号順）

back issues　ゲンロン　編集長｜東浩紀

※価格はすべて税込です。

第 2 期

ゲンロン 10

小特集：平成から令和へ／小特集：AIと人文知／家入一真、高橋源一郎、原武史、三宅陽一郎、ドミニク・チェン、ユク・ホイ、山本貴光＋吉川浩満ほか／2019年9月刊　2640円

ゲンロン 11

小特集：「線の芸術」と現実／安彦良和、山本直樹、武富健治、さやわか、伊藤剛、柳美里、石田英敬、安藤礼二、中島隆博、小川哲ほか／2020年9月刊　2750円

ゲンロン 12

特集：無料とはなにか／宇野重規、鹿島茂、楠木建、飯田泰之、井上智洋、小川さやか、鈴木忠志、高山羽根子、ウティット・ヘーマムーン、竹内万里子ほか／2021年9月刊　2860円

ゲンロン 13

小特集：ロシア的なものとその運命／乗松亨平、梶谷懐、山本龍彦、三浦瑠麗、辻田真佐憲、大山顕、鴻池朋子、やなぎみわ、菅浩江、星泉ほか／2022年10月刊　3080円

ゲンロン 14

荒俣宏、鹿島茂、浦沢直樹、田中功起、梅津庸一、櫻木みわ、小松理虔、櫻間瑞希、松下隆志、豊田有、山森みか、松山洋平ほか／2023年3月刊　2420円

第 1 期

ゲンロン 1　特集：現代日本の批評　大澤聡／亀山郁夫／ボリス・グロイス／鈴木忠志ほか　2015年12月刊　2530円
ゲンロン 2　特集：慰霊の空間　五十嵐太郎／千葉雅也／筒井康隆／中沢新一ほか　2016年4月刊　2640円
ゲンロン 3　特集：脱戦後日本美術　会田誠／安藤礼二／椹木野衣／キム・ソンジョンほか　2016年7月刊　2640円
ゲンロン 4　特集：現代日本の批評Ⅲ　浅田彰／佐々木敦／山口二郎／プラープダー・ユンほか　2016年11月刊　2640円
ゲンロン 5　特集：幽霊的身体　飴屋法水／大澤真幸／金森穣／木ノ下裕一ほか　2017年6月刊　2640円
ゲンロン 6　特集：ロシア現代思想Ⅰ　乗松亨平 特集監修／石田英敬／貝澤哉ほか　2017年9月刊　2640円
ゲンロン 7　特集：ロシア現代思想Ⅱ　乗松亨平 特集監修／アレクサンドル・エトキントほか　2017年12月刊　2640円
ゲンロン 8　特集：ゲームの時代　アレクサンダー・R・ギャロウェイ／さやわか／橋野桂ほか　2018年5月刊　2640円
ゲンロン 9　第1期終刊号　五木寛之／苅部直／沼野充義／ミハイル・バフチンほか　2018年10月刊　2640円

lineup

ゲンロン既刊単行本

※価格はすべて税込です。

今後の刊行予定

- ディスクロニアの鳩時計　海猫沢めろん　2023年11月刊行
- アンビバレント・ヒップホップ　吉田雅史　2024年春刊行
- ゲンロン友の声　東浩紀　2024年春刊行予定
- ロシア語で旅する世界　上田洋子　2024年夏刊行予定
- 愛について　さやわか　2024年秋刊行予定

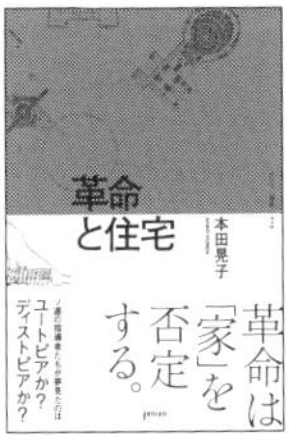

ゲンロン叢書 015

革命と住宅

本田晃子

2023年10月刊　2970円

ゲンロン叢書 012

中国における技術への問い

宇宙技芸試論

ユク・ホイ　伊勢康平 訳

2022年8月刊　3300円

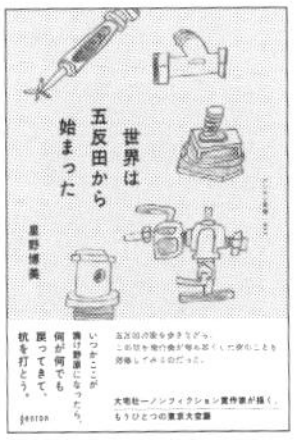

第49回大佛次郎賞

ゲンロン叢書 011

世界は五反田から始まった

星野博美

2022年7月刊　1980円

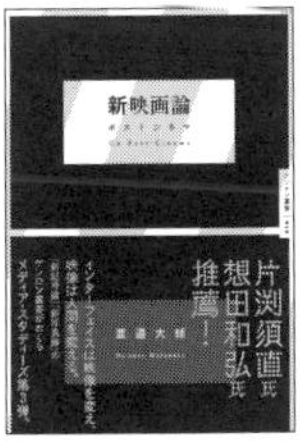

ゲンロン叢書 010

新映画論

ポストシネマ

渡邉大輔

2022年2月刊　3300円

第18回大佛次郎論壇賞

ゲンロン叢書009

新復興論　増補版

小松理虔

2021年3月刊　2750円

ゲンロン叢書008

新プロパガンダ論

辻田真佐憲＋西田亮介

2021年1月刊　1980円

ゲンロン叢書 007

哲学の誤配

東浩紀

2020年4月刊　1980円

ゲンロン叢書 006

新対話篇

東浩紀

2020年4月刊　2640円

23年日本写真協会賞学芸賞

ゲンロン叢書 005

新写真論

スマホと顔

大山顕

2020年3月刊　2640円

lineup

ゲンロン叢書 004
新しい目の旅立ち
プラープダー・ユン
福冨渉 訳
2020年2月刊　2420円

ゲンロン叢書 003
テーマパーク化する地球
東浩紀
2019年6月刊　2530円

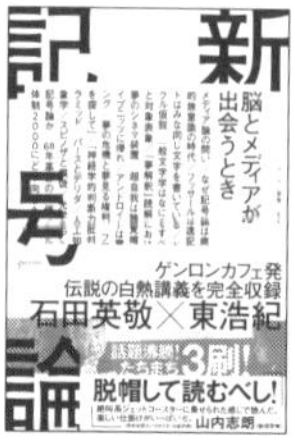

ゲンロン叢書 002
新記号論
脳とメディアが出会うとき
石田英敬＋東浩紀
2019年3月刊　3080円

東 浩 紀 の 新 刊

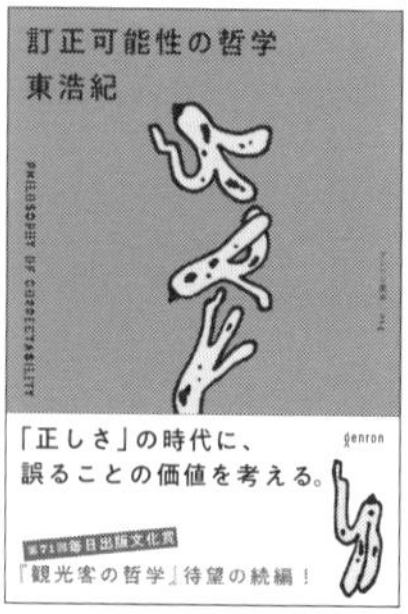

ゲンロン叢書014
訂正可能性の哲学
2023年9月刊　2860円

正しいことしか許されない時代に、「誤る」ことの価値を考える。世界を覆う分断と人工知能の幻想を乗り越えるためには、「訂正可能性」に開かれることが必要だ。ウィトゲンシュタインを、ルソーを、ドストエフスキーを、アーレントを新たに読み替え、ビッグデータからこぼれ落ちる「私」の固有性をすくい出す。

ゲンロン叢書013
観光客の哲学 増補版
2023年6月刊　2640円

第71回毎日出版文化賞受賞、紀伊國屋じんぶん大賞2018でも第2位にランクインした著者の代表作『ゲンロン0 観光客の哲学』に、新章2章・2万字を追加し増補版として刊行。「ゆるさ」がつくる新たな連帯とはなにか。

編集後記

本誌が年2回刊になって今号で2冊目である。この夏から秋にかけての出版ラッシュで、次から次へと校了を迎えている。小さな会社で、編集部も小さいため、どうしても予告から刊行日が遅れがちになってしまうことをお詫びしたい。特集主義を取らず、流行も追わずに、時間をかけて雑誌が作れるのは、年間購読で支えてくださるゲンロン友の会会員のみなさんのおかげだ。本誌が創刊されてからすでに8年。電子批評誌『ゲンロンβ』は終刊し、これから弊社の雑誌は『ゲンロン』とポータルサイトのwebゲンロンの二本立てとなる。webゲンロンは現在、この秋のリニューアルに向けて準備中だ。webならではの記事もあり、本誌とともに愛読いただけると嬉しい。(U)

前号からの半年で『観光客の哲学　増補版』『訂正可能性の哲学』『革命と住宅』『ゲンロンβ』終刊そして今号とゲラまたゲラの日々を送り、いやこんなん走りきれんの?と思っていたら案の定無理で校了直前に熱で寝込んだ。会社も丸一週間休み。これは『ゲンロン15』はリスケかなと心がくじけかけたところ、ほかのスタッフのがんばりにより(ほぼ)スケジュールどおりの入稿が実現。「ああ、ゲンロン編集部の〈部〉は一人じゃないっていう意味なんだ」――と往年のマンガじみた感慨を抱きつつ、今号も予定通りお届けできることに安堵しながら、眼前にある次の本のゲラにまた向かい合うのであった。『ディスクロニアの鳩時計』、ご期待ください。(Y)

『ゲンロンβ』既刊紹介

本誌の姉妹誌である電子批評誌『ゲンロンβ』(編集長＝東浩紀)は、2023年9月に終刊となりました。

連載は本誌『ゲンロン』および「webゲンロン」に引き継がれます。

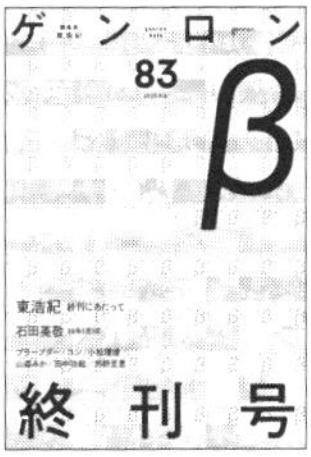

ゲンロンβ83

2023年9月5日発行

東浩紀「終刊にあたって」／小松理虔「当事者から共事者へ　最終回」／プラープダー・ユン「ベースメント・ムーン　最終回」／東浩紀「『観光客の哲学』中国語簡体字版四冊刊行に寄せて」ほか

ゲンロンβ82

2023年6月22日発行

高橋ユキ「前略、塀の上より　第2回」／さやわか「愛について――符合の現代文化論　第15回」／河野至恩「記憶とバーチャルのベルリン　第9回」／まつい「島暮らしのザラシ第２回」

webゲンロン

webゲンロンはゲンロンが運営する一部有料の記事サイトです。オリジナルの連載や最新記事、カフェ人気イベントのレポートなどをお読みいただけるほか、いまはアクセスが難しい過去の会報記事などを公開しています。無料記事も充実しており、東浩紀が人生相談に答える「友の声」、読者がひたすら猫の写真を投稿するだけの謎コーナー「ネコ・デウス」などが人気です。この秋にはさらなるリニューアルを行い、いっそう読みやすく。友の会に入会すると全記事を読むことができます。ぜひいちどご覧ください。

月額660円で読み放題。
友の会会員になれば、無料で購読できます。

ゲンロン

genron

発行日　2023（令和5）年10月20日　第1刷発行

編集人　東浩紀《あずまひろき》

発行人　上田洋子《うえだようこ》

発行所　株式会社ゲンロン
141-0031
東京都品川区西五反田2-24-4
WEST HILL 2F
TEL:03-6417-9230　FAX:03-6417-9231
info@genron.co.jp　https://genron.co.jp/

印刷　株式会社シナノパブリッシングプレス

編集　上田洋子　横山宏介

編集補佐　江上拓　伊勢康平　住本賢一　栁田詩織

デザイン　川名潤

DTP　株式会社キャップス

Printed in Japan
ISBN 978-4-907188-52-8

以下より感想をお待ちしております
https://genron-alpha.com/genron15/

次号予告

ゲンロン16　2024年4月刊行予定

15
2023
October

genron 15 Table of Contents

This is a full translation of the table of contents.

Contributors and Translators

Sho Fukutomi
Born in 1986. Researcher of Thai literature, and Thai translator and interpreter. Authored works include *Thai gendai bungaku oboe-gaki* (Fukyosha). Translations include Uthis Haemamool's *Pratthana* (Kawade Shobo Shinsha), Prabda Yoon's *Awakened with New Eyes* (Genron), and Prapt's *The Miracle of Teddy Bear* (U-NEXT).

Kazuo Hara
Born in 1945. Film director. Directed works include *Goodbye CP*, *Extreme Private Eros: Love Song 1974*, *The Emperor's Naked Army Marches On*, *A Dedicated Life*, *The Many Faces of Chika*, *Sennan Asbestos Disaster*, *Reiwa Uprising*, and *Minamata Mandala*.

Yuk Hui
Professor of philosophy at the Erasmus University Rotterdam, author of several monographs that have been translated into a dozen languages, most recently *Art and Cosmotechnics* (University of Minnesota Press, 2021). Hui sits as a juror of the Berggruen Prize for Philosophy and Culture since 2020.

Hidetaka Ishida
Born in 1953. Professor Emiritus, the University of Tokyo. Authored works include *Shin kigou-ron* (Genron, co-authored with Hitoki Azuma), *Kigou-ron kougi* (Chikuma Gakugei Bunko).

Satoru Ishido
Born in 1984. Non-fiction writer. Works include *Rupo Hyakuta Naoki genshou* (Shogakukan), *News no mirai* (Kobunsha Shinsho), *Tokyo Reportage* (Mainichi Shimbun Publishing), and *Genron senki* (interviewing and composition, Chuko Shinsho La Clef).

Nobuaki Kawahara
Born in 1981. Horticulturist, ikebana artist, botanical director, and owner of the botanical specialty shop REN. Recipient of the Good Design Award in 2011. Began the plant care service Plants Care in 2018. Founded the Plants Care Labo in 2018. Authored works include *Plants Care* (Sunmark Publishing).

Mieko Kawakami
Born in 1976. Author. Works include *Chichi to ran* (Bunshun Bunko, winner of the Akutagawa Prize, published in English by Europa Editions as *Breasts and Eggs*), *Dreams of Love, Etc.* (Kodansha Bunko, winner of the Tanizaki Prize), *Summer Stories* (Bunshun Bunko, winner of the Mainichi Publishing Culture Award), *Subete mayonaka no koibitotachi* (Kodansha, publised in English by Europa Editions as *All the Lovers in the Night*), and *Sisters in Yellow* (Chuokoron-Shinsha).

Alex Taek-Gwang Lee
Born in 1968. Professor of cultural studies at the Kyung Hee University, Korea. Authored works include *Red Ink: On What Is Forbidden Today* (Yeondu), *The Idea of Communism 3* (Verso, co-edited with Slavoj Zizek).

Mika Levy-Yamamori
Born in 1960. Head of Japanese at the Department of East Asian Studies, Tel Aviv University. Works include *Kodai Israel ni okeru Levi-bito-zou* (ICU Comparative Culture), *"Chichi to mitsu no nagareru chi" kara* (Shinkyo Shuppansha), *Heburai-go no katachi* (Hakusuisha).

Matsui
Born in 1991. Illustrator and former operations manager of Genron Hirameki☆Manga School. Currently lives on an isolated island in Saga prefecture working as a Local Vitalization Cooperator.

Youichiro Miyake
Born in 1975. Game AI developer. Project Professor at the Institute of Industrial Science, the University of Tokyo and board member of DiGRA Japan. Authored works include *Jinko chino no tame no tetsugaku-juku* (BNN), *Jinko chino no tsukurikata* (Gijutsu-Hyoron), *Jinko chino ga "seimei" ni naru toki* (PLANETS), and *Senryaku Game AI kaitai shinsho* (Shoeisha).

Yusuke Miyazaki
Born in 1974. Professor at Senshu University. Authored works include *Jacques Derrida: Shigo no sei wo ataeru* (Iwanami Shoten) and *Handan to suukou: Kant bigaku no Politics* (Chisen Shokan). Co-translated works include Jacques Derrida's *Mémoires* (Suiseisha) and Paul de Man's *Blindness and Insight* (Getsuyosha).

Yoko Nose
Curator at the Toyota Municipal Museum of Art and curator for the 2019 Aichi Triennale. Exhibits planned include *Hiroshi Sugito – particles and release*, *Building Romance*, *Ho Tzu Nyen: Night March of Hundred Monsters*, and *Cat's Narrow Road* (all held at the Toyota Municipal Museum of Art).

Nozomi Ohmori
Born in 1961. Book reviewer, SF translator, and SF anthologist. Lead instructor of the Genron Ohmori Science Fiction Writer's Workshop. Authored works include *Shinpen SF Honyaku Kouza* (Kawade Bunko). Translations include Connie Willis's *Passage* (Hayakawa Bunko SF), and Liu Cixin's *The Three Body Problem* (Hayakawa Shobo), and more.

Arata Oshima
Born in 1969. Documentary film director and producer. Directed works include *Theatrical - Kara Juro to Gekidan Karagumi no Kiroku*, *Why You Can't Be Prime Minister*, *Kagawa District 1*, and *Kokusou no Hi*. Authored works include *Documentary no butai-ura* (Bungeishunju).

Tsukasa Saruba
Born in 1989. Winner of the 6th Genron SF Newcomer Award. Tea master and software engineer.

Koki Tanaka
Born in 1975. Artist. He has shown widely, including the Aichi Triennale (2019) and the Venice Biennale (2017, 2013). His recent books are *Vulnerable Histories (An Archive)* (JRP | Ringier) and *Reflective Notes (Recent Writings)*

(Bijutsu Shuppan-Sha).

Masanori Tsujita

Born in 1984. Writer and scholar of modern and contemporary history. Works include *Tennou no okotoba* (Gentosha Shinsho), *Koseki Yuji no Showa-shi* and *Chokuuki shihai shakai* (both Bunshun Shinsho), *Shin Propaganda-ron* (co-authored with Ryosuke Nishida, Genron), *Boueishou no kenkyuu* (Asahi Shinsho), and *"Senzen" no shoutai* (Kodansha Gendai Shinsho).

Shiro Yamauchi

Born in 1957. Professor Emeritus, Keio University. Authored works include *Fuhen ronsou* (Heibonsha Library), *Girigiri goukaku e no ronbun Manual* (Heibonsha Shinsho), *Wakaranai mama kangaeru* (Bungeishunju), *Deleuze: Naizaisei no keijijougaku* (Kodansha), and *Chuusei tetsugaku nyuumon* (Chikuma Shinsho).

Rei Kagitani

Born in 1993. Assistant at the Department of Art Studies, Tama Art University. Enrolled in the doctorate course at the Graduate School of Arts and Sciences, The University of Tokyo. Major essays include "Adaniya Masayoshi ni okeru kindaisei no kakutoku to dentou no saikaisyaku" (*Bigaku*, issue 257) and "Kaiki suru Modernism: Dansaekhwa to kankoku bijutsu no tenkai" (*Interdisciplinary Cultural Studies*, issue 23).

Ko Ransom

Born in 1987. Translator. Translated works include *Attack on Titan* (Kodansha), *Prison School* (Kodansha), the *Monogatari* series (Vertical), and various essays for *Shisouchizu beta* and *Genron*.

Hiroki Azuma

Born in 1971. Author and critic. Founder of Genron. Works include *Sonzairon-teki, yuubin-teki* (Shinchosha, awarded the Suntory Prize for Social Sciences and Humanities), *Doubutsu-ka suru Postmodern* (Kodansha, published in English by University of Minnesota Press as *Otaku: Japan's Database Animals*), *Ippan ishi 2.0* (Kodansha, published in English by Vertical as *General Will 2.0*), *Kankokyaku no tetsugaku* (Genron, awarded the Mainichi Publishing Culture Award, published in English by Urbanomic as *Philosophy of the Tourist*), *Genron senki* (Chuko Shinsho La Clef), and *Teiseikanousei no Tetsugaku* (Genron).

Yoko Ueda

Born in 1974. Russian literature scholar and Ph.D (literature). Head of Genron. Co-edited works include *Kabuki to kakumei Russia* (Shinwasha), supervised works include *Pussy Riot no kakumei* (DU BOOKS), and translations include Sigizmund Krzhizhanovsky's *In the Pupil* (Shoraisha, co-translation). Recipient of the 2023 JASRLL Distinguished Merit Award.

Kohei Ise

Born in 1995. Enrolled in the doctoral course at the Graduate School of Humanities and Sociology, the University of Tokyo. Works include "Gijitsu tayousei no ronri to chuka-ryouri no tetsugaku" (*Gunzo*, April 2023 issue) and "Yuk Hui to chiikisei no mondai" (*Genron 13*). Translations include Yuk Hui's *The Question Concerning Technology in China* (Genron).

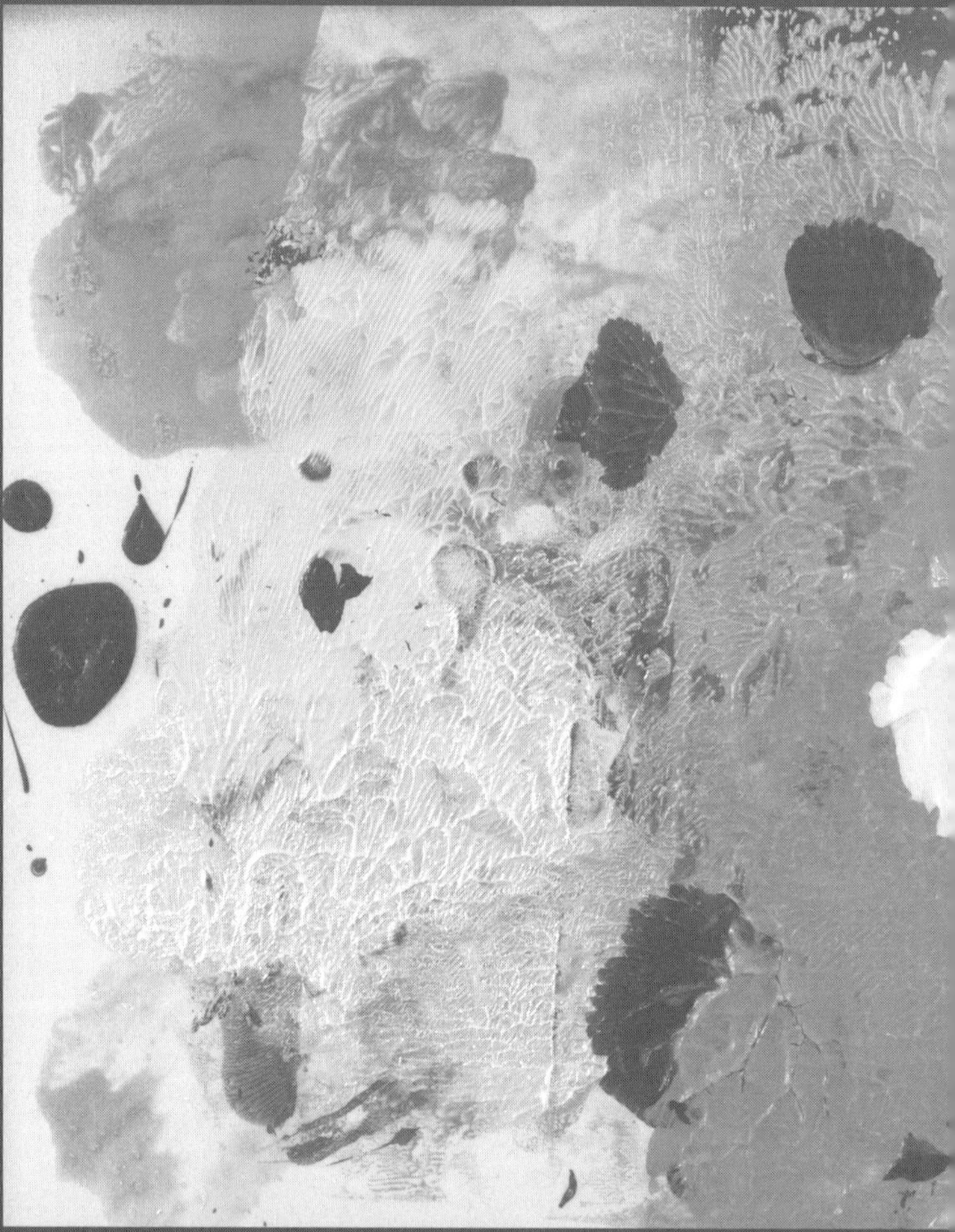

genron 15

2023
October